|大学本科学前教育专业教材|

幼儿园管理

youeryuan guanli

张燕◎编著

人民教育出版社
·北京·

图书在版编目（CIP）数据

幼儿园管理/张燕编著. —北京：人民教育出版社，2017.12（2022.10 重印）
大学本科学前教育专业教材
ISBN 978-7-107-32332-4

Ⅰ. ①幼…　Ⅱ. ①张…　Ⅲ. ①幼儿园—管理—高等学校—教材　Ⅳ. ①G617

中国版本图书馆 CIP 数据核字（2017）第 319346 号

大学本科学前教育专业教材　幼儿园管理

出版发行　人民教育出版社
（北京市海淀区中关村南大街 17 号院 1 号楼　邮编：100081）
网　　址　http://www.pep.com.cn
经　　销　全国新华书店
印　　刷　北京天宇星印刷厂
版　　次　2017 年 12 月第 2 版
印　　次　2022 年 10 月第 5 次印刷
开　　本　787 毫米×1092 毫米　1/16
印　　张　24.75
字　　数　341 千字
定　　价　42.20 元

大学本科学前教育专业教材编写委员会

顾　　问

陈帼眉　唐　淑

主任委员

冯晓霞　刘雅琴

副主任委员

周　兢　许卓娅

编　　委（按姓氏音序排列）

陈伊丽　顾荣芳　孔起英　刘峰峰　刘晶波　秦光兰

王坚红　王　雁　向　导　杨汉麟　余子侠　张　俊

张　燕

秘 书 长

焦　艳

出版说明

近年来，随着我国学前教育的大力发展，幼儿园教师教育面临前所未有的发展机遇和挑战，高等学校学前教育专业招生规模不断扩大，专业内涵建设成为发展的重中之重。2010 年，国务院颁发了《国家中长期教育改革和发展规划纲要（2010—2020 年）》，提出“把高质量作为教育改革发展的核心任务”“树立以提高质量为核心的教育发展观，注重内涵发展”。2011 年和 2012 年，教育部分别颁布了《教师教育课程标准（试行）》和《幼儿园教师专业标准（试行）》，以规范和发展教师教育，引导教师教育的课程和教学，培养高素质的教师队伍。

高等学校学前教育专业是高素质专业人才、高素质教师队伍的培养基地，引领着学前教育专业的研究和发展方向，其课程研究和教材编写应具有科学性、前瞻性。本着创新教师教育课程理念，全面提高学前教育教学和科研人才的培养质量，建设高素质专业化教师队伍的目标，在教育部领导的关怀和指导下，人民教育出版社课程教材研究所聘请具有丰富教学经验和较高学术水平的学科带头人分别担任各科教材主编，编写了这套“大学本科学前教育专业教材”。

本套教材的编写，以“立德树人，全面实施素质教育”为指针，以大学本科学前教育专业的培养目标为依据，坚持育人为本、实践取向、终身学习的理念，实施《教师教育课程标准（试行）》，注重把国内外最新研究成果与学前教育一线丰富的教学实践经验融为一体，注重理论基础，强化实践环节，加强师德修养和教育教学能力训练，着力培养未来学前教育教学和科研人才的社会责任感、创新精神和实践能力。本套教材主要供高等学校学前教育专业本科使用，也可供学前教育管理者和广大在职幼儿教师进修或自学使用。

本套教材的编写和出版，得到了教育部教师工作司、人民教育出版社课程教材研究所，以及有关高等学校的领导和教师的大力支持，谨在此一并致谢！由于时间紧迫，教材的编写难免有不完善之处，敬请广大师生不吝指正，使本套教材日臻完善。

人民教育出版社课程教材研究所

学前教育课程教材研究开发中心

2017年10月

编写说明

幼儿园管理是高等院校学前教育专业的主要课程之一。本课程旨在使学生通过对管理理论和实务的学习，初步了解幼儿园管理包含的主要内容，知道进行各项管理的基本原则和主要方法，树立有效管理、科学育人的观念。

本教材具有以下几个特点：

1. 注重基础性。本教材主要面向大学本科学前教育专业的学生，强调基础性，着重探讨幼儿园管理的基本概念、原则和方法。

2. 理论与实务结合。本教材在系统讲述有关管理理论的同时，尽可能提供操作方法即做什么、如何做，关注实际操作的问题。每章后面附有案例，便于学习者关注现实问题，理论联系实际，进行分析和思考。

3. 关注现实需要，体现时代特点。教材在阐述幼儿园管理的基本内容、强调管理实务的同时，尽可能体现时代特点，增加有关办园理念、特殊需要与幼儿行为管理，以及世界范围学前教育管理体制考察、我国学前教育事业发展方针与现行管理体制及改革方面的内容。

本教材在各章节提供了相应的参考资料或拓展阅读材料，可以扩大学习者的视野，进行比较和借鉴。

本教材在编写过程中，参考了有关专著和教材中的资料，谨此致谢！书中如有不当之处，敬请读者指正。

张 燕

2017 年 10 月于北京

目 录

第一章

幼儿园管理概述

内容提要

管理是对一定组织系统的人、财、物、事等进行计划、组织、协调和控制的过程，从而高效率地达到组织的目标。幼儿园要实现高效运转，就需要发挥管理职能，对各种有形或无形的管理要素加以合理组织，将各项相互联系的育人之事全面管理起来，较好地完成幼儿园的双重任务。

本章首先阐明了管理与幼儿园管理的含义，简要介绍了社会公共幼儿教育的发展历程，并结合当代幼儿园多样化类型的分析归纳，探讨了幼儿教育的功能以及对管理的启示；进而讨论了有关幼儿园的目标定位和办园理念，并对幼儿园管理的内容和基本原则进行了分析；最后阐述了研究幼儿园管理问题的意义和方法。

学习目标

1. 了解管理和幼儿园管理的概念及含义。
2. 熟悉我国幼儿园的类型及功能。
3. 掌握幼儿园管理的目标、内容和原则。
4. 知道学习幼儿园管理问题的意义和方法。

关键词

管理　幼儿园管理　托幼机构　教育目标　管理目标　管理内容　管理原则

第一节　管理与幼儿园管理

一、管理与幼儿园管理

管理是最普遍的社会现象，自从人类社会产生就有管理，管理在近现代社会中发挥的作用越来越重要，几乎无所不在，无时不有。不仅国家与政府需要管理，工厂、学校、医院、部队和幼儿园等都需要管理，人类社会生活的一切领域都涉及管理的问题。管理主要是对社会活动的各种组织而言的。有对人的管理，也有对事务的管理；有对钱财物品的管理，也有对时间与信息的管理。管理同人的日常生活密切相关，影响甚至决定人们生活的各个方面。

（一）管理的概念及含义

1. 管理的概念

自近现代管理学诞生以来，许多学者提出了各种各样的见解，由于探讨的角度不同，或强调的方面不同，表述和解释是多种多样的，可谓仁者见仁，智者见智。这表明管理的确是一个很复杂的社会现象，其含义极其丰富。

马克思对管理这一社会现象曾做过深刻而精辟的分析。他认为管理作为人类社会任何发展阶段普遍存在的现象，其根源在于生产的社会性。“管理是社会共同劳动的产物”。人们为了有效地进行社会生产，就需要有协调每个人及其活动的机构和人员，也就是说必须有管理。在马克思看来，管理本质上是对共同劳动的指挥和协调，是对人的（不管是被他人所管还是劳动者自己管理自己）管理。①

依据马克思对管理本质的揭示，并综合其他有关论述，我们试对管理的概念做这样的表述：管理是指组织中管理者遵照一定的原则，使用各种管理手段，通过组织、指挥、协调各个受分工制约的不同个人的活动，创造出一

---

① 王淑英. 对马克思主义管理二重性理论的再认识［J］. 理论与现代化，2001（5）.

种远比个人活动力量总和要大的集体力量或社会力量，从而高效率地达到一个组织的预定目标所进行的活动。①

简而言之，管理是对一定组织系统的人、财、物、事等进行计划、组织、协调和控制的过程，从而高效率地达到组织的目标。

2. 管理的含义

（1）管理是对社会组织而言的，是社会共同劳动的必然要求

管理总是存在于一定的组织之中，对管理问题的探讨不涉及个人的自我管理。管理是一种古老的社会现象，自从人类社会出现，就有管理。管理起源于集体的共同劳动，人类为了生存需要组成群体，形成共同的社会组织，与自然界作斗争。“管理是协作劳动的产物”，这种集体的共同劳动需要分工、协作，通过集体的力量达到成员共同的目标。

（2）管理的主要职能是协调各种有关个人的活动

管理的主要职能是协调各种有关个人的活动以执行生产总体的运动所产生的一般职能，如计划、组织、指挥、控制等，使个人的努力与组织的目标相一致，从而有效利用各种资源，最大限度地实现组织目标。“许多人在同一生产过程中，或在不同的互相联系的生产过程中，有计划地一起协同劳动，这种劳动形式叫协作。”②

（3）管理是实现预定目标的行动

一切社会实践活动都是以预定目标为先导的。管理活动就是实现预定目标的行动。任何组织都有自己的任务，管理者要想完成任务，就必须把任务转化为目标。只有把组织的目标变为每个人自己的目标时，这个组织才有凝聚力和战斗力。因此，管理也是管理者通过管理措施促使组织成员努力去实现预定目标的一种行为。

（4）管理的实质是追求效率

马克思指出：“单个劳动者的力量的机械总和，与许多人手同时完成统

---

① 张燕，邢利娅. 幼儿园组织与管理［M］. 北京：北京师范大学出版社，2000.

② 马克思，恩格斯. 马克思恩格斯全集：第23卷［M］. 北京：人民出版社，1971：362.

一不可分割的操作（例如举重、转绞车、消除道路上的障碍物等）所发挥的社会力量有着本质的差别——这里的问题不仅是通过协作提高了个人的生产力，而且是创造了新的生产力。这种生产力本身必然是集体力。”这是一种“新的力量”，一种“扩大了的生产力”。使受分工制约的各个人的活动产生一种集体力量或社会力量，即 1＋1＞2。管理离不开资源（包括人、财、物）、时间和信息。组织的资源总是有限的，要研究有限的资源的特性和潜能，不断地开发和组合，使有限的资源最大限度地发挥经济和社会效益。

（5）管理是在特定环境下进行的

从系统的观点来看，任何组织都是一个系统，它存在于一个更大的系统之中。这个更大的系统就是环境，它对组织的存在与发展具有激励和约束的双重作用。环境包括一般环境和特殊环境，前者指自然环境和社会环境，是社会各类组织所存在的共同环境；后者是特殊环境，指组织的工作环境。环境既是开放的又是动态的，组织需要不断地分析环境的变化，采取措施去适应环境。不存在适用于一切环境和条件的标准管理模式，也没有万能的管理方法。成功的管理者需要主动迎接环境的变化带来的挑战。

（6）管理的核心是人和人的积极性，要处理好人际关系

在管理的诸多资源中，人是第一位的，是最具有能动性的因素。管理活动自始至终，在每一个环节上都需要与人打交道和调整人际关系。管理者需要悉心了解组织成员的需求，激发他们的工作热情，最大限度地挖掘其个人潜能，要协调组织成员的行为，处理好人际关系，使组织目标的确立成为把组织成员目标凝聚在一起的力量，从而激发士气，协力齐心，共同去实现组织的发展目标。

管理兼有自然属性和社会属性，即两重性。马克思在《资本论》中分析资本主义企业管理时指出：“凡是直接生产过程具有社会结合过程的形态，而不是表现为孤立生产者的孤立劳动的地方，都必然会产生监督劳动和指挥劳动。不过它具有二重性。”

“一方面，凡是有许多个人进行协作的劳动，过程的联系和统一都必然

要表现在一个指挥的意志上，表现在各种与局部劳动无关而与工场全部活动有关的职能上，就像一个乐队要有一个指挥一样。只是一种生产劳动，是每一种结合的生产方式中必须进行的劳动。”

“另一方面，完全撇开商业部门不说，凡是建立在作为直接生产者的劳动者和生产资料所有者之间的对立上的生产方式中，都必然会产生这种监督劳动。这种对立越严重，这种监督劳动所起的作用就越大。”①

管理的自然属性，表现为管理具有合理组织生产力（指挥劳动、协作劳动）的职能。管理的这一职能或属性是任何社会制度下都存在的。这种合理有效的“指挥劳动”，可以用有限的资源最大限度地实现组织目标，具有“放大倍率”的作用。因而，管理就是生产力。

管理的社会属性主要表现为维护和发展生产关系与上层建筑的管理职能，管理的目的、范围、内容等均取决于一定的社会形态的性质，取决于一定的社会形态中占统治地位的社会关系。性质不同的经济关系即所有制关系规定着管理特有的社会性质，管理所要到达的预期目的，即为谁管理的问题。管理的社会属性还表现在它受历史文化传统的影响与制约。人类社会的各种组织总是处在一定的社会背景中，处于具体的地域与民族中。不同国家，因其地理环境、历史、文化、宗教传统、思维方法等有着深刻的差异，管理也就有着不同的特点，表现出不同的性质、模式与风格。

管理具有两重性，是指同一管理活动具有两重性，即同一管理活动在其性质上都具有合理组织生产力而存在的共同性和维系、发展、实现一定生产关系而存在的特殊性。②

（二）幼儿园及其管理

幼儿园是指以入学前的幼小儿童为对象，为他们提供看护和教育服务的各种类型的托幼组织或机构，包括对 3～6 岁儿童进行保育和教育的幼儿园，同时收托 3 岁以下的婴幼儿，开办有全日或半日的婴儿班或亲子班的公共学

① 马克思. 资本论：第 3 卷［M］. 北京：人民出版社，1975：431.

② 陈国钧，陆军. 管理学［M］. 南京：南京师范大学出版社，1997：10.

前教育机构，以及其他一些不同类型的托幼组织和机构。这里的幼儿园是泛称，而非特指以幼儿园命名的托幼机构。学前班也是一种重要的幼儿教育组织形式。

幼儿园管理是学前教育管理的下位概念。幼儿园管理是依据一定的教育理念和育人目的，为幼儿园定位、确立开办宗旨，合理组织各种管理要素和资源的活动，以便较好地履行幼儿园的社会功能。

二、幼儿园及其管理发展的简要历史回顾

近现代意义上的公共幼儿教育出现之前，养护和教育年幼的儿童是在家庭中进行的。从世界上第一所幼儿园诞生至今，大致经历了萌芽期、发展期和普及期三个阶段，相应的也出现了管理问题，并随实践的发展日益规范化和科学化。

（一）萌芽期

世界上第一所专门的幼儿教育机构出现在英国。1816 年，欧文在苏格兰创办了幼儿学校，开近代史上对 6 岁以下儿童实施公共幼儿教育的先河。

1837 年，福禄培尔在德国勃兰根堡建立了一所幼儿教育机构，命名为“幼儿园”，寓意为儿童成长的花园。

工业革命催生了公共幼儿教育，形成了近现代幼儿教育机构的基本形式，并在主要的资本主义国家掀起了影响广泛的幼儿教育运动，如，英国 19 世纪出现了持续 30 年之久的“幼儿学校运动”。

“萌芽期”的幼儿教育以工人等贫苦大众及其子女为服务对象，主要任务是看护和进行生活照料、保护工人和贫苦家庭儿童的生命，带有慈善和福利性质。托幼机构的出现也带来了相应的管理问题。

19 世纪下半叶，随着西方资本主义国家经济的发展、初等义务教育的普及，社会对幼儿教育的需求日益加强，同时也越来越认识到幼儿教育的重要性，一些国家开始制定有关政策，支持幼儿教育并给予管理。自此，幼儿

教育的社会地位逐渐得到确立。

（二）发展期

从世界范围看，社会公共幼儿教育的“发展期”是在19世纪末到20世纪上半叶，即第二次世界大战前后。由于国家的重视和直接介入，使得幼儿教育成为一项国家制度和公共事业。

在一些主要资本主义国家，伴随着近现代教育制度即学校教育体系的建立，幼儿教育被纳入国民教育体系，成为学制的组成部分。幼儿教育机构的服务范围从底层大众扩大到全体儿童，并设有专门或非专门的行政机构加以管理，有了一定的制度和规范，如，英国1944年通过了《巴特勒法案》，规定初等教育由三种学校实施：（1）为2～5岁的儿童设立保育学校；（2）为5～7岁儿童设立幼儿学校；（3）有的地方如果设立招收5～11岁儿童的初等学校，则可在校内附设保育班，招收3～5岁的儿童。德国在第二次世界大战后分为东西两部分，幼儿园教育也各自发展。德国的幼儿教育没有列入义务教育，主要由私人、教会、社会团体举办，各州的儿童局负责督察。①

这一时期，新教育运动和儿童研究运动在西方国家蓬勃开展，促进了幼儿园教育逐步迈向科学化，幼儿园的管理也形成一定之规并逐渐完善。

（三）普及期

20世纪中期即第二次世界大战后的五六十年代以来，世界经济出现了繁荣发展景象，科学技术的迅速发展和运用，进一步推动了经济发展水平。伴随经济和社会的发展，教育领域掀起了改革热潮。在这一背景下，社会公共幼儿教育得到各个国家的普遍承认和支持，开始进入“民主化、普及化”的新时期。这个时期，社会公共幼儿教育的教育功能得到了重视，幼儿园教育兼具保育和教育的双重功能。

在幼儿园的管理方面形成了一系列的规范和要求，如，英国在1966年发布了《普洛登报告》，对托幼机构的规模、师资配备、服务时间等做出了

① 唐淑. 学前教育史［M］. 北京：人民教育出版社，2007：366-371.

规定。具体为：(1) 幼儿教育应以 20 人为一组划成一个保育集体，1～3 个保育集体组成一个保育中心，它们可以和保育所或者儿童中心的诊疗所结合起来。所有保育集体每 60 人应配备一名有资格的教师，每 10 人至少配有一名修完 2 年培训课程的保育助理来承担每天的保育工作。每周保育 5 天，分上午部、下午部。(2) 在公立保育机构得到扩充前，地方教育当局有权对非盈利私立保育团体进行援助，以资鼓励。这个报告得到英国政府的支持并制订了实施计划。① 其他欧美国家也都采取了各种措施，使幼儿园教育的发展和管理进一步合理和规范。

20 世纪中期以来，有更多国家和地区摆脱了殖民统治，建立起独立的民族国家。发展中国家或称"后发展国家"随着经济的发展，也逐渐建立起自己的幼儿园教育制度。在这些国家或地区，幼儿教育机构的服务对象从富裕家庭的儿童扩大到工农大众的子女（与发达国家相反），在入学前对幼儿进行保育和教育，奠定良好的发展基础。

社会公共幼儿教育的发展与各个国家的教育制度、儿童以及社会福利制度有关。

幼儿教育机构的发展一方面体现在规模的扩大与速度的加快上，另一方面体现在类型也日益多样化。在幼儿教育改革和发展的过程中，教育管理的水平也逐步得到提高。

（四）中国幼儿教育的诞生和发展

一般认为，中国第一所公共幼儿教育机构是 1903 年在湖北武昌诞生的"幼稚园"。清朝末期和民国初期，国家逐步明确了设置社会性幼儿教育机构的宗旨和相关管理办法。如清政府在 1904 年颁发了《奏定蒙养院及家庭教育法章程》，提出了蒙养院的办学宗旨，规定了教育对象、收托时间、教师资格、保育目标、课程设置以及有关房屋、图书、器具和管理人事务等各方面的内容。可以认为，这是一个比较全面系统的幼儿园教育和管理章程。

① 唐淑. 学前教育史 [M]. 北京：人民教育出版社，2007：52-54.

由于当时国家政治经济的积贫积弱，幼儿教育发展极为缓慢，中华人民共和国成立之前（1946 年），全国仅有 1 300 余所幼儿教育机构。当时，幼儿教育机构主要是为官僚子女和富裕家庭的儿童服务，并有少数慈善机构。在半封建半殖民地的中国，幼儿教育带有明显的外国化、宗教化和小学化倾向。

中华人民共和国成立后，我国进入了一个崭新的发展时期，国家通过制定一系列的政策和法规，着手兴办中国人民自己的幼儿教育。中华人民共和国成立之初，通过相关政策的制定，首先收回了幼儿教育的自主权，国家做出了改革学制的决定，幼儿教育成为我国学制的第一个阶段，确立了幼儿教育面向工农大众和为社会主义建设服务的发展方针。在有关幼儿园的任务、设置和领导、课程内容与教育活动原则、管理职责等方面陆续出台了一系列文件，推动了幼儿教育的迅速发展，形成了我国幼儿教育的完整体系。伴随国家各个时期社会经济和政治文化的发展需要，制定了相应的幼儿教育政策，推动了幼儿教育事业的大发展，幼儿园的管理也日益规范化和科学化。

改革开放以来，国家确立了符合国情的幼儿教育事业发展方针，即“动员和依靠社会各方面力量，多渠道、多形式发展幼儿教育”。中国幼儿教育已是基础教育的组成部分，幼儿教育的发展正在从城市走向农村，并逐渐辐射到处于困境的弱势儿童，以适应社会发展和国家经济建设的要求，尽可能地满足广大人民群众对幼儿教育的需要。据 2005 年的统计数据，全国有幼儿园 12.4 万所，入园幼儿 2 179 万。大中城市已经基本满足了学前儿童接受教育的需要；在农村，接受学前一年教育的儿童数量逐年上升，近两年比例达到了 70%。①

进入 21 世纪以来，在改革开放和建立社会主义市场经济体制的背景下，教育领域深入改革，实施素质教育，中国幼儿教育的发展步入了一个新的历史阶段。特别是 2010 年国务院颁布《国家中长期教育改革和发展规划纲要（2010—2020 年）》以来，幼儿教育得到更大关注，幼儿园数量呈现逐年增长的态势。据 2015 年的最新统计数据，全国共有幼儿园 22.37 万所，其中，

---

① 教育部发展规划司. 中国教育事业发展统计简况［M］. 2006.

民办幼儿园占据大半壁江山，达 65.4%，共计 14.64 万所。在园儿童（包括附设班）总数为 4 264.83 万人，入园率达到 75%。①

伴随着幼儿教育发展的历史进程，幼儿教育管理理论从初步产生到逐渐发展，不断趋向完善，并成为一个独立学科，转而又推动了幼儿园教育又好又快的发展。

三、幼儿园的类型与当代幼儿教育的功能

（一）幼儿园的类型与特点

1. 幼儿园的类型

幼儿园是为学龄前儿童提供保育和教育兼为家庭服务的机构，是社会公益性和教育服务性组织。由于社会需要不同，以及兴办主体和经营方式的区别，存在有多种形式或类型的幼儿园。

因活动时间或服务时间不同，有全日制与半日制幼儿园，以及寄宿制幼儿园。

因收托对象年龄不同，有托儿所、幼儿园、学前班等。

因组织制度化程度或服务形式不同，有正规幼儿园和非正规幼儿园，非正规幼儿园如家庭式幼儿园、日托中心、游戏小组等。

因办园主体、资金来源的不同以及是否营利，有公立幼儿园与私立幼儿园。

因地区不同，有城市幼儿园与乡村幼儿园。

另外，还有因特殊的收托对象而设立的幼儿园，如智障儿童教育机构或聋儿康复教育中心等。近年来，特殊需要儿童进入普通托幼机构的融合教育越来越得到认可。

2. 幼儿园的名称、服务形式及其特点

目前中国的幼儿教育机构中，城市主要是以提供全日制服务为主的托儿所、幼儿园，农村除了幼儿园外，还有附设在小学的学前班。托儿所和幼儿

① 教育部. 2015 年全国教育事业发展统计公报 [R]. 2016 年 7 月.

园以收托儿童的年龄区分，分别为收托3岁以前的儿童和3～6岁儿童；学前班则主要招收进入小学前一年的儿童。此外，还有各种幼儿看护中心、家庭托儿所、居委会联办园以及各种承担托幼服务的非正规组织机构。

中国的幼儿园从兴办主体来说，有教育部门兴办、厂矿机关等部门兴办、街道乡村集体兴办，以及私人办园，如私立幼儿园、家庭托儿所等。

关于服务形式，大中城市适应双职工工作的需要，以全日制服务为主；有些农村则有季节性托幼形式，如，农忙托儿所；内蒙古牧区有草原流动幼儿园等。

20世纪90年代以来，我国幼儿园的发展出现了一些新的趋向。首先是私立的民办园得到了迅速发展。近年来，在“托幼一体化”背景下，一些幼儿园收托儿童年龄向下延伸，有的提供2岁或更小儿童的收托服务，在原有的小、中、大班之外，增设小小班或婴儿班。

在大中城市，还出现了为低幼儿童及其家长提供早期教育的新的服务形式——亲子园，包括附设在幼教机构的亲子园、社区亲子园和社会上其他经营性的亲子园。伴随城市化建设和人口流动的社会发展背景，专门面向农民工子女的非正规幼儿园和看护点、游戏小组等也成为幼儿教育不容忽视的一部分，发挥着托幼服务的重要作用。

以上是我国幼儿教育机构和类型的情况，下面提供一份关于美国幼儿教育机构的资料，供参考（资料1-1）。

资料 1-1

美国的托幼机构①

美国的半日制托幼机构有幼儿园、学习中心或早期教育中心，开放

① 菲利斯·M. 科里克. 托幼机构管理［M］. 韦小冰，等译. 北京：北京师范大学出版社，2007：40-59.

时间最多4小时，主要目的是为入小学前的幼儿提供丰富的教育经验。通常为2～6岁的幼儿提供服务，有的托幼机构还把服务延伸到婴儿和学步儿，私立托幼机构分设上午班和下午班以维持收支平衡。

好的幼儿园注重为幼儿的全面发展做准备，包括社会、情感、认知和身体等方面。成人和幼儿有许多相互交流的机会，帮助幼儿发展社会技能和语言。成人往往会以积极的方式鼓励幼儿形成独立、自信和控制冲动的品质。学习中心或个性化的教育方案鼓励幼儿去探索并发展认知技能。户外提供可以滚动的玩具、攀爬器械、沙箱和大障碍物的游戏材料，用于发展幼儿的大肌肉能力。室内有剪纸、绘画和操作材料等活动，以帮助幼儿发展良好的肌肉协调能力。这类机构的主要关注点是幼儿的教育，要求教师等人员在早期教育课程方面有比较扎实的背景知识。教师要具备相关知识和设计激发幼儿兴趣的活动的能力，以及利用环境激发幼儿自发学习方面的经验。注重园长和职员的继续学习。

全日制托幼机构有日托中心或幼儿护理中心，服务时段为每天10小时左右。主要目的是为外出工作的家长提供照料幼儿并确保安全的环境，设计能够激发兴趣、适合年龄特点的活动。

全日制托幼机构主张“让托幼机构成为幼儿安全和快乐的场所”，作为职员应该具有的独特素质。这意味着每个人都喜欢和幼儿待在一起。厨师欢迎幼儿参观厨房，并保证能激发食欲的饭菜香味弥漫于整个校园，营造令人愉悦的氛围。有司机接送幼儿，他们必须热情和令人信赖。秘书也需要和幼儿接触，能够对幼儿做出适当的反应。教师应该让幼儿按照自己的水平发展，而不是急于让幼儿达到不现实的水平。他们应该为幼儿提供帮助，对幼儿的需要保持敏感。全日制学校的每一个人都应该健康并充满活力。

全日制托幼机构需要有许多人一起工作，相互之间的交流极为重要。园长和园长助理每天都要沟通。上午班的教师必须让下午班的教师了解上午发生的异常情况。每个人包括厨师、司机和秘书都应成为“交流环节”的一部分，关注幼儿发生的一切。家长需要知道孩子在幼儿园里都做了些什么，园里也应该向家长了解孩子在家的情况。

美国各类型托幼机构的经营运转特征

类型		赞助	收入	特征
私立托幼机构	营利性托幼机构	个人或多个个体联合	学费	•营利；自由组织教育方案；收入的来源有限；必须进行良好的商业运作
	家庭托幼机构	个体	学费	•和营利性托幼机构一样 •优势：幼儿的数量少；家庭式的氛围；适合于婴儿
	托幼公司	小团体	学费	•公司确定目标，园长必须明确商业定位 •优势：在购置设施方面可以和公司共享资源；可以共同解决财政问题；有区域负责人的支持；园长可以获得提升机会 •局限：公司总部对许多方面预先计划；有营利的需要；薪水可能较低
	雇主赞助的托幼机构	商业 医院 政府机构 建筑开发者	学费	•作为雇员的附加福利设立，与家长的工作密切相关 •优势：家长可以在日间来访；如果幼儿有需要，可以在附近找到家长 •局限：必须在商业等级制度下工作，机构可能随时处于公司的监控视线之内

续表

类型		赞助	收入	特征
非营利托幼机构	合资托幼机构	家庭成员	学费 募集资金	•家长频繁参与，运作成本低 •优势：家长有机会接受教育；和成人及幼儿一起工作 •局限：职员没有经过培训；会议很多；和家长一同承担行政任务；收入有限；没有园所自己的建筑
	教堂赞助的园所	教堂	学费 募集资金 补助金	•教堂董事会决策；共享教堂的设施；是教堂教育项目的一部分 •优势：有教堂的支持 •局限：必须和教堂董事会一起工作；和其他教堂项目分享空间资源
	实验幼儿园	学院或大学	学费 补助金	•作为示范的项目模式；教学定位在学生的实践上 •优势：计划周密；有好的器械设备 •局限：必须平衡幼儿和成人学生的需要；要在大学的行政框架下工作
公立托幼机构	托儿中心	当地学区	政府资金 学费比例下降	•学区聘任园长；学校董事会确定政策方针 •优势：资金不取决于学费；有更多资金用于器械和材料；教师的标准高；薪水更好一些；方便获得学区的资源 •局限：不能完全自由地设计课程；在学区内工作具有限制性
	开端计划	公共或私人非营利机构	政府资金	•为幼儿入学做准备；家长参与；社区参与；园长必须对不同种族和文化背景敏感 •优势：教师工资高；有和家长一起工作的机会 •局限：要做许多必须的记录；因收入导致相互之间有隔膜

考察国外幼儿教育机构的情况，无论是发达国家还是发展中国家及地区，托幼机构的名称都各有差异，如幼儿园、幼儿学校、保育学校、托儿所、日托中心、母育学校等，还有全日制机构、半日制机构、幼儿游戏小组、学前学校、日间母亲看护所、家庭看护所、家庭教育服务中心等。从这些不同的机构名称①可以看出，各国幼儿教育都是正规机构与非正规机构并存，同时也表明社会对托幼服务需求的多样化。另外，也在一定程度上体现了托幼机构与家庭生活的密切联系以及与家长角色的关系。通常有一定规模的正规幼教机构在管理上更强调规范。

（二）幼儿教育的功能

从以上关于当代国内外幼儿园类型的介绍，可以看出，幼儿教育具有不同于一般教育的独特性。这里进一步结合幼儿园的历史沿革，对作为社会公共托幼机构的幼儿园所具有的社会功能展开探讨和思考，主要归纳为这样几方面的功能或特点。

1. 幼儿教育的福利性

幼儿教育是儿童福利事业的重要一环。1959 年联合国发布的《儿童权利宣言》指出："凡是以促进儿童身心健全发展与正常生活为目的的各种努力、事业及制度等均称之为儿童福利。"儿童福利与教育往往与妇女及家庭紧密相连。近现代意义上托幼机构产生的主要原因是家庭教养社会化，从而发挥了学前教育在服务家长方面的功能。在西方，伴随着工业革命的兴起，妇女为了维持生计，不得不走出家庭进入工场，寻找工作机会，儿童的看护就成了一个社会问题，于是促进了托幼机构的产生。欧文在自己工厂内开办的"幼儿学校"，正是为了给那些无人照料、流浪街头的工人阶级子女提供教育的。我国老解放区早在 1934 年 2 月，由中央人民内务委员部颁布的《托儿所组织条例》中就规定："组织托儿所的目的是为了要改善家庭的生活，让托儿所来代替妇女担负婴儿的一部分教养的责任，使每个劳动妇女可

① 周采. 比较学前教育［M］. 北京：人民教育出版社，2010：255-256.

以尽可能的来参加生产及苏维埃的各方面工作……。”在老解放区，根据革命和生产的需要，出现了服务形式灵活多样的托幼机构，如日托、寄宿、寄养、变工制等。一些企事业部门或公司也把解决职工子女入托入学作为一项福利而承担起责任。中华人民共和国成立以来，国家明确了托幼机构具有双重任务，其一就是要为家长参加工作和学习提供便利条件。托幼机构服务家长的任务正是由学前教育的功能所决定的，儿童福利性是幼儿园教育最基本的功能。

2. 幼儿教育是保育和教育二者合一

幼儿园教育具有不同于其他阶段教育的独特性，即保育和教育二者合一。保教合一指既要保护儿童健康，又要促进儿童的全面发展和进行启蒙教育。我国于1922年颁布《壬戌学制》后，1932年10月又由当时的教育部公布了全国统一的《幼稚园课程标准》，在幼稚教育的总目标中阐述了保教合一的观点，即增进幼稚儿童身心的健康……培养人生基本的优良习惯（包括身体、行为等各方面的习惯）……老解放区也把“看护小儿的教育，注意小儿听觉、视觉及器官的充分发展”与“注意儿童的记忆力、模仿力和联想力等智慧的发展”作为学前教育的重要目标。我国1951年颁布的《幼儿园暂行规程（草案）》也规定，幼儿教育目标是“保证幼儿身体的正常发育和健康”“发展幼儿的智力……想象力和创造力”等，明确了学前教育保教并重的目标和功能。

3. 幼儿教育的公益性与服务性

所谓公益是指不特定的多数人的利益。这意味着学前教育是涉及每一个儿童及其家庭的事业，而不应仅仅为少数人享有和获益，学前教育还要能够促进家庭模式的转型并为家庭提供育儿支援。20世纪60年代以来，随着妇女社会地位的提高和妇女运动的不断兴起，参加工作的妇女数量越来越多。联合国儿童基金会1982年公布的统计数据表明，在美国，有学龄儿童的妇女参加工作的占60%，有6岁以下儿童的妇女参加工作的也达到40%。这种现象直接影响家庭的规模、结构、收入等，美国传统式的家庭（父亲工作，母亲在家照顾孩子）仅占 13%。同时，未婚家长的增多、离婚率的居高不下，使得托幼机构必须为不同需求的家长提供各种类型的服务。在中国，计划生育国策的推行，使得独生子女的受教育问题得到家长的空前关注，因此，很多幼儿园纷纷推出多种服务，为家长提供科学育儿方面的指导和培训。在当代，幼儿教育机构的设置及其服务不仅减轻了家庭的育儿压力，也使父母有可能提高受教育程度和培训水平，促进终身学习的发展。

4. 幼儿教育的社会性

幼儿教育的社会性功能强调学前教育能够增加社会产出，减少社会成本。有研究表明，对学前教育的投资回报率高于其他任何一个教育阶段。据美国一项长达 30 余年的追踪研究表明：接受过早期教育的儿童与未接受过早期教育的儿童相比，前者的学业完成率高，就业率高，结婚率高，犯罪率低。同时，每在学前教育上投资 1 美元，可获得 17.07 美元的回报，包括个体成长的回报与对社会公共事业的回报，主要体现在社会福利、补救教育、预防犯罪方面投入的降低以及纳税的增加。因此，各国纷纷加强对学前教育的重视和投入。美国通过制定《儿童保育与发展固定拨款法》《提前开端法》《儿童早期教育与发展法》《不让一个儿童落后法》等，保障了学前教育的地位及其发展，也以法律的形式有效地保障了对学前教育事业的各项拨款，有力地推动了学前教育的发展。英国政府对于学前教育也尤为重视，据《2007年教育概览：经合组织教育指标》公布的数据，英国政府在每名学前儿童身上的投资是 4 000 英镑。在当今知识经济的时代，各国都已认识到教育和人才培养的重要性，对学前教育的高度重视将有利于推动国家教育、经济、社会的发展。

5. 幼儿教育的补偿性

学前教育的发展应有益于维护社会公正和公平。学前教育是面向每一个适龄儿童的教育，也是消除贫困、保障儿童学习和发展机会均等的重要手段。近年来，随着社会经济、政治的发展，保障处境不利儿童的学习与发展的机会和权利，已经成为各国关注的问题。如美国自 20 世纪 60 年代以来的

“提前开端”计划，主要针对来自低收入家庭的学龄前儿童（3～5岁），向其提供免费的、广泛的健康、教育、营养、社会和其他特定的服务，保证这些儿童能够身心健康地发展，为入学做好准备，就是帮助家庭经济困难的父母把子女送到托幼机构，为幼儿提供补偿教育的方式。近年来又将这一项目扩展到对家庭的育儿支援。我国一些地区加大对农村学前教育、流动儿童教育与留守儿童教育、特殊儿童的融合教育、农村幼教师资培训等的重视，也在一定程度上体现了学前教育的补偿性。

6. 幼儿教育的衔接性

衔接性强调学前教育为儿童入学做准备，提高入学率。学前教育既有福利性，同时又是基础教育的组成部分，具有基础性、启蒙性和准备性。学前教育必须促进儿童身体的健康成长，通过开展丰富的教育活动和游戏活动，引导幼儿积累社会经验，掌握入学前所需的情感、态度、知识、技能等，为幼儿进入小学做好充分的准备。各国都非常重视解决幼小衔接问题，并且进行这方面的科学研究，有的国家或地区将早期教育扩展到小学三年级，有的国家则把5～6岁儿童的教育纳入义务教育的范畴等，保证幼儿入学后的适应问题。我国的学前班以及美国等一些国家附设在小学的学前教育机构，与小学教育的衔接性即入学准备教育的作用更为突出。

由此可见，幼儿园教育具有多重社会功能，儿童福利性是最基础的功能，而非仅从字面上理解的教育性单一功能。这些不同于其他阶段教育的独特性质与功能，意味着管理的综合性和差异性等。下面尝试分析幼儿教育多重功能对管理带来的启示。

一是保教合一、教养儿童与服务家长兼顾。幼儿发展的特殊性决定了学前教育的特殊性。对幼小儿童需要保教结合，养护与教育并行，幼儿园的活动是以兴趣为导向的多种多样的活动，让儿童在日常生活和游戏之中学习。从各国的幼教实践看，存在着名称各异、形式多样的托幼机构和组织，其中相当数量属于非正规教育形式。托幼机构并非仅仅是教育性机构，福利性是其不容忽视的重要功能，要在服务儿童的同时为家长提供育儿服务。管理上也要依据学前教育的特殊性，实施和探索相应的管理方式、方法。如在家长工作、社区资源的利用、办园经费的筹措与园所条件的改善、教育活动质量的提高等诸多方面，需要考虑园所所在的社区环境条件与发展状况，从学前教育的非义务性出发，以及家长的特定需要出发，灵活地加以管理，而不可能采用绝对统一的标准。

二是管理过程中要特别注重综合协调，强调管理的社会化。幼儿教育涉及广泛的领域，如福利、卫生、文化、经济等诸多方面，因此必须得到全社会的支持和参与。学前教育的福利性、社会性、公益性等性质与功能，管理上需要将行业化管理与社会化管理结合，纵向管理和横向联系结合，注重发挥综合协调功能，而不能仅仅靠某一教育行政的垂直和单一管理。在这方面，一些国家跨部门管理的经验值得借鉴。我国幼教事业管理实行“地方负责，分级管理，有关部门分工负责”的原则，体现的也是这一特点。实践中要求教育行政部门与相关职能部门等主动联系协调，不断探索可行的办法和实施途径，如一些地区创造了便于综合管理的联席会制度。托幼机构的管理也要积极与家庭和社区的相关部门协调，提供适合需要的学前教育，为家长提供良好的服务和科学的育儿支援，建立与社区的合作共建关系，充分发挥学前教育的价值。

再有，学前教育管理要充分挖掘并整合多方面资源，发挥管理效能。要以最小的力做最大的功，求得社会效益和经济效益的统一。政府部门在经费投入方面要进行制度创新，把钱花在最需要的地方，多一些“雪中送炭”，向低端人群倾斜，发挥维护公平的托底作用。采取适合经济体制转型的有效措施，扩大幼儿教育的受益范围和促进整个事业的发展。在我国人口众多、发展不平衡的社会背景下，学前教育发展更需要强调调动各方面的社会力量和资源，根据各地实际与需要，因地制宜地兴办多样化的幼儿教育，而不能仅限于单一途径和单一类型。要合理组织和运用地域教育资源，就近服务家庭，推动幼儿教育与社区生活融合，发挥属地职能，实行差异化管理。

第二节　幼儿园管理的目标、内容和原则

幼儿园管理的目标也是幼儿园办园的目标。当设立一所幼儿园时，首先就要确定幼儿园的目标和办园理念。

一、幼儿园的目标

探讨幼儿园的管理问题，首先需要明确幼儿园这一社会性组织的目标定位。

（一）幼儿园的目标定位与办园理念

从前面对幼儿教育功能的讨论可以看出，幼儿园的主要功能是福利性和教育性。一方面要保育和教育儿童，为他们奠定良好的发展基础，为他们进入小学做准备；另一方面也要方便家长，特别要使妇女能够参与社会生活，具有福利性和社会服务性。这也意味着幼儿园担负的任务具有双重性，双重任务和目标可以说是当代幼儿教育社会性机构的共同特征。幼儿园的教育目标必须要在国家的幼儿教育总目标和方针指导下确立，即：按照保育与教育相结合的原则，遵循幼儿身心发展特点和规律，实施德、智、体、美等方面全面发展的教育，促进幼儿身心和谐发展。幼儿园同时向幼儿家长提供科学育儿指导。

当然，各个幼儿园在确立自己的目标定位时，可以有不同的侧重。这就是各幼教机构目的、目标的共性与个性。幼儿园教育理念是指这个组织的观点、信念和价值的集中体现。每一个幼教机构都有基于创办者理念的特色，经由历届继任者在持续的实践中进一步归纳和提炼，又由现任的教职员工贯彻实施。幼儿园特色的核心是某种理念，以及一系列贯彻幼儿园目标的运转计划，如在设施配置、人事制度、设备购置，以及提供的活动等方面对目标加以贯彻实施。有关幼儿园的理念、观点是逐步形成的，要随着情况的变化加以调整。如，随着社会环境的变动，育儿需求的变化，以及有关幼儿如何

学习的研究结果的揭示，甚至相关政策的提出等做出一定调整。

实践在不断发展，人们对相关问题的认识也会不断深化。管理者和教育者有必要逐步澄清自己的教育理念，为组织进行恰当的目标定位，才能更好地指导幼儿园的工作和实践。

（二）幼儿园工作的目标结构

幼儿园的工作目标就是幼儿园的总体目标。幼儿园的工作概括起来主要包括教育工作和管理工作两大部分，每部分又有具体而直接的目标，即教育目标和管理目标。

幼儿园的教育工作直接作用于幼儿的一切活动，涉及育人工作的全部，如游戏活动、教学活动、生活安排与教师的家长工作等，是保教结合、促进幼儿全面发展的全部活动，指向于实现幼儿园教育目标的工作。教育活动的目标是指教育对象的培养规格和质量标准，要依据对幼儿身心发展规律的认识和社会要求确定教育目标，思考培养什么人、怎样培养，即把幼儿培养成什么样的问题。幼儿园以育人活动作为各项工作的中心，通过培养人的活动，完成幼儿园工作的基本任务。

幼儿园管理工作就是对育人活动的组织。即对幼儿园的人、财、物、事加以组织、指导、协调、控制等，是围绕实现教育目标而进行的一切管理活动。具体如，安排班级人员、规定教师的工作制度和要求，调整各部门工作的关系，改善办园条件，幼儿园建设和发展等一系列为保证教育活动顺利进行而创设条件的工作或活动。这些管理工作所应达到的要求和标准就是管理目标，决定着要把幼儿园办成什么样。

教育目标是幼儿园的根本目标，幼儿园设置与存在的价值就在于为学龄前儿童做好保教，促进他们的发展，为进入小学学习打下基础。教育目标是确立管理目标的依据，管理目标是实现教育目标的保证和前提，管理目标和教育目标都应当统一在教育目标的实现上。

教育目标是幼儿园管理的出发点和归宿。可以认为，幼儿园的全部工作都是为了实现教育目标，教育目标的实现又体现了整个管理工作的成效。

幼儿园的总体目标应该既包括教育培养目标，又包括幼儿园各项管理活动的质量标准。确立幼儿园的目标应有正确的指导思想，应根据社会发展的要求和本园实际进行适当的目标定位，注意管理目标与教育目标的一致性。

二、幼儿园管理的内容

幼儿园的设置及其管理活动与教育活动的开展，要有一定的条件和资源，如师资、设备、资金等。这里结合幼儿园管理实际，从管理资源的角度，分析管理要素，明确管理工作的内容，探讨各要素和各方面管理对象之间的关系。

幼儿园的人、财、物是重要的物质资源，是管理的基本要素，是有形的管理对象。其中，人是具有能动性的物质资源，财、物等非能动性的物质资源需要由人来掌握、支配和使用，才能够发挥作用。在人、财、物这三项基本的资源性要素中，人是最重要的。管理特别要注意做好人的工作。

幼儿园管理的资源性要素还包括时间和信息，这是无形的管理对象。“时间是最稀有的资源”，组织的管理总是在一定的时间进程中进行的。幼儿园管理需要在有限的时间内，最大限度地做好工作。信息是指一切可传递和交换的知识内容，信息也是一种客观存在，是重要的管理资源。有效的管理行为必须通过某种反馈过程来获取信息，了解组织的目的是否达到，并协调组织与外界的关系。

幼儿园管理是以育人为中心和目的来实施管理过程的。幼儿园管理不仅需要研究和实施对以上有形或无形的要素分别进行管理活动，更重要的是要发挥管理职能，对各种要素加以综合和合理组织。要素的综合就构成了各项相互联系的育人之事，要将育人之事全面管理起来。幼儿园管理具体涉及以下四方面内容。

一是行政管理，是为保育教育创造条件的工作。涉及幼儿园管理的基本状态和实务工作，如，幼儿园的行政组织与管理制度、确立幼儿园目标和行政计划等管理职能活动；以及幼儿园的环境创设、卫生保健、经费运转等有关总务后勤的工作。

二是保教工作管理，这是幼儿园的中心工作，是直接作用于儿童的工作。从管理层次看，包括保教工作管理和班级管理。

三是人员管理，涉及管理者与教职工及其相互关系。一方面是作为工作主体的教师队伍建设，包括教师个体的专业成长和幼儿园组织的发展；另一方面是作为幼儿园管理者的园长及其领导工作。

四是幼儿园与家庭、社区的关系，主要指幼儿园的家长工作，以及幼儿园与社会、社区环境的协调融合，双向互动与服务，并涉及幼儿园与教育行政等方面的关系。

三、幼儿园管理的基本原则

管理原则是指导管理工作的行动准则。

一般来说，“原则”就是指本质、基础，或基本的行动准则、规则、指导思想和基本要求等。美国当代管理学家孔茨曾经说过：“管理原则是从浩瀚的知识中重点抽象出来的几个关键点。”管理工作抓住关键点，就能起到事半功倍的效果。

幼儿园管理原则是指为实现幼儿园的工作目标，正确处理管理过程中一系列矛盾、关系或问题的指导原则，是对幼儿园管理系统提出的基本要求，是管理活动必须遵循的行动准则。管理原则对整个幼儿园的管理系统起着统摄、指导的作用，在总体上全面指导幼儿园管理过程各环节、各种管理方式的运用、各项组织制度的建立，以及各项具体工作的管理。

幼儿园管理原则是对幼儿教育管理实践的总结与概括，反映了幼儿教育管理的客观规律，是管埋埋论在幼儿园教育领域的具体化。在幼儿园管理实践中，管理原则以工作准则的方式呈现。

基于幼儿园的管理原则是对管理系统提出的基本要求，是管理活动必须遵循的指导原则和行动准则。归纳起来，主要有以符合保教宗旨、实现保教目标的方向性原则，教养为主的整体性原则，民主管理原则，有效性原则和社会协调性原则等五项基本原则。

（一）方向性原则

幼儿园以符合保教宗旨、实现保教目标为根本，这是幼儿园管理的首要原则，也称之为方向性原则。管理是一种有目的的活动，它总是指向一定的任务和目标。幼儿园管理活动也必然朝向某种目标行进，具有特定的方向。

幼儿园担负着双重任务，这是当代幼儿园的共同特征，尽管侧重点有所不同。我国《幼儿园工作规程》（以下简称《规程》）明确指出："幼儿园是对学龄前幼儿实施保育和教育的机构，是基础教育的有机组成部分，是学校教育制度的基础阶段。""幼儿园的任务是实行保育与教育相结合的原则，对幼儿实施德、智、体、美诸方面全面发展的教育，促进其身心和谐发展。幼儿园同时为家长参加工作、学习提供便利条件。"《规程》对幼儿园性质任务的规定体现了我们社会主义国家办教育的目的，双重任务就是托幼机构的工作方向。可以认为，教育好幼儿是为未来社会建设贡献力量，服务家长则有益于当前的社会建设，二者均服从于社会主义建设的总目标。

贯彻这一原则，就是要坚持办园方向，保证双重任务的完成。为此，幼儿园在管理上需要注意如下两点。

1. 明确教育目标，树立正确的指导思想

幼儿园管理者要深刻理解并引导教职工明确幼儿园的教育目标，在此基础上，树立正确的办园目标和指导思想。要认真思考为谁服务，培养什么样的人，为什么开办幼儿园或托儿所这样的大问题。兴办幼儿园一定要以教育效益、社会效益为根本，要从有利于儿童的健康和发展，即教育目标的实现和满足人民群众对幼儿教育的需要出发，搞好幼儿园的工作。

2. 注意正确思想的引导，建设优良园风

幼儿园是培养人的场所，不仅要做好对幼儿的保育和教育，还需要向幼儿家长提供科学育儿指导。因此，培养好人才，提高师资队伍的素质是关键。管理者要引导教职工明确教育培养目标，以正确的、富有感召力的办园目标统一全体教职工的意志与步调，同时强化师德教育，建设优良园风，提高教职工素质，激发大家为实现全面育人目标，同心同德，奋发努力。

（二）整体性原则

幼儿园是社会系统的一个组成部分，幼儿园本身也是一个整体，是由各个部门、各项工作、各方面人员所组成的。

教养为主的整体性原则指的是，幼儿教育机构是一个系统，一个整体，是由相互作用、相互依赖的各个部分结合而成的具有特定功能的有机整体。要实现总体效能，核心问题在于目的性。幼儿园以实现双重任务为目的，保教工作是整个系统的中心，管理上要从实现整体目标出发，保教为主，全面规划，统一指挥，合理组织各个部门、各种因素、各个层次的力量，充分发挥整体效能。

贯彻教养为主的整体性原则对于正确处理幼儿园工作中整体与局部利益、主要矛盾与次要矛盾、中心工作与其他工作、教育与管理等多种错综复杂的关系可以提供指导。

1. 树立全局观念，强化整体意识

幼儿园各部门、各项工作等都要服从和服务于这一整体目标和利益。一切工作要从全局出发，明确总体目标，正确认识整体与局部的辩证统一关系，强化整体意识。管理上要处理好分工负责与统一指挥的关系，要明确分工并加强协作配合，从整体着眼做好各部门的各项工作，统筹兼顾，协调行动，及时发现和解决问题，使全园工作运转正常。

2. 教养为主，全面安排

幼儿园以教养工作为中心。教养为主、保教结合是幼儿园的性质和任务决定的，体现出幼儿教育工作不同于普通学校教育的特点和特有的规律性。幼儿园要依据教育对象即幼儿身心发展的特点，通过保教（教养）结合来实现育人目的。

幼儿园管理工作必须明确以教养为主，统筹安排各项工作。“教养为主”，首先意味着幼儿园的主要管理人员、保教人员要把大部分时间和精力用于保教工作。其次，幼儿园的其他各项工作、各个部门是为保证保教工作而设置的，要配合并服务于保教工作，要有利于而不是有碍于这一中心工作。最后，幼儿园的领导者、管理者要能经常深入教养一线，了解并指导保教工作，认真研究分析问题，推动和改进教养工作实践，提高质量。

管理上要在坚持教养为主的同时，统筹安排，要在总体目标规划前提下，将长远目标与近期任务结合，将各时期主要工作或阶段性重点与其他工作或平时的常规工作协调起来，围绕中心，带动全面，使各部门各项工作协调配合，全园工作正常运转，较好地完成保教任务。

（三）民主管理原则

民主管理原则指在幼儿园管理中，要处理好完成工作任务和关心人的关系，要处理好管理者与管理对象即广大教职工的关系，调动全园各类人员的积极性，发挥管理的激励机制，以较好地实现幼儿园的任务目标。积极性原则也是全员参与管理的组织原则。

人是管理的核心。管理要素中，人兼为管理手段与内容，现代管理强调“以人为本”的思想。幼儿园的各项工作要靠人去推动；保育教育工作及服务家长的任务要依靠教职工特别是保教人员去完成。人是目的与手段的统一。实现组织的任务目标，关键是调动各类人员的积极性。不仅要有管理者的积极性，还要全力调动和发挥广大群众的积极性，要尊重教职工的民主权利，参与幼儿园的管理工作。要让教职工在努力完成工作任务的同时，实现自身专业发展。

幼儿园管理工作民主性原则的贯彻，需要正确处理领导与群众、集中与民主、组织与个人之间的关系。

1. 树立以人为本的观念

管理工作要注意处理好管理者与管理对象之间的关系。管理者要相信、依靠群众，密切联系群众。应当认识到，广大教职工既是管理的客体，又是管理的主体，是实施教育等各项工作的主体；同时，管理的主体与客体又是相互依存并在一定条件下相互转化的。当前幼儿园实行园长负责制，意味着园长要对幼儿园的行政与业务工作全面负责，园长是代表人民的利益、教职工的利益和组织的利益行使权力，而不是个人的权力。

搞好幼儿园管理并非仅是领导者的事，还必须依靠全体教职工，要实行民主管理，调动他们关心参与事业的积极性。要深入群众，注意听取他们的意见，集中大家的智慧和力量。管理上要增强服务意识，为教职工的发展创造适宜条件，使教职工能够结合工作实际参加教研培训，不断改进工作效果，实现个体和整个教师队伍的专业发展。

2. 在组织和制度上为员工参与管理提供条件

民主管理需要有一定的组织和制度作为保证。管理者要在组织上或工作制度上为群众参与管理创造条件，使“以人为本”“职工是企事业的主人”从观念形态转变为具体现实。

实行民主管理首先应当建立群众监督咨询的组织和制度。如定期召开教代会、职工代表大会、园务会、党政工团联席会等，讨论幼儿园的工作和问题，沟通管理者与群众的关系。从而使教职工对幼儿园重大决策有审议权，有机会参与讨论和作出决定；对行政干部和领导管理人员有评议监督权，并能维护自身正当合法的权益。幼儿园还应在制度上保证代表教职工意志的人选进入各级领导班子。

幼儿园各项工作的开展要走群众路线，发扬民主，科学决策。领导者应实行园务公开的制度，使广大教职工对全园工作有知情权。可以通过多种形式鼓励教职工出主意、提建议，如设意见箱、开展合理化建议活动、召开小型会议及个别访谈等参与管理。工会是教职工自己的组织，要发挥其沟通领导管理者与群众关系的桥梁作用，促进民主管理。

（四）有效性原则

管理的根本目的在于提高效率，即以最小的投入创造出更多更好的经济效益和社会效益，为社会提供有价值的贡献，充分发挥管理的生产力职能。

幼儿园管理的有效性原则指的是，管理要在正确的目标指导下，通过科学管理，合理组织人力、物力、财力等资源，充分挖掘潜力，讲究经营，高质量、高效益地实现培养目标，完成幼儿园的双重任务。

任何组织的资源都是有限的。管理上要从实际出发，注意研究人力、物力、财力等资源的投入或劳动耗费带来了多大的效用和功能，管理工作完成目标和任务的效率，管理活动的整个效果如何。搞教育，开办幼儿园也有效益问题，要计算投入产出的关系，要遵循教育和管理规律，以科学的态度和方法来研究和处理幼儿园经营运转中的问题，有效利用各种管理资源。

贯彻有效性原则需要注意以下三个问题。

1. 树立正确的教育质量观、效益观

幼儿园以育人为目的，一定要树立正确的人才观、教育质量观，要关注社会发展的需要，明确社会对未来人才规格的要求。衡量幼儿园管理工作效益的关键是幼儿园培养的人才能否为社会所接受，人才数量与规格是否符合社会的需求。

关于效率和效益的关系：效率通常指的是单位时间内完成的工作量；效益是和目标、方向密切联系的，与价值有关。良好的效益是在正确目标指导下的高效率，符合社会的根本利益和发展方向，同时也是有利于幼儿园整体发展的高效率。

幼儿园管理要注意将资财的投入、配置和使用与教育目的、办园效果结合，突出其使用的意义与价值，要把凡事讲效率、效益作为幼儿园管理工作的重要指导思想。

2. 建立合理的组织与制度，使工作规范化、程序化

管理是对组织而言的。幼儿园要有合理的组织机构，并不断完善。要明确幼儿园的任务目标，建章立制，形成管理层次清楚、职责分明，机构精简，人员精干，既统一领导又分工协作的科学管理系统，提高组织的功能和效益。

实现有效管理还要加强幼儿园工作的计划性，避免盲目和随意。可以通过计划的制订将各部门、各方面的工作有机联系和组织起来，形成前后连贯、环环相扣的系列，将幼儿园工作不断推向前进。

3. 有效地组织和利用资源，实现经济效益优化

以最小的代价获得最优的效果，是管理的意义所在。幼儿园管理要进行

教育成本核算，讲究经营，注意计算经费投入或人力物力等资源的耗费与培养人才和办事效果之间的关系，要考虑如何发挥教育投资的经济效益问题。要注意分析机构所拥有的人力、物力、财力等资源，合理配置，有效利用。

管理要素中，人是最具有能动性的关键要素，是组织中最宝贵的资源。可以通过定岗、定责、定员、定编，确定适宜的工作量，把合适的人安排在合适的岗位上，提高用人效率，实现人尽其才，克服和消除人浮于事等现象。对人员的管理要做到知人善任、用人之长，合理组织和运用激励机制，从而发挥组织成员的聪明才智和潜在能量，更多更好地完成工作任务。

幼儿园管理要做到合理利用物质资源和资金，科学经营，节支增收，提高经费和物资的有效利用率。幼儿园的建设和发展一定要坚持艰苦奋斗、勤俭办园的方针，把有限的经费用在最急需、最必要的地方，尽可能减少非教育性开支，财尽其效。管理中要正确认识节支与增收的辩证关系，注意节支、节约，挖掘潜力，降低成本，提高效益。

要加强物资和设备的管理，注意保管维修，延长使用寿命，要杜绝浪费，防范不应有的损坏，实现物尽其用，更好地为保教工作服务。

合理有效地利用时间和信息。管理者要善于合理安排工作，分清主次轻重，考虑工作的优先次序，提高时间利用率。管理上还要注意建立畅通的信息渠道，及时传递与反馈准确的信息，加强沟通，并为有关部门与教师提供信息服务，正确决策。

（五）社会协调性原则

幼儿园是整个社会系统的一个组成部分。随着时代的发展，幼儿园与社会的联系日益密切，其生存与发展受到社会各方面因素的制约。幼儿园的管理活动是在同社会各个方面的交往中进行的，不能孤立地、封闭地看待管理问题。

幼儿园管理的社会协调性原则是指，幼儿园是社会的一个组成部分，机构管理要注重与社会的联系，通过协调沟通，充分利用有利条件，尽力排除不利因素，在内外各方面因素的相互作用与影响下，不断提高保教工作质量和管理水平，面向社会，开拓发展。实施社会协调性原则要注意以下两点。

1. 正确认识组织与环境的关系，树立面向社会办园和提供教育服务的思想

现代管理学注重把管理置于一定的环境和社会文化背景之中，考察其间的相互制约、联系与影响，强调组织的效率取决于组织与环境的适应性。幼儿园要搞好管理就要注意分析园内外的动态关系，主动了解社会环境的变化，有意识地自我调控，与环境保持平衡。

2. 加强联系，搞好协调，实现双向互动

幼儿园要充分认识并处理好内部与外部的各种关系。对内要处理好各部门各类人员及各项工作之间的关系，有秩序地开展教育管理，搞好育人工作。同时，要注重对外联系，搞好社会协调，处理好幼儿园与其他社会组织、与所在社区及其他方方面面的关系，在相互交往中协调发展。

——幼儿园与主办部门和上级教育行政部门的沟通和协调。例如：对国家和政府部门的方针政策，特别是教育方针政策和有关法令管理条例、规章等，要及时了解，认真学习，并结合实际加以贯彻和执行，主动向主管部门提供信息和反映问题，争取支持。

——和其他幼儿园的同行及相关研究单位要多交流、研讨，相互学习和支持。

——幼儿园与家长的沟通与互动。幼儿园要注重家长工作，密切家园联系和沟通，对有需要的家庭提供帮助和指导，以便更好地发挥家长和家庭教育的作用，实现家园配合一致的教育。

——幼儿园与所在社区的协调与融合。幼儿园要注意考虑所在社区的自然地理环境、文化经济条件、社会风俗、生活方式等特点，发挥地方优势，组织有利因素，避免消极因素，为幼儿园发展争取较好的社会环境。

幼儿园要注意依靠社会力量，同时还要发挥教育机构的优势，向社会宣传教育和对外开放，自觉参加社会服务的活动，发挥社会功能，实现双向互动和服务。

幼儿园管理的以上五项原则之间紧密联系、相互制约，是不可分割的整体，共同作用于幼儿园的管理过程。管理者要在实践中，加深对各原则的理解，并将这几方面的原则作为完整的体系，综合运用，以取得良好的工作效果。

这里有一张简要的表格（表 1-1），可以帮助我们理解幼儿园管理的原则及其作用。

表 1-1　幼儿园管理原则及其作用

原则	作用
方向性原则	指导人们端正办园的思想和方向
教养为主的整体性原则	指导人处理园内各项工作的关系
民主管理原则	指导对人的管理，处理管理者和管理对象的关系
有效性原则	指导制度建设，指导处理幼儿园的投入和产出的关系，即工作效益和服务社会的关系
社会协调性原则	主要处理幼儿园的内部关系和与外部环境之间的关系

第三节　学习和研究幼儿园管理问题的意义和方法

一、学习和研究幼儿园管理问题的意义

随着经济和社会的发展，教育得到了大发展。作为社会公共学前教育机构的幼儿园也得到了迅速发展。20 世纪 50 年代以来，发展中国家也陆续建立起社会公共学前教育体系和制度。学前教育机构不仅数量增多，规模扩大，而且类型多样，教育质量也不断提高。这些变化迫切需要对管理的相关问题进行研究，同时，教育改革和教育质量的提高都要求研究幼儿园管理问题，以发展和建设学前教育管理理论，更好地指导和推动教育实践，最终促进儿童的健康发展，让家庭受益。

一方面，社会发展对管理理论提出了需要和要求，如教育管理实践迫切

需要理论来加以指导；另一方面，社会的发展也为管理理论研究提供了前提和条件，加之企业管理理论取得的重大进步和成效，以及现代科技发展提供的有利条件，使得幼儿园管理可以吸收科学管理及相关学科理论的滋养，并在研究方法等方面得到借鉴。

当前，研究和学习幼儿园管理问题的意义主要有以下三个方面。

（一）推动幼儿教育的发展，全面提高教育质量

随着社会经济发展水平不断提高，公共学前教育得到了较大发展，出现了多种形式的托幼机构。学前教育的规模、受益范围在不断扩大。客观上需要研究各种类型的幼儿园，即实施不同办园体制与管理体制的幼儿园等，探讨幼儿园管理问题，不断提高管理水平，从而改进幼儿教育和办园质量，满足多样化的社会需求。努力探索规律，更好地指导实践。

自 20 世纪 60 年代以来，教育改革在世界各国风起云涌。世纪之交，中国为落实科教兴国战略，推出了“面向 21 世纪教育振兴行动计划”，确立了实施“跨世纪素质教育工程”、提高国民素质这一教育改革的重要任务，强调深入进行教育改革、实施素质教育要从幼儿阶段抓起。

教育改革是一个系统工程，不仅要改革教育内容和方法、人才培养模式，还涉及教育结构和体制以及深层次的教育观念等方面的全面改革。我们需要认真研究影响学前教育质量的各方面因素，正确认识并处理好各方面的工作关系和内外环境的相互关系，加强对幼儿园管理问题的学习和研究。通过科学管理，改进和提高教育质量，推动学前教育事业的健康发展。

（二）提高人才素质和管理水平

人们常说：“一个好园长，就意味着一所好的幼儿园。”管理者是幼儿园工作的核心，幼儿园管理者和学前教育行政人员的政策水平、管理水平如何，直接关系到学前教育的质量和效益。

幼儿园教师也面临管理问题，当教师面对一个班的幼儿，就需要考虑如何建立生活秩序和常规，有效组织幼儿的活动，推动班级日常事务有序进行，即面临着班级管理问题。无论是对于职前的准教师还是在职教师，仅仅

掌握专业的知识和技能，是不可能胜任对幼儿的保育和教育工作的，必须学习管理知识，研究相关问题，才能使工作更富于成效，并且不断改进实践和提高教育质量。

学前教育工作者通过学习和研究学前教育管理问题，可以更深刻地认识学前教育的性质和特点，掌握有关管理的理论和方法，全面提高自身素质和能力，成为幼儿教育和管理的内行。

（三）建设和丰富中国特色的幼儿园管理理论体系

长期以来，广大的幼儿教育工作者在幼儿教育实践中，积累了大量的经验，包括很多很好的幼儿园管理和班级管理的经验，这些经验多是感性的、零散的，有待于将这些经验进行系统化、概念化，上升为理论形态。为此，我们需要以科学的态度，认真加以研究，探索提高教育质量和办园效益的客观规律。要以我国幼儿园管理的实践为出发点和中心，深入总结经验与教训，同时结合自身实际，有选择地借鉴和吸收国外有关管理的理论和方法，以及传统管理思想等，为我所用，建设和丰富具有中国特色的幼儿园管理理论体系，促进学科发展。

二、学习和研究幼儿园管理问题的主要方法

学习和研究幼儿园管理问题的主要研究方法有案例法、行动研究法、调查法，以及文献法和实验法等。应当明确，学前教育管理重在研究现实的管理现象和问题，因此需要特别关注管理实践，加深对问题的认识和解决。

（一）案例法

案例法是研究管理现象的一种独特方法，也是研究学前教育管理及幼儿园管理问题的有效方法。这是将管理中出现的一些常见问题、矛盾或典型经验编写成案例，供学习者、研究者进行分析和讨论，主要目的在于理论联系实际，增强研究者分析问题和解决问题的能力。案例法的案例、故事都是来自于实际，因此对这些问题的研究和教学具有较强的现实针对性，对学习者的理论综合运用能力的要求也较高。通过案例分析去归纳观点和结论，既加

深了对理论的理解，又有利于将理论运用于实际。

资料 1-2

案例法：研究管理问题的独特方法①

长期的学前教育管理实践积累了大量生动的管理事件或案例，这其中蕴含着鲜活而丰富的管理思想，加以收集、整理、挖掘和总结，并作出科学的、理性的分析，对于指导学前教育管理实践，具有重要的意义。实践中的案例是管理理论的活水源泉，案例法是教育管理研究的一种重要方式。学习和研究学前教育管理学，必须重视管理案例的研究。案例研究不同于以往的一般教育研究，而是从具体的事实出发，按照总结实践，上升为理论，再指导实践的思路，来考察幼儿教育管理的现象与问题。案例研究着眼于探讨幼儿教育管理的实务和管理运作的各种方式，挖掘其中蕴含着的幼教管理思想与理论。

一、什么是案例

案例即情况、事实、事例、事件，是围绕一个中心主题讲述的一个真实的故事。

幼儿教育管理案例是对现实生活中，即幼儿园管理活动中具有典型意义的具体事件或现象的客观描述，是来自幼儿教育管理实践的故事。一个案例要求提供一个接近现实的、相对完整的客观过程，要列出主要情节，提供必要的事实与数据，以表明问题存在的状态和程度。一个案例就是一个包含有矛盾或疑难问题的实际情境的描述，是一个具体的教育教学或教育管理情境下发生的典型事件。

① 张燕，邢利娅. 幼儿园管理案例及评析［M］. 北京：北京师范大学出版社，2002：266-268.

二、案例法是研究学前教育和管理现象的一种独特方法

案例法是依据调查结果，将管理中出现的一些常见问题、矛盾或典型经验编写成案例，供学习者、研究者分析和讨论。通过案例分析去归纳观点，形成结论，在此过程中，学习者、研究者既可加深对理论观点的理解，也有利于将所学知识应用于实际。

案例法也被称为“参与式教学法”或苏格拉底式的“产婆术”，旨在培养学习者、研究者分析和解决问题的能力。案例法的重点不在于是否得出正确的答案，而是思考的过程，即通过提供典型的管理案例——管理活动中具有典型意义的具体事件或现象，为学习者创设一种解决问题或矛盾的现实情境，使之最大限度地发挥自身的能动性，在激烈的思想碰撞中，寻找解决问题的途径或对策。

管理学是一门实践性和应用性学科，必须经过实践过程而非仅限于逻辑论证才能得以证明其自身。案例研究法可以较好地体现学科特点，使理论深深植根于现实：一方面可以将管理实践中具有时代特征的典型事件加以收集整理，通过对特定情境下具体的教育事件或教育管理事件的描述和研究分析，引出问题，探求事件的意义及其背后的原因，验证理论观点，总结规律，归纳提升；同时又作为理论应用于实际的一种练习，即以案例为基本素材，把学习者带到特定的问题情境中，尝试对问题进行分析和解决的一种教育教学方式。案例法不是灌输知识，而是启发学习者主动探究发现。由于案例法的事例全部来自于真实的管理实践，对这些问题的分析研究具有较强的现实针对性，对理论综合运用能力的要求也较高。学习者通过案例研究去归纳观点并得出结论，既加深了对理论的理解，同时也可以使学与用紧密地结合起来，促使知识转化为能力。

案例分析大致可以分为三个阶段：发现问题—研究分析并提出对策—讨论交流。

运用案例法进行研究的优势大致有这样几个方面：首先，它有利于

理论联系实际，学用结合，而非纸上谈兵；其次，它是将学习者作为研究的主体，参与教学过程，积极分析思考，以获得知识并增长能力；再次，它注重交流和研讨，学习者可相互启发、分享，在充分探讨中澄清认识，加深体验。因而它被看作研究管理现象的独特方法。

三、案例法的功能和作用

案例法可以引导学习者将学习与研究合二为一，将实践中存在的生动而有典型意义的事件，特别是大量反映当今社会变革与教改实践的事件，加以收集、整理，从中引出问题，进行分析和思考，并在同行中展开交流讨论，更深刻地认识管理现象，并增进所学知识向能力的转化。

对于幼儿教育管理实践而言，案例法有助于寻求实践问题的解决途径。不仅如此，案例法对学科建设也具有不容忽视的作用或意义。案例法强调对教育和管理现实问题的关注和研究，可以将实践中积累的大量感性经验加以归纳、提炼和上升，探索规律，使中国特色的幼儿教育理论体系深深植根于中国幼儿教育实践的沃土之中。

鉴于案例研究具有这样的功能和作用，因而被誉为“活的学前教育管理学”。

（二）行动研究法

行动研究是“在社会情境中进行的旨在改善社会情境中的行动质量的研究”①。就幼教管理而言，行动研究是指幼儿教育的实践人员或理论工作者，立足幼儿教育实践的现场，直面幼儿园管理中的现实问题，进行研究探索，实现行动与研究的相互反馈、实践与思考的相互促进，以谋求实践工作的改进。行动研究不排斥任何一种研究方式，其特点是把实践中的问题作为研究课题，研究计划具有较大弹性，研究方式不是线性的，而是螺旋式上升的历程和程序，比较符合人们的认识过程。近年来这一研究方式越来越得到

① 刘良华. 校本行动研究［M］. 成都：四川教育出版社，2005.

重视。

（三）调查法

调查法是为了解学前教育管理中某个方面的问题或某项工作，采用多种方式直接收集资料的方法。调查方式可以是观察、个别访谈、开座谈会、经验介绍、问卷或查阅记录等。

根据调查对象的范围不同，可分为全面调查或抽样调查。前者是对符合调查目的要求的全部对象作调查；后者是从全部对象中抽取一定的代表作样本，通过对样本的调查，揭示总体的状况。研究学前教育管理问题常常需要做个案研究或典型调查。学习者或研究者深入现场，对具有明显特点或典型的事例作调查，解剖麻雀，认识规律。如，对某个特定的试行办园新体制的民办园作调查，了解办园情况、取得的成绩和经验，调查办园的特点和存在的问题。

（四）文献法

文献法是通过查阅文献资料，来了解和研究有关学前教育管理问题的一种方法。这是一种间接研究的方法，一般需要收集有关的文献资料并加以归纳、分析和比较，发现学前教育管理中的一些规律。

文献研究的方法包括纵向历史文献研究和横向的、对不同地域的文献研究，纵向文献研究易于发现教育管理中某方面发展的规律和趋势；横向研究则可通过分析对比，发现相互间的共性与差异，进而得出结论。文献法也称作比较法，“有比较才能有鉴别”。运用时要注意收集足够的材料，通过对材料的分析得出结论。

（五）实验法

这是根据一定的理论设想或思路，在严格控制的条件下，进行有目的、有组织、有计划的管理实践，以试验和检验某种管理方案，得出相应结论的一种方法。实验的方法具有明显的探索性质或验证性质。运用时，需要明确实验目的，选择好实验对象，周密地计划并依程序付诸实施，收集资料，加以科学的分析，得出结论。

第一，幼儿园管理问题的研究，要注意根据不同的研究目的、对象，选择运用适宜的方法。有时，需要综合运用多种方法。应以实事求是作为基本的原则，才有可能得出科学的结论。

第二，学习者在掌握必要的方法的同时，还需要有正确的学习态度。要注重发挥学习主体自身的能动性，积极参与教学过程，结合学习内容努力思考。

第三，要全面领会教材内容，注意各章节之间的联系和关系，掌握学科的知识体系。

第四，学用结合、理论联系实际是重要的学习方法。要尽可能地深入幼教实际，注意将课程内容与我国幼儿教育改革的实际联系起来，结合幼儿园管理实践中的现象或问题，运用所学的知识加以分析，作出解释和说明，并尝试依据有关理论原则，提出解决问题的思路与对策，以更深刻地理解和掌握所学内容，增强分析思考与解决问题的能力。

拓展阅读材料

非正规学前教育——四环游戏小组的实践

刘 莉

我们常常认为幼儿园应该是这样的：固定的活动场所、专业的人员、标准的培养计划、统一的评价，这才是幼儿的乐园。其实不然，这种正规的幼儿园正越来越受到挑战，因为每一个幼儿都是独特的，每一位家长都是最好的老师。随着“终身教育”思想的发展，人们认识到教育贯穿人的一生，教育存在于学校、家庭、社区，教育与生活统一在同一个过程中。因此，非正规学前教育悄然兴起，因其办学灵活、适应需求、因地制宜、融入生活和社区等特点，越来越受到人们的青睐。很多热爱幼儿教育事业的社会人士开启了非正规学前教育的探索之旅，例如“玩具图书站”“四环游戏小组”“妈妈互助组”等，与正规托幼机构共同承担起幼儿教育的责任。

四环游戏小组由北京师范大学学前教育系师生于2004年4月7日建立，致力于为农民工子女提供补偿性的学前教育。四环游戏小组主要以大学生为志愿者，依托四环社区，吸收社区退休教师为志愿者，充实人力资源；利用后海及其周边的自然资源，扩展活动空间；游四环农贸市场，从生活中寻找教育资源，充分体现了非正规学前教育的理念——民间力量办学，应需而生；因地制宜、就地取材开展活动；邻里守望，相互照应，共同看管孩子；开门办教育，打破幼儿园与周围环境的藩篱，体现开放与融合。

四环游戏小组在十年的实践中，不断实践—反思—实践，探索前行，逐渐摸索出了一条适合农民工子女特点的学前教育之路。农民工子女具有农村儿童的自然朴实、自由独立、好动奔放的特点；由于长期生活在城市的边缘，对城市生活、交通安全并不熟悉，同时对农村、对家乡的认识也逐渐模糊，在情感上细腻而敏感。因此，游戏小组采用混龄编班，所有的活动都是以游戏的形式开展，充分发挥幼儿的天性，让幼儿在玩中得到释放；以周围的自然环境、生活环境作为课程的来源，让幼儿在生活中、游玩中认识田园事物，感受自然和季节的变化，体验人际关系的互动，从而帮助儿童形成热爱自然的情感，学习交往的能力，培养幼儿好奇好问的探索精神，养成文明开放的良好品质。

为农民工提供育儿服务体现了为家长服务的宗旨，但是服务家长不是替代家长，更不等于将教育孩子的职责全部交给老师。四环游戏小组坚持“家长是幼儿的第一任老师”的理念，相信家长有能力教育好孩子，因此，四环游戏小组通过组织“家长老师”“家长玩教具制作”“家长学堂”“亲子故事大赛”等多种形式的活动，让家长从最简单的日常生活和游戏入手，参与子女的教育，激发家长的教育自信，提高家长的教育能力，提供家长们相互分享育儿经验的平台，发挥每一位家长的教育潜能，使家长成为非正规教育的主体，承担起育儿的责任，实现“爱心、自立、分享、共建”。

此外，四环游戏小组是大学生教育实践的基地，在实践中运用并检验所学的理论；提供了大学生行动研究的机会，在实践中产生问题意识，探寻现实问题的可行性解决方法；也是大学生学以致用、回报社会、承担社会责任的体现。

思考与练习

1. 简要说明管理和幼儿园管理的含义。

2. 简述社会公共学前教育机构——幼儿园的发展历程。

3. 结合你所了解的一些幼儿园的类型或形式，谈谈你对幼儿园教育功能的看法。

4. 谈谈幼儿园管理者或教师学习和研究管理问题的必要性。

5. 说明幼儿园总体目标中，教育目标与管理目标的关系。

6. 幼儿园管理的基本原则有哪些？如何理解办园的方向性原则？

7. 以实例说明如何树立正确的教育质量观，搞好幼儿园的经营管理工作。

8. 请调查一所幼儿园，评析其“特色”。

案例分析

案例 1.1　农村偏远山区发展幼教事业的探索

河北省兴隆县是一个典型的山区县。全县有 4～6 周岁的幼儿 9 984 名，每个自然村平均只有两三名幼儿。这些幼儿居住分散，交通不便，阻碍了当地有规模地发展幼儿园教育。所以，大多数山里的幼儿都散居在家，即使有的上了学前班，也是和小学一年级一起的混合班。

前些年，在荷兰伯纳德·范里尔基金会的资助下，在中央教科所幼教研究室与河北省教委的指导下，将兴隆县建立适合农村特点的幼儿教育体系作为工作项目确立下来。项目致力于探索一条迅速有效地提高农村幼儿教师及家长的文化教育素养，从而提高农村幼儿教育质量和幼儿素质的新途径。兴隆县开始了积极的尝试和探索，他们在大力发展正规幼儿教育的同时，因地制宜地创设多样化、非正规的幼儿教育形式。如，他们为生源较少的村创立了“巡回辅导站”，由乡中心幼儿园配备两名教师巡回辅导；在一些居民组十分分散的村，建立起“联合活动站”。以居民组较集中的白甸子为总站，居民组较分散的大石洞为分站，平时分两处授课，举办大型活动时集中在一起联合进行。总站由学前班老师辅导，分站由经过培训的家长辅导，总站老师每周到分站去一次，布置下周活动计划，检查幼儿一周的活动效果。对于居民组距离行政村较远、幼儿年龄又小的地区，则建立“亲子活动站”，帮助家长提高育儿水平。除此之外，还建立了“季节活动站”，农忙时召集幼儿到站活动，在特别偏僻分散的居民区建立了“家庭活动站”等。

这些非正规幼教组织与正规组织一起，共同构成了全县的幼教网络，不但使偏远山区的孩子也能够在不同程度上接受早期幼儿教育，而且提高了家长的文化素质、育儿水平。兴隆县农村幼儿教育的发展还大大地促进了当地精神文明建设。

（案例编写：于会田　赵继忠）

分析与思考

1. 这则案例为贫困地区幼儿教育走一条低投入、高效益的道路提供了哪些有益的启示？

2. 我国地域辽阔，各地区差异很大，谈谈你对发展幼儿教育事业必须因地制宜、根据本地区的特点来开展工作的看法。

案例1.2 当上级领导来检查时

一天下午，某班幼儿正在进行户外自由活动。刚上完课有些疲惫的王老师坐在一边休息。忽然园长带着几位教育部门的领导出现在园门口。王老师来不及制止满园乱跑的幼儿，急忙起身迎接。原来，园长刚参加完市教育管理部门组织的一个幼儿教育工作会议，会后大家一致建议到这所有名的特色幼儿园来参观参观。

园长向王老师眨眨眼睛，王老师心里一阵嘀咕：每次参观都提前通知，这次一点准备都没有，该不该把孩子们组织起来临时安排个活动呢？教育部门的几位同志似乎看出了王老师的犹豫，安慰说："没关系，我们只是随便看看。"

正在这时，一贯调皮的亮亮提着湿漉漉的裤腿，跑到王老师面前，哭着说："佳佳把我推到水里了。"而平时很讨王老师喜爱的佳佳眼里含着泪说："不是我推的，他抢了我的娃娃，我追到洗刷间，他自己不小心退到脏水里。"王老师的脸上红一阵白一阵，但当着几位领导的面又不好发作。园长只好说："小王，你快带亮亮换换衣服。"王老师没好气地扯过亮亮，同时用眼睛狠狠地瞪着佳佳。佳佳迎着王老师投来的目光，胆怯地低下了头。

送走几位领导，王老师一把拖过佳佳，用指头点着她的头说："佳佳，你平时那么听话，偏偏在这个节骨眼上给我捅娄子。你没看见今天领导到我们园来参观吗？平时再怎么闹，这时候装也得装出个样子来！"佳佳的眼泪吧嗒吧嗒地掉。王老师也一阵委屈，幼儿园刚被评为特色园，作为骨干教师，自己深受园长器重，这次的事给园里抹了黑，怎么向园长交代呢？

（案例编写：张咏）

分析与思考

1. 王老师为什么会对上级领导的到来手足无措？
2. 你认为幼儿园应当如何看待上级领导的检查？

第二章

幼儿园组织架构与管理

内容提要

本章着重分析了幼儿园组织设置的原则和内外条件要求，幼儿园行政组织机构及其系统的设置，相应的人员任用与配备，园长负责制的内部管理体制；探讨了幼儿园规章制度建设的意义，规章制度的类型，制度建设的要求，以及幼儿园如何制订园务工作计划，如何确保计划的顺利实施，以使管理过程科学有序地运行。

学习目标

1. 明确幼儿园的组织系统以及相应的人员配备。
2. 了解幼儿园内部的领导管理制度。
3. 知道幼儿园规章制度的类型。
4. 知道幼儿园行政工作计划的内容和格式。

关键词

组织　行政　管理体制　规章制度　行政计划

第一节　幼儿园的行政组织

管理是对组织而言的。组织是一定人群的集合体，又是一种协作完成目标的活动。幼儿园的设置应该既能维系这种人群集合体的内部关系，又与外部特定机构与社会系统相联系，从而比较好地实现幼儿园的任务目标。

一、幼儿园的组织设置

幼儿园的组织设置是指通过建立适宜的机构及活动规则，确定领导关系和职权分工，将幼儿园拥有的人力、物力等组织起来，形成组织结构系统。管理学上，人们对组织的认识经历了不断深化的过程。传统的组织理论，侧重从组织内部来说明组织的特征，倾向于把组织看作孤立于外部环境的封闭系统。现代组织理论，注重组织内外部关系及其信息的沟通，把组织看作是一个开放的社会系统，认识到组织总在是具体的环境中运行，要通过与环境的交往与相互作用，适应并与环境取得平衡，使自身得到发展。

幼儿园的组织机构建设要做到合理有效，一方面必须遵循组织设计原则，另一方面要考虑幼儿园的内外环境、条件，如国家、地方及其教育职能部门的有关规定，组织与上级行政部门的关系，以及幼儿园自身的条件与工作任务等实际状况。

（一）组织设置的原则

1. 任务目标原则

无论什么组织，均有各自特定的任务目标，换言之，组织的建立和设置就是为了实现一定的任务目标。因此，幼儿园的组织设置，首先必须满足实现组织的任务目标的要求。管理者要确立组织的奋斗目标和总任务，并使全体成员明了并接受。要具体分析组织应办的“事”是什么，有多少，由此决定组织机构的设置、职务和人员安排。通常需要将组织的总目标分解为若干具体目标和工作内容。坚持以“事”为中心，因“事”设职，因“职”设岗，先组织后人事的原则。

2. 分工协作原则

幼儿园要在把握组织总目标的基础上，按照分工协作的要求设置各个部门，安排各项工作，使各级各类部门和人员都有任务和目标，相互协调配合。如根据幼儿园保教任务的要求，划分教养、保健、总务三个职能部门，并配备相应人员，做到既有专业分工，又明确相互之间的关系和联系，能配合协调，共同实现组织的总目标。

3. 责任权力一致原则

责权关系的设计和实施是发挥组织职能的关键。分工就意味着明确各自的责任和应尽的义务，即要使各部门、各成员知道自己要做的事是什么。组织的各岗位、各部门要做到职责清楚，责任分明。组织要通过委职授权，即赋予各部门、各岗位相应的权力和利益，做到在一定的职位或岗位上，有一定的权力，负一定的责任，得一定的利益，才能真正负起责任。

4. 有效跨度原则

组织要通过合理划分管理层次，提高管理效率。管理跨度或范围指的是一个管理者直接领导的下级人数，它与管理层次有关。每个管理者直接指挥和协调的下属人员是有限度的，超过一定数量，就不可能进行有效管理。因此，必须划分管理层次，逐级分层进行管理，减少每一级的管理跨度或宽度。但管理层次的增多，也会造成人力物力的增加，产生上下联系渠道加长、信息传递复杂化并降低速度的问题。这样，就需要通过有效的分级管理，达到宽度适当，层次合理，集中领导，分层管理。

5. 统一指挥、统一意志原则

幼儿园应建立良好的指挥系统，使组织严密合理，做到指挥线路清晰、联系渠道畅通，既分工负责、分级分层管理，又集中指挥，协调步调，统一意志，使幼儿园组织成为战斗力强的有机整体。通过集体的协调努力，有效实现组织的预定目标。

以上五点有关组织设置的原则，相互之间密切联系，相互制约。幼儿园领导者或管理者就是通过组织系统，对全体成员进行指挥协调、激励和教育的。

（二）国家和地方政府及教育职能部门的相关政策文件

国家和教育行政部门通过法律和行政法规等管理和调控各类教育机构。

因此，设置和开办幼儿园，必须了解国家和地方及其教育职能部门有关文件的内容与精神，作为幼儿园建设的根本依据。教育部1979年颁布的《城市幼儿园工作条例》，对城市幼儿教育机构设置与人员的安排制定了标准。开办和设置幼儿园必须遵循和遵守相关的法律法规。如，要遵循政府及教育职能部门相关文件对办园条件的要求，并到指定单位或部门注册。教育部1989年颁布的《幼儿园管理条例》规定了开办幼儿园的基本条件、审批程序，以及幼儿园的行政事务。《幼儿园工作规程》对幼儿园的招生、编班做出了具体要求。教育部2001年颁布的《幼儿园教育指导纲要（试行）》对幼儿园教育的内容与要求以及组织实施等也提出了具体要求。

主办单位是指幼儿园的上级行政领导。我国城镇相当一部分幼儿园为企事业部门开办，幼儿园机构设置应遵循主办单位即上级行政部门的要求，接受上级部门的领导，明确上下层级的职权范围和相互关系。

（三）幼儿园的自身环境条件和工作需要

幼儿园的组织建设还要考虑幼儿园内部环境和工作需要。例如，要从幼儿园规模大小、服务时间长短等组织任务目标情况来确定机构的设置，同时要从机构所处的环境位置、自然地理条件以及幼儿园拥有的物质、资金、人员状况等方面的具体条件出发，考虑机构的设置与建设。

二、幼儿园的行政组织系统

幼儿园的行政组织机构及其系统的设置一般如下。

幼儿园行政组织机构的核心人物是园长，由园长主持园务委员会。园务委员会的主要职责是讨论贯彻上级和教育行政部门关于教育方针政策的指示，坚持正确的办园方向，研究决定幼儿园工作的重大问题，为决策指挥层。下设保健组、保教组与总务组。这是根据幼儿教育机构的工作性质及其职能分工，设立的三个职能组织。其职责是，贯彻执行指挥决策，从各方面创造和改善幼儿生活、活动和教育所需的环境条件，负责卫生保健工作，组织保教工作，并提供业务指导。班级或班组是幼儿园的基层组织单位，在园长、保教主任及相应管理部门的组织领导下，承担保育和教育幼儿的责任和其他具体工作职责。

幼儿园组织机构设置的唯一标准是要有利于幼儿园管理职能的发挥。因此，需注意建立健全行政组织体系，这是行使管理职能的组织保证。幼儿园行政组织要合理、层次适宜，各部门工作内容充实，形成运转高效灵活的管理体系，从而为保教工作提供有效的服务。

一般说来，大中型幼儿园与小型幼儿园在机构设置、管理层次与职能部门的划分、人员配置方面有所不同；同时，各个幼儿园自身实际条件及人员素质状况等方面客观上存在着差异，因而在组织体系建立上也是不同的，不能一概而论，搞一刀切。

以下是几种幼儿园的组织系统模式（图 2-1）。其中，模式 1 通常适用于 8～10 个班的大型幼儿园，模式 2 和模式 3 多为中型幼儿园的组织结构，小型园为模式 4。

模式 1

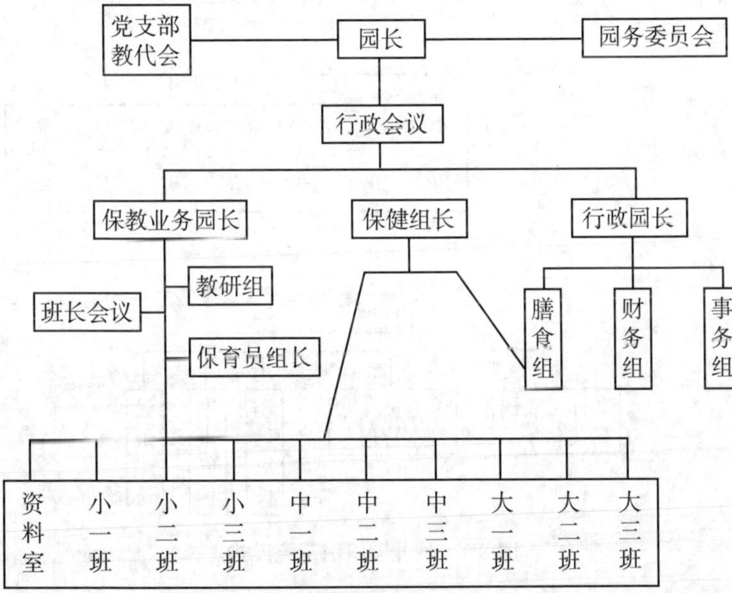

模式 2

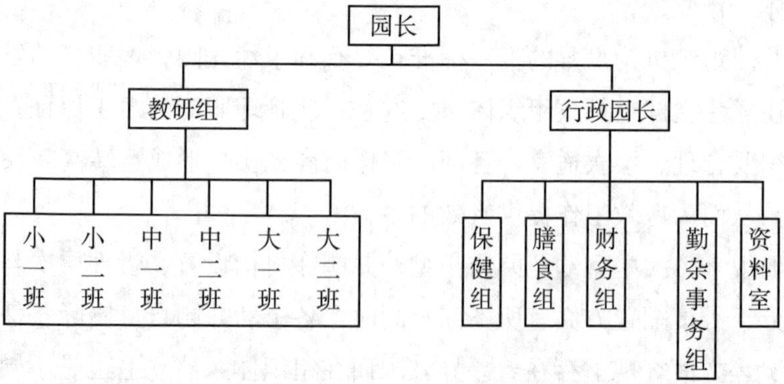

模式 3

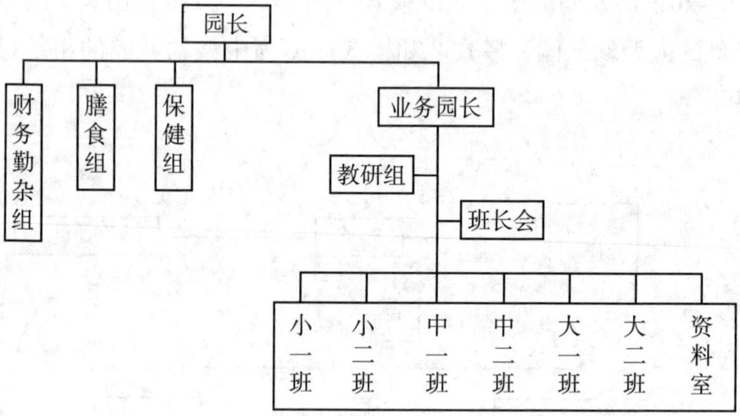

模式 4

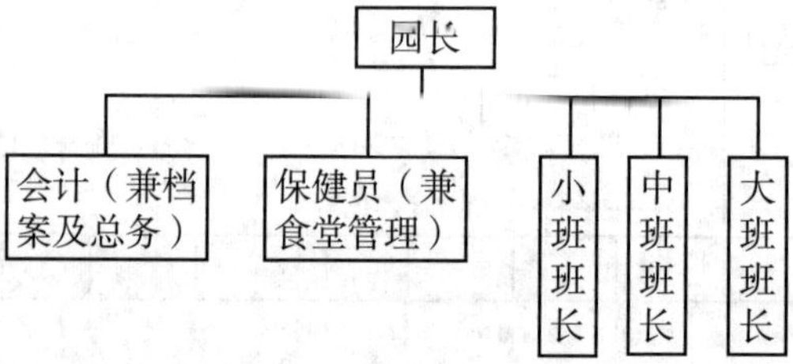

图 2-1 幼儿园组织系统模式

三、人员的任用与配备

人员的任用与配备是组织建设的一项重要内容。幼儿园机构设置中，要注意选拔适宜人选担任各部门的负责人和班组长，形成保教与管理的骨干力量。在全园人员的任用上，要考虑力量搭配的平衡，尽可能压缩非教育人员，保证保教工作第一线的力量。

幼儿园人员配备与编制涉及的因素如下：

一是招收幼儿的年龄、幼儿名额、班级数以及幼儿园的规模大小。

二是考虑幼儿园服务的内容及时间。如，全日制与寄宿制幼儿园的人员配备有不同。有的幼儿园仅为半日保教活动，依此情况在人员配备上又有所不同。在提供餐点等服务方面各园也有不同，因而所需人员各异。

三是机构性质和任务情况。如属于独立单位或附属单位，二者所需人员有所不同。当前有相当数量的学前班附设在小学校内，人员需求与编制要由小学统一考虑和安排。另外，一般性幼儿园与示范性或实验性幼儿园通常在人员需求方面也是不同的。

幼儿园在组织机构的设置和建立上要能最大限度发挥人力资源的作用，提高组织的效能。为此，需要根据幼儿园担负的任务目标，精兵简政，从实际出发，因园制宜。同时，还要随社会生活条件的变化和社会对幼儿教育需求的不同情况，对组织机构作出相应的调整，使之趋于完善，并不断发展。

四、幼儿园管理体制

这里的管理体制是指幼儿园组织机构内部的领导管理制度，即领导者对幼儿园管理的组织制度。幼儿园管理体制或领导制度对幼儿园管理来说，具有决定性意义，是幼儿园管理体制的核心问题，意味着幼儿园全部工作由谁决策、指挥，幼儿园领导者如何产生，及其在幼儿园中的地位和作用是怎样的。幼儿园管理体制是带有根本性的组织制度，对办园方向和幼儿园工作的全局具有深刻而直接的影响。

我国幼儿园中相当一部分为公办幼儿园，目前实施园长负责制的幼儿园领导管理体制。伴随经济体制转型，还出现了董事会制、独立法人制等新的管理体制。

园长负责制是指幼儿园在上级宏观领导下，以园长对园内工作全面负责为核心，同党支部保证监督、教职工民主管理有机结合，为实现幼儿园的工作目标，充分发挥领导职能的三位一体管理格局。《中共中央关于教育体制改革的决定》（以下简称《决定》）明确指出："学校逐步实行校长负责制，有条件的学校要设立由校长主持的、人数不多、有威信的校务委员会，作为审议机构。要建立健全以教师为主体的教职工代表大会制度，加强民主管理与民主监督。"

《决定》对学校领导体制的规定明确了在学校等教育机构中，行政领导、党组织与群众组织的地位与权限。据此，《幼儿园工作规程》与《幼儿园管理条例》对幼儿园的领导关系与结构也以法规的形式作出了具体规定。

园长负责制是一个结构概念，反映园内领导关系的结构方式，是个人负责与各方面制约关系的统一。园长负责制意味着幼儿园要在上级宏观领导下，以园长全面负责为核心，同党支部保证监督、教工大会民主管理有机结合，为实现幼儿园工作目标，充分发挥行政领导职能三位一体的管理格局。

园长负责制明确了园长对幼儿园工作具有最高行政权，在幼儿园处于中心地位。园长有决策指挥权、用人权、用财权与奖惩权等。园长有权在统一规定的目标指导下，决定本园的教育目标，规划本园的发展，统筹安排教育教学、卫生保健和总务行政工作；有权组织领导班子，建立组织体系，确立职权关系；有权聘用工作人员，并进行考核评定与奖励；有权在国家规定的范围内支配财经费用，规划和使用财产设备；有权在符合国家要求的范围内制订规章制度。园长的决策权、人事权、财务管理权和奖惩权是同他所担负的职责相一致的。实行园长负责制，加强园长的职责和权限，权责统一，有利于发挥行政管理系统的作用，实行集中统一领导，提高管理效益；同时，还有利于保证对幼儿园保教工作的业务领导，按教育规律办园办教育，确保幼儿教育机构双重任务的完成。

实行园长负责制的目的是增强幼儿园的办园自主权，使幼儿园成为独立的办园实体。园长作为一园之长，作为该幼儿园的法人代表，对外代表幼儿园，对内统一指挥和领导全园工作，对上级承担起幼儿园管理的全部责任。园长要遵循有关法律规章，服从上级教育行政部门和直接隶属行政部门的领导，同时，必须接受幼儿园党组织和教代会的监督，充分调动全园教职工的积极性，努力办好幼儿园或托儿所。

在目前我国社会在向市场经济转型的背景下，幼儿教育也在探索和尝试办园体制改革，一些企事业幼儿园由以往的部门包办，转而实行将主办权或所有权与经营权分离，采取承办制或是股份制形式，面向社会社区，自主办园，通过提供社会需要的教育服务，赢得自身的发展。

近年我国民办幼儿园有了较大发展，有的也实行董事会管理制度。董事会管理制度在一些国家的幼儿教育机构采用得比较普遍，或是实行法人制的管理体制。以下资料（资料 2-1）提供了相关的经验，可以借鉴和参考。

资料 2-1

美国的学校董事会制度①

过去，学校大多是由教堂、社区组织管理、或社会机构赞助的，非营利性质的。这种类型的项目在一定程度上由政府拨款，如早期开端计划、流动务工人员中心、托幼中心、有特殊需要的幼儿的设备。目前，由董事会管理的营利性企业学校大量增长。经营至少 10 所学校、拥有众多分部的企业有 1 000 多家。另外，企业运营当地的托幼中心或参与法人团体建立的集团。要实现有效运营，有必要了解董事会及其组成部

① 菲利斯·M. 科里克. 托幼机构管理［M］. 韦小冰，等译. 北京：北京师范大学出版社，2007：29-33.

分的功能。

董事会一般有两类：管理董事会和咨询董事会。管理董事会制定政策并使政策生效，然后由项目管理人员执行。咨询董事会没有实施权力，主要是建议政策和程序，或向管理项目的人员提供信息。组织的章程要明确陈述董事会的目的和功能。

董事会的组成依据它所管理中心的类型而有不同。非营利的董事会包括从它所代表的人群中选举的人员。在许多情况下，董事会还包括就读于学校的幼儿家长或是提供赞助的教堂成员。另外，董事会也包括早期教育领域的专业人士和社区的领导。基于成员的背景、职业、族群、年龄、性别和观点各不相同。董事会构成的多样化常常基于如下因素，如，董事会成员由任命或选举产生，其成员资格取决于个体的服务意愿。

营利公司的董事会由股份持有者或投资者选出。这类董事会通常包括有商业经验的人员，也可以包括其他人。在一些情况下，家长也可能是股份持有者，因而有资格成为董事会成员。董事会可能决定吸收没有持有股份的家长、早期教育领域的专家或社区代表。

尽管一些州的法规详细规定了对董事会成员的要求，但不可能有理想的董事会成员。一些董事会只有3～5个成员，另一些董事会可能有20～25个成员。小规模的董事更多是管理型的，可以促进成员之间相互了解，并学会一起高效的工作，只有少数人执行所要求的任务。大规模的董事会运转会有难度，但能提供更多样的想法和专家意见，常委会有更多人手。

董事会成员服务期限为一到三年。如果服务期限为一年，成员个体不可能有足够时间成为全职参与者。许多董事会选择三年的期限保证持续性，这对于不同成员服务期限可能交错重叠的大董事会比较有效。董事会多由经验丰富的成员组成，可以有少数新手。

章程中应该说明董事会成员能够被再次选举和任命的次数，以及如何填补人员空缺和有关成员退出的条款。

董事会的职责

董事会的第一个职责是研究、拟定和颁布一系列适合的法规。在学校应该定期监察法规，以决定是否需要改变或更新。法规包括学校的基本章程，内容如下：

- 学校的正式名称
- 目标
- 董事会的组成
- 职务任期和选举或替代程序
- 官员及其选举程序
- 职员的参与
- 董事会义务
- 常务委员会及其职责
- 常规会议和专门会议的方针
- 修改法规的程序

董事会规章范例

（托幼机构的正式名称和地址）

条款 1　理事会

（1）理事会的人数介于________人到________人之间。

（2）理事会成员于________月在成员资格会上选出，理事会成员的任期由此算起。

（3）任职期限为________年，从________开始。

（4）理事会一年召开________次会议，专门会议可以在任何时候由________召开。

（5）法定成员应具有________成员资格组成。

(6) 直到下一次成员资格会议之前，理事会的空缺由董事会来填补。

条款2　董事会成员

(1) 董事会成员包括________。

(2) 董事会成员加入理事会的缘由是________。

(3) 董事会成员应该在________月的成员资格会议上选举。

(4) 主席应肩负以下责任：____________________________________。

(5) 副主席肩负以下责任：____________________________________。

(6) 财务员肩负以下责任：____________________________________。

(7) 如果有需要，还可推选以下的工作人员：__________________。

(8) 学校的负责人作为董事会的职权人员提供服务。

条款3　常务委员会

(1) 董事会常委会成员应该由________任命。

(2)（课程、财政、人事、建筑等）委员会的职能应该是____________________________。

条款4　成员资格会议

(1) 每年的成员资格常规会议应该在________月召开。

(2) 有关成员资格的专门会议应该由________召集。

条款5　修改

这些法规由成员中的________通过选举提交修改。

规章制定出来之后，董事会就可以开始工作了。第一个任务应该是对办校理念进行阐释。理念实质上是对阐述者持有的观点、信念和价值观的浓缩。政策是将来行动的总指导，在表述上应是原则性的，而不宜规定得过死，允许园长制定适合于新情况或不可预测情形的执行程序。

常委会通常担负形成策略的职责，然后由董事会批准。常委会成员必须由董事会的主席任命并选举。常委会成员的资格，应该在性别、种族、观点方面维持平衡。常见的常委会包括以下类型。

执行常委会：包括官员加上幼儿园管理者作为执行委员。一旦出现紧急事件或需要作出变动，执行常委会成员需要开会会面。

财政委员会：负责预算和征求资金资源。委员会将和托幼中心的园长开会讨论，为准备预算收集信息，也可能只是由园长准备预算。

人事委员会：聘任园长。也有可能由委员会对所有职员的工作性质作描述，据此聘用各方面人员。负责面试候选人，并向董事会作最终的推荐。

教育方案委员会：负责幼儿的活动、职员的在职培训以及家长教育活动。更多的情况是由托幼中心的园长和职员决定具体活动内容。委员会要阐述关于这些教育领域的总政策，委员会也可以向园长提出建议。

建筑委员会：寻找适合幼儿园的建筑并为将来添置的设施作计划，或是根据需要重新建造。负责监管房屋设备维修，制订预防措施，审批有关建筑的紧急维护。

任命委员会：负责选择有潜力的新成员并准备向董事会推荐人选名单，同时负责策划指导新成员的职业定位活动。

申斥委员会：委员会可以充当调停者的角色。可以给园长留一段解决问题的适宜时间，之后，就要由委员会来处理家长的意见或是职员与园长的分歧。委员会要注意不要因此而削弱园长的权威，这样反而会引发更大的问题。

管理者与董事会的关系

管理者与董事会交流

董事会和托幼中心的园长共同承担早教中心运作的责任，双方必须进行有效沟通，以便达成一致意见。幼儿园有必要提供沟通方面的培训，这样参与其中的每个人都可以学会并清楚地表达自己的观点，懂得在与他人讨论时不把自己的观点强加于人，最终促使问题的解决。

交流是双向的，由董事会到园长，再由园长到董事会。董事会必须通知园长政策的变动并且说明原因。运作良好的董事会将会在政策变动前从园长那里寻求信息，园长也应让董事会拥有知情权。托幼中心可能出现的人员或是工作类型变动的问题应该公开。董事会应该有权知晓家长或员工需求发生的变化，以及他们对托幼中心要求的增加，另外还应注意到社区需求的变化，这些需求可以通过提供别的服务来满足。交流既可以是直接接触，也可以采取书面报告的形式，两者均有用武之地。园长通常要么频繁地进行电话交流，要么安排会议与理事会主席保持密切接触。有时可以通过午餐会进行充分的交流。作为董事会的执行人员，园长也参加董事会会议并呈报信息、讨论问题或提出建议，还要定期向董事会提交报告，如注册报告、人事变动和预算信息报告。

法人

在一些法人团体的背景下，园长和董事会没有直接的接触。全国性连锁托幼机构诸如儿童世界学习中心（Children's World Leaning Center）或儿童看护学习中心（Kinder Care Leaning Center），园长首先要和地区负责人展开交流。地区负责人将把信息传达到下一个管理层，再从那个层次继续传递，直到能把它提交给董事会的人。相应地，在商业情形下，园长经常需要与人事主任或副主席等行政人员共事。一些园长认为这种结构令人沮丧并且非人性化，另外一些园长则接受这种挑战，甚至认为，与单个人负责相比，多人负责会更容易些。与主管或商业负责人共事需要磨合，但这是做得到的。重要的是，园长和督导人员要在目标和原则上保持一致，并且互相尊重对方。交流技巧在这里绝对必不可少！在有需要时，园长必须能够清晰地陈述自己的观点，公开地讨论问题，提供所要求的精练的信息，能够写出完整并容易理解的报告。通常需要采用书面报告作为与董事会沟通的主要方式。幼儿园作为大公司或商业机构的一部分，拥有许多好处，园长经常可以募集到很多单个学校得不到的资源。他们可以学习到负责课程设计的专家的经验和知识，并且会有人协助自己解决员工或家长的问题。更重要的是，他们常常有提升到组织内更高的管理层的机会。在全美托幼连锁中心，园长可以被提升为地区负责人、专家或是咨询者。在这些公司或商业机构工作也有机会成为负责人。

第二节　幼儿园的规章制度

制度是组织的基本活动准则，是任何一个组织正常运转的保证。

幼儿园的规章制度指的是为了实现组织机构的目标，对幼儿园各项工作和各类人员的要求加以条理化、系统化，规定出必须遵守的行为准则和工作规程。这是幼儿园根据国家有关方针、政策、法规，按照教养工作规律和幼儿园实际情况，采用条文形式，对全园教职工的工作、学习和生活等行为活动提出的具有约束力和一定强制性的准则和规范。规章制度是幼儿园的“法”，建立和执行规章制度，能使幼儿园管理工作程序化、规范化、科学化，保证工作任务的完成。

一、制订幼儿园规章制度的意义

幼儿园规章制度的建立，是幼儿园管理的一项常规性工作，也是实现科学管理的手段，在强化管理、提高工作效能和形成良好园风方面都具有重要意义。

（一）有利于保证正常的教养工作秩序

规章制度具有规范性、强制性，规范制约组织成员按一定的要求去行动，是幼儿园管理的一项基础性工作。建立合理的规章制度，有利于形成正常的工作秩序，保障幼儿园的工作在各自的轨道上正常运转。

（二）有利于规范行为，协调相互关系，提高管理成效

制度是组织活动的准则，它与高效的管理存在着内在联系。幼儿园建立

起一整套合理的规章制度，各部门、各层次、各方面人员才能有章可循，有法可依，有所适从，不仅能发挥对各类人员行为的制约和规范作用，还能协调多方面的工作，将各方力量有效地组织在共同的目标上，提高管理效能。

（三）具有行为指向作用，有助于增强责任意识，形成良好风气

幼儿园规章制度有着明确的目的和要求，表明这个组织提倡什么、禁止什么、应该怎样、不该怎样，既是组织活动准则，体现组织成员共同认同的价值观，也反映社会的道德规范和一定的文化传统，可以为全体组织成员指明行动方向。

在贯彻执行幼儿园规章制度的过程中，各类人员逐步将外部的制约和规范内化为行为主体的责任意识，自觉加以执行，从而培养良好的工作作风。合理的规章制度对于建设良好的组织文化具有重要意义，能将幼儿园工作纳入良性循环，进而推动幼儿园发挥教育机构的文明辐射作用。

二、幼儿园规章制度的类型

制度是重要的管理手段。幼儿园内部的规章制度主要有全园性制度、部门性制度、各类人员岗位责任制以及考核奖惩制度四大类型，构成了幼儿园管理的制度化体系。

（一）全园性规章制度

全园性规章制度可以起到指导、组织集体的共同活动，统一各类人员的行为，建立工作常规和行为规范的作用。

幼儿园应根据总目标和培养优良园风的要求，制订出一整套指导集体活动的规章制度，使各部门各类人员的工作、学习和生活有一个统一的准则或规范。如，教职工职业规范或工作守则，教职工考勤制度、交接班制度、值班制度、学习制度，以及个人卫生与环境卫生制度等。

另外，还应注意建立收托儿童制度、接送制度、安全制度、家长联系制度等，并使全园教职工广为周知并遵照执行。

（二）部门性规章制度

建立和完善幼儿园各部门的规章制度，可以起到明确各层次、各部门工

作任务和职责、加强科学管理的作用。幼儿园的卫生保健部门、保教工作部门以及总务部门都应该有相应的制度。

幼儿园卫生保健工作制度包括：生活作息制度、体格锻炼制度、健康检查制度、卫生防病制度、伙食营养卫生制度及卫生保健登记制度等。

保教部门的工作制度包括：学籍管理制度、保教人员工作常规、备课听课制度、计划与记录制度、教研活动制度等。

总务部门的规章制度包括：财务制度、财产管理制度、物资采购与验收制度、档案资料管理制度、安全保卫制度、收发工作制度及庭院管理制度等。

（三）岗位责任制

岗位责任制是通过明确的规定，使每个工作岗位的职责明晰化，并将它落实到具体负责人的一种制度。使一定工作岗位上的人，同这个岗位该做的事之间建立起有机联系。岗位责任制起着明确职责，调整和处理各个岗位之间的职务、责任、权力关系的作用，使组织的各类人员能够在其位、行其事、尽其责。

岗位责任制是幼儿园各项规章制度的核心。列宁曾经说过："管理的基本原则，是一定的管理人员对其所管的一定工作完全负责。"有效管理的关键就是处理好人和事之间的关系。岗位责任制可以使工作落实到每个岗位和组织中的每个成员，保证得到切实的贯彻执行。抓好岗位责任制，其他制度的执行才有保障。幼儿园应注重建立各类人员的岗位责任制，如园长职责、保教主任职责、教师职责等。岗位责任制应包括工作任务内容、方法和质量要求，要明确具体、条理清楚，定性与定量结合，要便于执行和检查。岗位责任制的建立和执行有利于实现人人有专责，事事有人管，办事有标准。使幼儿园各项工作纳入科学管理的轨道，提高工作效率；同时也有益于培养人人尽责尽职的良好风气。

岗位责任制的建立，既要体现各岗位的共性特征和一般要求，确立各岗位的基本职责范围，又要明确各岗位在具体机构中具有的独特性或个别特点的工作职责范围和工作任务。

（四）考核与奖惩制度

考核是对组织成员履行职责和完成工作任务、确保质量的情况进行检查评定。考核的方式有自评、群众互评及领导评价检查。应三者结合，定期或不定期地进行，并形成制度。

奖惩是在考核评定基础上进行的，对考核结果给予肯定的或否定的评价制度，是对责任者必须承担并履行职责后果的制度，是对考核加以强化的管理措施。奖惩的方式可以是综合的或单项的，有对个人的奖惩，也有对班组集体的奖惩。

幼儿园有了岗位责任制，还需要建立考核奖惩制度与之相配套，从而保证岗位责任制和其他规章制度的贯彻执行。否则，没有考核评价就可能造成有章不循，幼儿园各项规章制度就可能流于形式，各项工作就会难以落实。对各类人员工作状况如不及时给予奖惩，也会挫伤广大教职工的积极性。将考核奖惩制度与岗位责任制和其他规章制度有机结合，可以赏功罚过、功过分明，既体现管理法规的严肃性、有效性，又可起到激励组织成员尽职尽责、建设奋发向上的工作集体的作用。

（五）会议制度

会议是一种重要的管理手段。幼儿园行政管理需要建立各种会议制度，对全园工作进行管理。通过会议，可以使园领导之间、园管理层级之间以及各部门之间互通信息，协调运转。园长可以通过会议，统一指挥，研究部署工作，实现对各部门的调控。会议也可以作为科学决策和民主管理的重要形式。幼儿园例行的会议制度包括园务会议制度、年级组长会制度、班长会议制度、教研组长会议制度、教职工代表大会制度、家长会或家长委员会制度，以及卫委会制度、伙委会制度等。要发挥管理成效，就要注意提高会议效率，要规定召开会议的时间与期限、任务与内容、主持者或负责人。一些幼儿园将企业管理中每周一次的例会制度引入幼儿园，通过例会，检查上周完成任务的情况，明确总目标，部署阶段性工作重点和各部门具体要求，调配执行人员，沟通各方面信息，协调内外关系，使管理工作动态运行，起到提高工作效率的良好效果。

表 2-1　幼儿园各类规章制度

类别		项目
全园性制度		教职工考勤制度、交接班制度、值班制度、学习制度、办公制度、上班制度、园教职工职业行为规范、收托儿童制度、接送制度、安全制度、家长联系制度
部门性制度	行政会议制度	园务会、全园会、班长会、班务会、教代会、伙委会、家委会等
	卫生保健制度	生活作息制度、健康检查制度、体格锻炼制度、卫生防病制度、伙食营养卫生制度
	保教制度	计划与记录制度、备课制度、教研活动制度、常规工作检查制度、保教质量全面检查制度
	总务制度	财务财产管理制度、伙食管理制度、门卫制度、庭院管理制度、档案资料管理制度
岗位责任制		园长职责、保教主任职责、教师、保育员职责、保健员职责、炊事员职责、财会人员职责、事务人员职责、门卫职责
考核与奖惩制度		考核评价制度、奖惩制度

三、幼儿园制度建设的要求

制度建设是幼儿园管理的一项基础性工作。要发挥规章制度作为幼儿园管理手段的作用，就需要遵循政策性、科学性、教育性和执行的严肃性等基本要求，进行幼儿园规章制度建设。

（一）规章制度必须符合国家的政策法规

幼儿园制订的规章制度必须符合国家的政策法规，如，国家教育的方针精神和教育行政部门颁布的有关法规和条例，而不能与之相违背。

（二）规章制度的科学性

幼儿园的规章制度必须是科学的、规范的，要体现幼教工作的本质属性，符合教育与管理的客观规律。各项规章制度的基本要求和质量标准要合乎教师的工作特点，符合幼儿身心发展的规律，还应从本园实际情况和工作需要出发加以制订，既具有可行性，又能发挥行为指向作用。简单盲目地照抄照搬现成条文，搞形式主义是不可取的。幼儿园各项规章制度应保持目标一致，相互补充，形成整体系统，而不能互相矛盾。制度规章的条文要简明具体，要有明确的业务规范要求、工作程序和基本方法，便于记忆和操作。

幼儿园的规章制度不能朝令夕改，否则就会使教职工无所适从，失去制度的严肃性和约束性。

（三）规章制度的建立要有利于完成任务

幼儿园建立规章制度的根本目的是有利于各项保教任务的完成，促进幼儿的良好发展。因此，要充分发挥规章制度作为教育手段的作用，要从人才培养、教育工作的实际需要出发，使制度内容具有教育意义。为了使制度更切合实际，制度的制订过程可以让教职工参与或广泛收集意见。通过制订的过程，使被制度管理的教师和各类工作人员明确目的，认同制度规定的内容，从而提高执行的自觉性，实现自我管理与教育。

规章制度的贯彻执行，不能仅仅依靠行政命令，必须在明确认识的基础上，强调自觉精神，因此，对规章制度的宣传教育必不可少。要注重通过广泛的宣传教育，在幼儿园形成一定的集体舆论，以提高全园教职工的认识水平和维护制度规范的责任感，形成相互督促、共同遵守的气氛。

规章制度的宣传教育要持之以恒，经常进行。结合幼儿园工作的阶段性特点，可以在每个学期或学年开始时，集中进行教育。一些幼儿园开展“九月一日这一天”活动，在每学期开学初，向全园教职工重申本园各项制度规章的意义和内容，使各类人员包括老职工与新成员进一步明了各自的任务要求，逐步养成自觉遵守的习惯。

（四）规章制度具有严肃性

幼儿园规章制度要成为具有约束力和强制性的法，就要注意制度执行的严肃性，要严格要求、督促检查，同时将检查与评价奖惩结合，加强指导。坚持执行制度的一贯性、一致性，做到有章必循，避免前紧后松、因人而异，使制度切实发挥管理手段的作用，在全园建立起良好的工作秩序。

要使幼儿园各项规章制度得到顺利实施，成为全体人员所认同并必须遵守的“法”，幼儿园领导者和管理人员必须率先垂范，带头严格执行制度，为全园教职工做出表率，发挥人格的影响作用。不能只是要求教职工遵守制度规章，领导者却可以置之“法”外。

第三节　幼儿园的行政工作计划

幼儿园应注重运用科学管理的思想方法，以工作计划的制订为首要环节，推动幼儿园管理过程科学有序的运行，提高管理成效，促进组织的不断发展。

一、管理过程的含义及理论

（一）管理过程的含义

任何事物都有一定的过程，都是运动的、发展变化的。管理现象也不例外，也要随着时间的延续而不断运转变化，表现为动态性和阶段性，呈现出一定的步骤环节，每个环节各有自己的特点。管理过程是指为实现预定的管理目标，管理者组织全员按计划、有步骤进行的共同活动程序。管理过程与管理职能有密切联系，但两者又有区别。管理活动过程要达到优化有效，必须运用和遵循管理职能的原理，科学地组织管理活动程序。

管理过程基本是由四个环节或阶段构成的，即计划、实行、检查、总结。四者有机联结，按程序运行。

一般地，各个层次的管理活动虽然有不同的侧重点，但其管理职能活动都要在不同范围、不同程度上，按管理过程的四个基本环节进行。管理运行过程不仅对幼儿园整个系统的管理适用，对于各个部门及班组的子系统管理也同样适用。

（二）戴明的管理过程理论

戴明（W. E. Deming）是美国管理学家、统计学家，他首创了全面质量管理的思想方法和工作步骤，提出了管理过程理论。戴明认为，一切有过程的活动如生产活动、科学研究，都是由四个环节构成的，这四个基本环节或阶段构成了管理活动的周期。

第 1 阶段——计划。计划是管理活动的起始环节。计划阶段的管理活动包括确定方针和目标，规定工作任务、活动项目，设计方法步骤，制订行动方案。

第 2 阶段——执行。按计划的要求实施作业，将计划付诸行动，去做，去执行。

第 3 阶段——检查。检查工作是否按计划执行，执行的效果如何，有无偏差，找出产生偏差的原因。

第 4 阶段——总结。回顾计划实施的全过程，总结和调整改进，将效果好的做法、措施标准化、规范化，为下一阶段的管理工作奠定基础。

戴明将这四个阶段看作是管理的最基本职能活动。这四个阶段被有顺序地安排在圆环中，形成一个完整的管理过程。圆环不断旋转，反复循环，将管理活动不断推向前进（如图 2-2）。

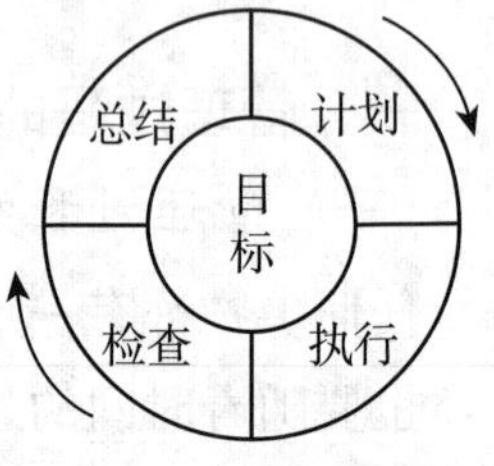

图 2-2 管理过程“戴明环”

戴明的管理过程理论被称作“戴明环”。这一理论在工业管理中得到普遍采用，特别对于提高产品质量，改善企业经营管理起到了积极的作用。戴明提出的计划、执行、检查、总结的管理过程四环节主要是对管理进行广义的控制过程，是有着自身目的和运动程序的控制系统，对经营和管理十分有效。当今“戴明环”也被引入科研工作管理和学校教育管理中。

幼儿园的管理过程是指管理者组织全体教职工，为达到预定的任务目标，以教养工作为中心，按计划、有步骤地进行的共同活动的程序。

二、幼儿园工作计划的制订与实施

（一）注重幼儿园工作计划的制订

1. 制订工作计划的意义和依据

计划是重要的管理职能和管理工作内容，作为管理的一种基本方法，计划又是管理过程的一个组成部分，是管理活动的起始环节。

计划是确定行动纲领和方案、使行为趋向于目标的管理活动。美国当代管理学家孔茨认为，计划可以使行为指向目标，“倘若没有计划，则一切行动只能任其随意发展，那么，除了混乱之外，将一无所获”。这与中国的古话，“凡事预则立，不预则废”的含义是一致的。一个组织在活动之前应该确立自己的计划，幼儿园的管理要以计划为开端，对幼儿园的整个工作和活动实行有效控制，计划是管理工作科学化的重要标志。组织的一切管理行为，其开始都是确定目标、规定任务、制订行动方案。

幼儿园的全园工作计划，也称作园务计划。幼儿园的管理者应组织全园教职工，共同参与制订幼儿园工作计划。一份好的工作计划，可以使管理者全面掌握幼儿园的情况，心中有蓝图、有目标，明确发展前景。对于全园教职工来说，一份好的幼儿园工作计划可以使他们从组织的前景规划中受到鼓舞，明确自己的任务职责和努力方向。

计划是设计和安排未来的行为，制订计划首先要选择和确定目标、规定任务，要在对环境条件等基本情况作出分析的基础上，合理安排资源，进而制订出具体实施措施或行动方案。

幼儿园计划的制订，应当具有前瞻性和可行性。计划的确立通常需要考虑以下两方面问题。

一是依据国家政策和幼教理论及改革动态，高屋建瓴地制订计划。包括国家或地方全局性的、具有长期指导作用的教育方针政策，以及上级行政和业务领导部门提出的近期具体要求等；理论方面如马列主义基本原理、教育理论，有关幼教改革和研究的动态、信息等。

二是根据本园实际，脚踏实地地制订计划。制订计划的前提是要明了幼儿园已有的工作基础，包括先前或上一阶段的工作状况，已取得的成绩和存在的问题；同时要认真分析本园当前各方面的实际条件，如人力、物力及财力状况，实现工作任务的主客观条件等。

幼儿园管理者应认真全面地进行分析和研究，并组织职工参与计划的制订过程，使计划制订具有科学性、客观性和可行性。一方面要学习有关的教育方针政策和上级指示，掌握精神实质，进行理论武装，同时还要听取多方面的意见，做好上一阶段工作的总结。

做计划通常需要广泛调查，获取充分的信息，做到情况明、思路清。明了社会的政治、经济、文化、科学技术的发展对学前教育的要求，了解社会特别是本地区发展对人才需求的状况，分析幼儿园现状及未来发展的可能性，教育改革的发展趋势及其对幼儿园的影响等，对幼儿园的未来发展预先作出估计与设想，进行科学预测，从而确立幼儿园的发展目标和努力方向，作出总体规划。

制订计划涉及目标的确立和实现目标的措施，要对多种方案加以研究、比较和分析，从中选定最佳方案，果断决策，写出书面的工作规划或计划。幼儿园园务计划实例见下表（表2-2）。

表 2-2　××幼儿园办园规划

（______年______月—______年______月）

总体目标							
分类目标		**实施步骤**					
类别	**目标**	**第一阶段** **（××年×月—××年×月）**		**第二阶段** **（××年×月—××年×月）**		**第三阶段** **（××年×月—××年×月）**	
		目标		目标		目标	
		措施		措施		措施	
		目标		目标		目标	
		措施		措施		措施	
		目标		目标		目标	
		措施		措施		措施	

注：可以按类别或工作项目依次下延此表，也可横向排列。　　制订日期________

执 笔 人________

2. 计划的内容和格式

计划的制订没有一定之规，但基本内容一般包括以下几个方面：

（1）幼儿园基本情况分析；

（2）本阶段总的工作任务；

（3）各方面的具体要求和措施；

（4）工作日程安排或逐月重大工作项目安排。

实践中运用较多的行政计划或称园务计划有较长期的3～5年发展规划，年度和学期工作计划，每月工作计划等。计划的内容一般都包括以上四方面的内容，但写法可有不同，主要应依据自己本园实际，确定工作任务，写出具有明确针对性、切实可行的工作计划来。

有效的幼儿园计划应体现出：方向正确，切实可行；全面完整，重点突出；分工落实，留有余地；要求明确，便于检查。

幼儿园应当通过计划的制订，把幼儿园各方面的工作组织起来，如，通过全园计划体系的建立，将幼儿园各项工作全面组织起来。可以依时间确立计划系列：学期计划——月计划——周计划及每日工作安排等；或是按针对的范围确定计划系列：全园计划——部门计划——班组及个人计划，从而实现对全园工作的计划管理，提高管理的有效性。

还可以根据本园的学年计划或学期计划，编制园历，以便安排各项工作任务的时间。幼儿园工作计划表的范例如下（表2-3）。

表2-3　××幼儿园工作计划

（______学年第______学期）

学期总目标	分类	各项工作分目标	措施	完成日期	负责人

注：可以按工作项目依次下延此表，也可横向排列。　　制订日期________

执笔人________

（二）围绕计划组织实施

计划的组织实施是将计划变为行动、将设想转化为现实的管理活动。组织实施是贯穿管理周期全过程的中心环节，是实现目标的关键。列宁曾有一句名言：“一步实际行动胜过一打纲领。”计划确立的任务目标，一定要通过组织、落实而成为工作成果。在实施阶段，管理者要着重抓好组织协调、指导、激励与教育等工作。

实施阶段的组织职能主要是依据计划提出的任务要求，将人力、物力及财力进行合理分配和妥善安排。其中，特别重要的是人力的使用安排。管理者要注意选人得当，用人所长，人事相当。要发挥组织作用，按确定的职责分工部署工作进程，并采取有力措施，使计划得以按时、按层次，保质保量落实到部门和具体的个人，保证实施。在计划执行过程中，还要注意协调部门之间或各项工作之间的步调，协调好人际关系，达到相互配合促进，并且处理好上下层级之间的相互衔接。对计划与实际不符合的情况也须适当调整。

幼儿园领导者和管理者在实施阶段应对各类人员的工作给予指导，使组织的各类人员进一步明确工作的任务目标，不断改进工作方法。管理者要注意深入实际，了解情况，如掌握工作进度、物质准备与消耗、人员思想及情绪状态等，发现问题，给予具体的指导，帮助解决问题。管理者不能满足于将任务布置下去就万事大吉，要通过深入班级教育实际，了解工作执行得如何，有什么困难或问题，及时给予帮助，使教师知道如何做，避免盲目行动，提高工作效率。

在组织实施阶段，还应注意将指导与教育激励相结合，及时发现好人好事，给予表扬鼓励，并注意通过加强思想工作，培养和谐合作的人际关系，增强组织成员的责任感，调动大家的积极性，努力做好工作。

（三）检查指导和总结评价

1. 对计划的实行进行检查

检查是管理全过程的中间环节，是执行阶段的必然发展，也是总结阶段工作的前提和依据。检查是为了促进工作计划的执行，可以掌握工作的进展，及时发现解决问题，总结推广经验，促进各方面工作有效的进行；通过检查，还可以督促指导职工工作，评价其工作情况，促进相互学习，取长补短。

检查是推动幼儿园工作顺利进行的重要措施，是实现工作的计划目标，获得预期成果的保证。领导者应注意通过检查这一环节，把握计划实施的真实情况，及时解决执行中的偏差和问题。要根据实际需要，采取多种检查的方式，多方面了解情况，掌握全局。

——按时间来划分，可以有定期检查和经常性检查。

——依检查的内容来划分，可以有全面检查和单项或专题检查。

——按检查人员即执行主体来划分，可以有领导检查、群众检查和自我检查。幼儿园的领导检查可以有园内部的检查，还有来自幼儿园外部的检查和评价（如上级管理部门、服务对象、社会公众等）。

检查可以通过实地观察，听取汇报和召开会议，查阅工作记录、教案、笔记等资料的形式，获取足够信息，通常需要多种方式结合使用，以便互相参照，获得较真实全面的资料。幼儿园管理实践中较常进行的四项检查活动是：日常工作中的检查、抽样检查、组织会议检查以及阶段性的定期检查。在检查阶段，常用的指导方式有以下三种。

一是面向全员的指导性报告。检查中对一些带有普遍性、共同性的问题，可以召开全体工作人员会议，对问题作出分析，提出改进的建议和指导性意见。

二是树立榜样，总结经验。例如，某幼儿园在检查保育员工作时，发现一位中年保育员不仅对幼儿的生活护理和卫生工作做得好，而且注意在日常生活的细微环节中，渗透教育要求，将保教融为一体。于是组织全体保育员观摩这位保育员组织幼儿午餐这一生活环节。通过观摩，明确工作要求，学习保教结合，正确指导幼儿的生活活动。

三是因人而异，具体指导。管理者针对每个教职工的工作情况和实际问题，给予个别指导。

检查本身不是目的，而是一种管理手段，目的在于推动计划的实施，促进工作的改进。要通过检查，采取切实措施，帮助被检查者改进工作，以助于任务目标的实现。

2. 做好计划执行情况的总结

总结是管理活动的最后一个环节。总结是对工作的全面回顾，即对计划、执行和检查作出总的分析与评价，要对工作的过程及其结果作出质和量的评价。通过总结得出经验教训，探讨工作规律，并成为下一周期计划制订的依据。管理工作或活动到总结阶段完成一个周期。总结起着承上启下、积累经验、增强工作的预见性与自觉性、促进管理水平提高的作用。

总结也有多种类型。一般地，有一个计划就需要作相应的总结。幼儿园工作应适时进行周期性总结，推动管理过程不断运转，促使教育和管理走向科学化。

(1) 总结是对幼儿园工作的评价过程。

(2) 总结要有群众参加，发挥教育激励作用。

(3) 总结要注重探索规律，将管理实践中获得的感性经验上升到理性认识阶段，探讨和发现规律，用以指导今后的实践，促进工作质量不断提高。

(4) 总结应能为下一阶段工作提供依据并指出方向。要将总结找出的问题或不足作为下一管理周期确定目标的重要参考依据，同时要注意将实践证实带有规律性的经验充实完善到常规管理的工作中，使之制度化、规范化。

思考与练习

1. 幼儿园组织设置的含义和依据是什么？
2. 幼儿园的机构设置要遵循怎样的组织设计原则？
3. 如何理解规章制度是幼儿园的“法”？
4. 为什么说岗位责任制是各项规章制度的核心？

5. 对一所幼儿园组织机构和规章制度的建立情况，作出分析和评价。

6. 如何理解园长负责制这一领导体制？调查一所幼儿园，了解该园实施的管理体制是怎样的，并加以分析和评价。

7. 什么是管理过程理论？如何将“戴明环”运用于幼儿园管理过程，提高管理的有效性？

8. 如何制订幼儿园工作计划？

9. 总结在管理活动中有何意义？如何做好总结工作？

案例分析

案例 2.1 幼儿园里的“帮班”行动

某日上午，几位专家正在与园领导进行研讨，扩音器里响起了轻松优美的音乐。园长对大家说：“各位专家，对不起，孩子们开饭的时间到了。我们先去‘帮班’送饭，请稍等一会儿。”说完，两位园领导穿上工作服，快速地走出了办公室。像是有谁下了一道命令，财务人员、事务人员等也都走出各自的办公室，和园长一样，朝着食堂奔去。不一会儿，一盆盆热气腾腾的饭、菜、汤，送到了保教人员短缺的幼儿班里，并快速分发到孩子们的面前……

事后园长介绍说：“一线”人员短缺不可避免，但是不能因此影响幼儿园各项工作的正常进行。为了确保每个幼儿的安全，幼儿班里的老师就一时一刻也不能离开孩子。因此，“一线”人员短缺，就需要“二线”人员紧急支援。“帮班”就是支援的内容之一。

保育组长负责安排行政及后勤人员的“帮班”。根据实际需要，她可以指派、调遣行政后勤人员甚至园长去“帮班”。幼儿的年龄班不同，安排“帮班”的内容也不相同，比如，大班是送饭和在餐后收回餐具，中班是送饭并分发饭菜，小班是送饭和照顾幼儿进餐的全过程。幼儿的年龄班越小，“帮班”的内容就越具体。

“帮班”在这所幼儿园已经成为惯例。行政及后勤人员认为“帮班”是他们应尽的义务。只要班里需要，即便外出开会、办事，他们也能够在开饭之前赶回。

“一线”教师由衷地感谢“二线”人员无私的支持和帮助。学期末，园长根据工作记录表扬“二线”人员支持“一线”的行为，同时发放奖金。物质奖励不多，但大家更在意的是精神上的鼓励。

（本案例根据刘苏发表于《学前教育》
2002 年 11 期的同名文章改写）

分析与思考

“帮班”是某幼儿园管理中的一项举措，这一行动背后折射出怎样的管理思想及其幼儿园氛围?

案例 2.2　对制度管理从不接受到接受

为了实现创办示范园的管理目标，某幼儿园针对现存的问题，从制度管理入手，重新制订了各类人员岗位职责及各项规章制度。在全园教职工的积极参与下，经过三个月的讨论、调整和修改，幼儿园正式启用了新的规章制度，并将考评结果直接与工资、奖金挂钩。

让人始料不及的是，当月扣罚教职工工资、奖金最高额近二百元，最低的也是五十元左右。全园上下一片哗然。许多老师认为，自建园以来还没有因为擦桌子这样的小事扣过钱。个别老师情绪更为激动，准备要找园长大闹一场。

面对制度实施带来的负面影响，园长心里也很不平静。认为，尽管出现了强烈反响，但是不能因此怀疑制度管理的科学性和合理性，也不应一味的迁就教职工。园领导没有立即做出反应，而是对扣罚工资、奖金的原因进行了调查分析。结果发现，大部分违章行为均发生在一些具体的工作环节上。如，在幼儿进餐前没按要求消毒擦桌子，没按规定半个月晾晒被褥一次，在组织教育活动中未根据幼儿年龄特点准备教具等。鉴于此种情况，园领导在园务会上统一认识后，进行了大量的个别谈话。

在充分肯定教职工思想上认同制度管理的基础上，园领导同他们一起分析了事情发生的症结，并希望能够严格按照规章制度的要求行事，把“一切为了孩子”落实在日常行为中。

通过大量细致的分析、说服工作，教职工们终于认识到了问题所在，主动提出了相应的整改措施。

（案例编写：佚名）

分析与思考

本案例中，刚开始教职工为什么不接受这项制度？后来为什么又接受了？园领导在其中发挥了什么作用？该园的做法有哪些可取之处？

第三章

幼儿园总务管理与经营运转

内容提要

总务工作涉及幼儿园的整体规划、经费预算，与幼儿的吃、喝、拉、撒、睡、玩等一切生活事项密切相关。教师教育教学活动所需的各类物品都要由总务工作来办理，园内的一切设施设备、基建、财务、用人制度、教职工生活等也都需要通过总务工作进行计划、组织实施和监督检查，以便以较少的投入实现最大的效益，比较好地满足全体幼儿与教职工工作、学习和生活的需要，为实现教育培养目标提供和创造有利条件。

本章着重讨论幼儿园的总务工作管理，对总务工作在幼儿园的地位、意义及其特征加以分析，探讨了做好总务工作必须坚持的服务思想，以及需要妥善处理的几对关系，介绍了幼儿园的财务财产管理、卫生保健工作及膳食管理等具体内容。

学习目标

1. 了解幼儿园总务工作的意义和特点。
2. 熟悉幼儿园总务工作的内容和基本要求。
3. 了解幼儿园财政和物品管理的基本内容和要求。
4. 掌握幼儿园教务工作和一般行政事务工作所包含的内容。
5. 知道幼儿园卫生保健工作的意义和任务。
6. 掌握幼儿园卫生保健工作所包括的内容和管理要求。

关键词

总务工作　财务管理　财产物品管理　教务工作　行政事务　卫生保健工作

第一节　幼儿园的总务工作和基本要求

幼儿园的总务，即幼儿园全体人员的全部后勤事物，是全面服务的工作。幼儿园的工作内容一般包括保教工作和行政后勤事务即总务工作，这两方面的工作共同组成幼儿园管理的系统工程。

一、幼儿园总务工作的意义和特点

总务工作涉及园内的人、财、物、事，大到幼儿园的整体规划、经费预算，小到一张纸、一支笔，凡是幼儿的吃、喝、拉、撒、睡、玩以及学习等活动所需的各类物品均要由总务工作来办理，幼儿园内的一切设备、基建、财务、用人制度、教职工生活等也需要通过总务工作进行计划、组织实施和监督检查，从而最大限度地满足全体幼儿与教职工学习、工作和生活的需要，为培养人才、实现教育目标创造最佳条件。

（一）幼儿园总务工作的意义

总务工作的意义及其在整个幼儿园工作中的地位主要表现为以下几点。

1. 总务工作通过合理配置资源实现幼儿园的有效运转

总务是全面服务的工作。幼儿园管理的四个基本要素——人、财、物、事等，都要通过行政后勤工作来体现。通过合理配置资源，科学经营，实现幼儿园合理有效的经营运转。

2. 总务工作的质量直接影响保教中心工作的完成

幼儿园总务工作涉及的面广、事杂，由许多部门和方面的工作所组成。搞好总务工作关系到幼儿的伙食营养、卫生保健、生活资料的供应、基建修缮和美化、创设良好的生活环境和工作条件等，这些方面的工作都需要密切地配合协调，共同为教养工作服好务。总务管理是一项全面服务的工作，工作质量直接影响教育方针在幼儿园的贯彻，影响教育质量的提高和幼儿园双重任务的完成。换言之，没有有力的后勤支援和保证，保教工作难以顺利进行。

3. 总务工作关系到调动教职工的积极性

总务工作是一项服务性工作，不仅要为幼儿服务，还担负着为教师的工作、为教职工生活服务的任务。一方面要为前勤工作即保育、教育提供便利，提供较好的工作环境条件，同时还要搞好教职工的生活福利，帮助他们解除后顾之忧，从而调动积极性，以更大热情投入一线工作。

因此，抓好总务后勤工作是搞好幼儿园科学管理的必要保证。园长应当树立起现代管理的新观念——“领导就是服务”，履行好服务职能，成为为保教第一线服务的好的“后勤管理员”。

（二）总务工作的特点

总务工作的特点主要体现为服务性、先行性、全局性和政策性，这几方面特点是相互联系的，共同作用于总务工作过程。

1. 服务性

首先，总务工作是为办好幼儿园提供物质基础和保障，是一项服务性工作。

2. 先行性

总务工作应作为幼儿园工作的先导部分或“前计划工作”，所谓“兵马未到，粮草先行”。

3. 全局性

总务工作是涉及面最广的一项全局性工作，它关系到全园各项工作的进展，关系到组织中每个成员的工作、学习和生活。

4. 政策性

总务工作涉及党和国家的许多政策问题，要严格执行国家和政府的相关政策法规，而不能与之相违背。

二、总务工作的内容和基本要求

（一）总务工作的内容

幼儿园总务工作的内容主要有以下几个方面。

1. 幼儿园环境创设和办园条件的改善

幼儿园环境创设和办园条件的改善包括幼儿园的总体环境布局和管理，室外场地规划和大型器具配备，室内环境布置与玩教具配备等。由于涉及的内容众多，我们将在第四章专门介绍。

2. 财务财产管理

财务管理即幼儿园经费的预算、实施和结算等，以保证合理使用经费，以有限的投入获得最大的效益；财产和物品管理包括对房舍环境的管理、对设施设备、玩教具材料、图书资料以及其他物品的管理。

3. 卫生保健工作和膳食营养管理

卫生保健工作和膳食营养管理包括环境卫生检查、环境安全、健康检查评价、疾病防治、安全管理和维修、一日作息安排、提供营养膳食等内容。

4. 一般事务性工作

幼儿园的一般事务性工作包括文书档案管理、季节性工作、值班安排以及教职工生活福利的改善等。

（二）总务工作的基本要求

1. 坚持服务思想

管理的实质即合理组织利用人、财、物、事、时间与信息等，最大限度地发挥各要素的作用，取得最佳效率和效益。人们往往误以为总务都是些微不足道的小事。事实上，幼儿园无小事。总务工作涉及面广，任何一个环节或部门的工作出现疏漏，都会影响全局，影响保教工作的正常进行，甚至对儿童的安全造成隐患。总务工作必须以正确的观念为指导，要服从和服务于幼儿园工作的总目标。因此，园领导者必须对总务工作予以充分重视。

相对于其他工作而言，总务工作的最大不同或特点就在于它的服务性，应当把“全心全意为儿童和教师服务”作为总务工作的根本宗旨和基本要求。

总务人员要在思想上正确认识这项工作的意义和特点，树立以保教为中心的整体观念，明确管理就是服务，将保教工作的需要和幼儿的需要及其身体健康置于总务工作的头等重要位置，树立服务意识和甘当配角的服务精神。

2. 处理好全局与局部、长远目标及当前工作的关系

总务工作包括园舍建筑、生活和学习环境的创设、设备添置与保养、经费的规划使用等。这些都是有关整体与全面的问题，关系到全园各项工作的进展。管理上要将各方面的具体工作与幼儿园总目标和全局联系起来，既要富于远见、确立长远目标规划，又要解决好当前问题。为此，幼儿园的领导者要会同总务人员共同讨论幼儿园发展规划，进行整体设计，重视幼儿园基本建设工作，根据全园总目标以及幼儿园实际，规划幼儿园建设和发展的总体蓝图；要能够结合幼儿园的长远目标，合理安排当前的工作。因地制宜、逐步改善环境条件，为幼儿和教职工提供一个舒适的生活和工作环境，为把幼儿园办成儿童的乐园积极创造条件。要加强总务工作的计划性，长计划短安排，将各阶段的工作作为实现总目标的一个个实际步骤，采取切实措施，并使平日及各阶段的各项复杂和琐碎的工作均能按照一定程序有条不紊的进行，保证整个幼儿园的正常运转。

总务工作是一项管理性工作，具有先行性，必须珍惜时间和科学运用时间，妥善安排和处理好各项事物，才能带来效率，也才谈得上很好地为幼儿园的保教工作提供保证与服务。

3. 正确认识和处理人与事、管理人与管理物的关系

任何事物都是由人来推动和操作的，搞好总务工作必须防止“见物不见人”的倾向。幼儿园领导者在总务管理上，要注重配备一定的力量，选好总务负责人，加强队伍建设，做到机构简、人员精，抓好各项事务，保证服务工作全面周到。规章制度的建立健全是对总务工作实施有效控制的依据。幼儿园要将有关政策的实施具体化，如，根据国家财务制度，制订适合本幼儿园实际的财务制度，并通过明确规定的工作制度将总务工作各个部门之间的关系固定下来，形成合理的制约关系和工作程序。例如，财会、采买、保管三项工作是相互联系并互相制约的，三者不能相互兼任。同时，幼儿园还应

注重各类人员岗位责任制的确立，建立严格的工作手续，使制度进一步明确具体，及时发现问题，防止漏洞。

总务队伍建设的一项重要内容是人员素质的提高。应引导全园职工正确认识幼儿教育机构的职责分工，克服职业偏见，要求总务人员做到热爱本职工作，勤恳敬业，同时还应注意提高其文化知识水平和各类人员包括炊事人员等的专业水平。可以采取外出培训或观摩研讨、岗位练兵和鼓励自学等方式，边干、边学、边提高。还要注意提高总务人员工作的思想性，组织学习有关学前教育和卫生保健方面的知识，使他们了解保教工作的需要，更好地配合和服务，同时增强行为的示范性。

4. 处理好成本与效益、节支与增收、开源与节流的关系

可持续发展是当今世界各个国家奉行的科学发展观。在幼儿园总务工作上，要力求节俭，开拓进取，创业发展，就要合理经营，提高教育资源的有效利用率，为幼儿园的生存与发展创造良好条件。总务工作必须考虑投入与效益的关系，合理使用钱物，充分发挥其效用。要克服困难，努力工作，注意节约开支，积累资金。

当前，特别是在幼儿园物质环境的创设方面应遵循“安全、够用、适用”的原则，要根据办园理念，从有利于幼儿健康发展的需要出发创设环境，不宜搞豪华建设，过度装修，人为地将儿童与大自然隔绝开来，甚至造成安全隐患。要注重在实践中探索办园的合理成本问题，向管理要效益。要认识节支与增收的辩证统一关系。如，压缩非一线人员，定岗定编，人尽其用，就是一项节约开支、提高效益的重要措施；加强对设备设施的保养维修，延长其使用寿命，无疑也是节流的一条途径。

在节流的同时，还要尽可能想办法开源。幼儿园应注意了解社会对幼儿教育的多种不同需求，并根据自身条件与特点，在不违背国家政策的前提下，拓宽自我发展的途径，利用幼儿园人力、物力等条件服务社会，收取适当费用，如一些幼儿园在双休日向社区开放，又为附近学童开办小饭桌、假期托管班等。不仅维持了幼儿园正常运转，还为自身进一步发展创造了条件。

5. 注重信息沟通，搞好协调

协调是一项重要的管理职能，协调应成为管理者必备的素质。总务工作是全体人员的全部事物，涉及对内对外关系，这就要求总务人员具有较强的社会协调能力，能建立比较广泛的工作联系。

对内要做好协调，处理好管理工作与教育工作、前勤与后勤的关系，做好配合服务；对外要注意与幼儿园上、下级部门，与兄弟单位，与家庭及所在社区等方面的联系与协调。为此，幼儿园应重视选派得力的人员担任总务工作负责人，做好对内、对外的联络和协调关系的工作。总务人员还要注意信息的交流和沟通，建立比较顺畅的对内对外信息沟通渠道，使幼儿园工作顺利进行，并维护幼儿园与所在社区的关系，争取良好的周边环境及比较广泛的社会支持，以利于配合教育工作，改善办园条件，解决面临的问题和困难，从而实现组织的不断发展。

第二节　幼儿园财务财产管理

一、幼儿园财务管理——财务预算平衡收支

幼儿园财务管理主要是指幼儿园经费的预算、实施和结算，要合理使用经费，科学经营运转，确保幼儿园的良性循环和可持续发展。

（一）增强经营意识，合理使用经费

幼儿园财务管理主要是合理使用经费，以有限的投入取得最大的效益。

1. 幼儿园经费的来源与支出

在经济体制改革的新形势下，幼儿园作为社会服务设施，正在逐步走向社会化，这就要求管理者要懂得理财。园长要对幼儿园的经费来源和支出做到心中有数，注重对经费的收支管理，科学经营幼儿园。

很多幼儿园的经费收入项目主要是向家长收取的费用，如儿童入园管理费、保育费、杂费；有的幼儿园经费的重要来源是政府或主办单位的拨款；目前一些幼儿园还能得到个人或社会团体捐助的款项。幼儿园管理者应了解

各项经费的数额及占全部经费来源的比例。

幼儿园经费支出项目主要是人员经费和公用经费两大块。人员经费包括职工工资、奖金和福利费，如医疗费、保险费等；公用经费包括办公费、业务培训费、水电煤气费、玩教具材料和设备购置费，以及房舍租金与小型房屋修缮费等。

幼儿园通常为幼儿提供膳食服务，需要收取伙食费等相关费用。伙食费等必须花在幼儿身上，专款专用。有的园还安排专车提供接送服务，也要按要求收取相应费用。

2. 经费使用的计划管理——关于经费预算的编制和实施

要做到合理使用经费，必须加强经费使用的计划管理，认真编制预算，进而执行预算并做好决算。经费预算的编制应遵循“瞻前顾后，统筹安排，保证重点，照顾一般”的原则，注意做到以下几点。

（1）有计划地全面安排，分清主次轻重。一般地，应以保教工作的需要作为预算的重点。

（2）预算要留有余地，有一定机动，以便解决计划外的特殊需要。

（3）预算由财会人员制订，园长审批，并上报有关部门。园长应亲自过问并参与预算，与财会人员共同分析研究经费的分配计划。

以下是一份美国托幼机构的财务预算资料①（资料 3-1），可以提供参考。

资料 3-1

财务预算平衡收支

预算是用经济术语表述年度目标。可以根据提供的服务种类、托幼机构类型以及要实现的目标，制订财务预算。

预算开支的主要项目：

① 菲利斯·M. 科里克. 托幼机构管理. 韦小冰，等译. 北京：北京师范大学出版社，2007：268-280.

- 员工工资
- 额外补助
- 咨询服务费
- 设备费
- 供应品和材料费
- 交通费
- 保险费
- 场地租金
- 公用设施费
- 食品费
- 税款（如果需要缴纳的话）
- 其他费用

预算中主要的收入项目：

- 学费
- 材料费
- 交通费
- 伙食费
- 特殊活动费
- 资金募集和捐款
- 有可能获得的联邦、州或私人经费来源

预算应该考虑到收入“缩减”以及学费无法收取的因素。

预算进程表包括预算进展中每一项重要事件的最终期限。主管有责任预测收入和调节支出。所有与预算过程相关的人员必须获得知情权。

预算审核大致定下后，要进一步检查预算中是否存在漏掉或多余的项目。最后制订出稳妥的、收入与支出均衡的预算方案，确定利润（如果有的话），以便得到最终的批准，并对外公布预算定案。

预算管理的权力是相对集中的，主管应该反复检查预算方案，在预算波动中努力维持较稳定的状态。好的记录将有利于日后的预算制订。

预算制订后就要认真遵照执行，并做好决算工作。通过决算可以了解幼儿园全年经费的使用情况，作出分析，总结收支平衡，找出各项经费之间的比例关系，探索经费使用规律，为制订下一年度的预算提供依据和指导。

3. 探究合理成本问题

开办幼儿园也有经济效益问题，要注意经费的投入与产出——即培养人的质量数量要求和工作成果的关系。应将教育成本核算纳入幼儿园财务管理，讲究科学经营，提高教育经费和资源的有效利用率，降低成本，发挥有限教育投资的最优效益，实现社会效益与经济效益的统一。

高质量幼儿园并不意味着高投入、高消耗。败家子作风或奢华攀比是必须反对和防止的。当前一些幼儿园在迎接分级分类验收中，级别（即物质条件或硬件）是一级，而类别（即管理水平和教育质量）则为二类，这是很值得我们深思的。

（二）健全财务制度，实行民主监督

1. 建立健全财务管理制度

为了严格幼儿园财务管理，必须建立健全财务管理制度，包括完整的表册制度，健全会计制度。要严格财务纪律，各项经费的使用严格按制度执行，如社会赞助幼儿园的经费款项必须用在改善办园条件上，而不能用于分发奖金。财务管理要做到一切账目有据可查，会计管账不管钱，出纳管钱不管账，严格实行财会人员岗位责任制。应注重检查监督执行，定期审查收支账目。

2. 实施民主监督

实施民主监督是搞好幼儿园财务工作的重要而有效的手段，要让教职工乃至作为服务对象的家长对幼儿园经营运转情况发表意见。幼儿园要将收支情况定期公布，据此加以奖惩。

幼儿园的经营运转包括预算的整个过程有必要让所有相关人员拥有知情权，正如人们所说的“没有秘密”。

二、幼儿园财产物品管理

总务工作必须防止“重钱不重物”“重建设轻管理”的倾向，加强对设

备设施、财产物品的使用、保养和管理，达到物尽其用，最大限度地发挥有限的财产物品的使用效益。

幼儿园财产物品的管理包括对房舍环境的管理，对设施设备、玩教具材料、图书资料的管理，以及其他物品的管理。

（一）建立健全制度，专人负责保管财产

幼儿园应通过建立健全制度，加强管理，提高设备和物质材料的使用效率，避免浪费和无意义的损耗、消耗。对各项财产物品的管理要健全制度，做到专人负责。

幼儿园财产管理制度一般包括：全园财产分类制度，分部门保管、定物到人的使用保管责任制，定期清点核对制度，领用物品登记制度等。

（二）定期检查维修，重视物品保养

物品的使用保养是幼儿园财产管理不容忽视的内容，要定期做好检查维修，延长设备设施、财产物品的使用寿命，确保使用安全。

（三）注重勤俭节约、爱护公物的思想教育，建立损坏公物的赔偿制度

任何组织的资源都是有限的。幼儿园总务工作要最大限度地发挥有限资源的效用，就需要在加强经营管理制度建设的同时，注重对全员进行勤俭节约的教育，树立节约一分钱就是创造了一分利的思想。要在当前“建设节约型社会”的大背景下，勤俭节约办教育，维护幼儿园作为公共教育机构的良好社会形象。

第三节　幼儿园的教务工作和一般行政事务

一、幼儿园的教务工作

教务工作是有关保育和教育的行政工作，是对保教工作的组织和管理，具有一定的规范性，并体现出阶段性的特点。

幼儿园教务工作管理包括招生编班、生活制度、作息制度的制订、儿童学籍与档案资料管理、季节性工作和值班安排，等等。

（一）招生、编班与升班

这里主要针对固定收托的幼儿园探讨招生编班等问题。《幼儿园工作规程》规定，幼儿园一般“每年秋季招生，平时如有缺额，可随时补招”。招生数量与年龄通常依据幼儿园规模和其他各方面条件确定。在当前市场经济背景下，幼儿园应考虑社会需要的多样化，积极挖掘自身潜力，采取措施，发挥优势，满足当地社区和家长的需要。在招生上，应贯彻“相对就近入园”的原则，做好地区招生工作。

1. 招生的程序与步骤

（1）幼儿园拟定招生公告。说明招生幼儿园的名称，向服务对象介绍幼儿园的基本状况、服务项目、优势特色等内容，说明招生人数、班级、招生年龄范围、招生日期，包括报名日期、发放通知日期等，幼儿园要在所在地区范围内或招生范围内张贴公告，供家长选择。

（2）组织招生报名工作。准备好报名单，由家长填写，招生时可了解幼儿的一些简单情况。发放体检表，要求家长带幼儿到指定医院体检，对体检合格的幼儿发放录取通知书。

（3）按录取名单分班，建立新入园幼儿名册。

2. 编班与班额

幼儿园以婴幼儿为主要服务对象，班额或规模不宜过大，城市幼儿园以6个班以下为宜，否则会带来管理上的困难和指导不力，容易出现照顾疏漏，甚至危害幼儿的健康和安全。通常，需要参照教育行政部门的有关规定并结合幼儿园的实际确定班额，班级幼儿人数根据年龄以20～35人为宜。一般地，3岁以上年龄的幼儿是以1岁为限编班，也可以混合年龄编班；3岁以下的则多以半岁为限编班。

幼儿园不同的教育理念与目标定位，导致在编班即班级组织形式与结构上具有不同的思路和特点，我国较多实行按年龄编班。有关幼儿园编班的具体内容详见第五章。

3. 升班工作

幼儿园需要在每学年定期对现有班级做好升班工作。有关班级幼儿的发展资料及其他班级的资料要分类归档。如需调整更换班级保教人员，必须做好交接班工作。交接班的保教人员要对班级整体状况及每个幼儿的身心发展情况、能力习惯、个性特点等方面及时交代，注意相互沟通，了解掌握情况，以便保教人员和幼儿之间尽快地相互适应，顺利开展工作。

（二）建立儿童学籍档案

要建立全园幼儿名册及新入园幼儿的个人资料，如健康卡、幼儿个人基本情况资料及幼儿家庭情况资料等。

（三）生活制度和一日作息安排

幼儿生活制度和一日作息安排，要在考虑幼儿园班级数、场地等实际条件基础上，根据幼儿的年龄特点加以制订。作息时间一般要根据季节加以调整。幼儿一日作息安排要注意科学合理，动静交替，室内外结合，集体活动与小组及自由活动交替，要有利于贯彻教育方针和开展游戏活动。有关幼儿园的作息安排详见第五章相关内容。

作息安排不仅指平时的例行活动作息，还包括特殊作息即一些大型活动，如出游、运动会、生日会、六一儿童节等的作息安排（参见第五章）。

教务工作还涉及开学的各项准备工作。要做好新学期必要的物质材料准备，如幼儿生活用品、教师办公教学用品、各类表册的提供等。另外还应及时清点班级用品。在可能的情况下，还可以根据教学的需要和要求，建立教学资源系统。

二、一般行政事务管理

幼儿园的行政事务管理包括人事工作、教职工福利和一般事务性管理工作，如文书档案管理、季节性工作、值班安排等。

（一）幼儿园人事政策和教职工生活福利

幼儿园人事政策是指幼儿园的人员选聘及任用的制度与政策。在我国经济制度从计划经济向市场经济体制转型的过程中，组织机构的用人制度也发生了相应变化。目前，大多数幼儿园的人员任用实行社会招聘制。幼儿园需要根据国家有关保教人员等的资格标准选聘符合需要的人员，并确立幼儿园的人事制度。应基于职责义务与权利权益统一的原则，对任用人员的工作职责及享有的报酬与福利等作出明确规定，以规范和维护双方利益关系。有的幼儿园将人事政策制订成员工手册或工作说明书，帮助全园教职员工了解幼儿园的宗旨和目标定位、组织的结构体系，同时明了自己的角色和所承担工作的具体要求。手册应说明聘用期限、每日工作时间、薪酬和福利、休假、健康和安全措施、培训晋升与绩效评定等。有关员工发展和培训的具体内容参见第七章。

幼儿园要根据本园实际条件，尽可能搞好教职工的生活福利。积极创造条件，帮助教职工减轻家庭负担，方便他们的生活，安定情绪，使他们有更多精力、更大的热情投入工作。如解决职工用膳问题，有的幼儿园没有职工伙房，就与附近社会单位联系入伙；考虑有的职工上班路远，在排班上适当调整，提供方便；对教职工住房及两地分居，教职工子女午点、午休及入学等问题，幼儿园管理者要在可能的范围内，给予一定的帮助和支持。

幼儿园的教职工是幼儿园的工作主体。园长和总务工作管理者要及时了解教职工生活中的问题或困难，予以关心并尽可能提供相应的服务，解除其后顾之忧，最大限度地调动其工作积极性。

（二）文书档案管理

文书是指办幼儿园的文件资料，通常包括：上级部门下发的文件、向上级上报的报名表册（留底备查）、反映幼儿园工作进程和运行情况的各种年度或学期工作计划、总结、园务会议记录、人员考勤记录、园务日志、幼儿园历年大事记等。

人事文书档案，如儿童名册、教工名册，以及教职工的业务档案资料，如保教工作计划、总结，观摩活动的计划或教案、效果及评语，保教工作笔记，专题报告，发表或未发表的论文，教师创作的教材、玩具和教具，以及考核评价与奖励资料等。

幼儿园保健工作、总务工作也应建立相应的保健资料档案和财会资料、财产资料表册等。

对这些文书资料可以采取分层管理的办法。如，幼儿园的人事文书及职工业务档案由园长管理；教研组长和班组长管理近期和日常的教养计划、总结，以及相关的会议资料等，如班务会议、教研会议记录。要按照保教工作的阶段性，每学期或每学年加以整理汇总，编排归档。

文书档案是幼儿园管理不可或缺的一部分内容。一方面有利于领导和管理人员不断积累经验、摸索规律，保证工作的连续性，提高管理水平；同时，业务档案建设有利于对教职工的正确安排和使用，为系统考察教职工的文化业务水平积累资料，为评优晋级提供依据。业务档案资料及幼儿园大事记、园史又可以作为师资培训的内容，对于调动教职工学习业务、钻研技术的积极性，具有重要意义。

图书、玩教具资料的管理可以配备专职或兼职人员，将资料分类存放，并建立图书资料的收发借还制度。幼儿园还可以建立教育教学资源系统（参见第五章有关内容），以方便教师的使用和提高教育教学效果。以下是几个文书档案示例（表3-1，表3-2，表3-3，表3-4）。

表3-1 幼儿园档案资料分层管理表

园长管理资料		教研组长管理资料	班级管理资料
人事文书及全园性保教资料	职工业务档案资料		
1. 向上级上报的报告、表册，向下级下达的文件，按接收日期编号存档	1. 基本情况：性别、年龄、学历、毕业年限、培训时间和考核成绩评语	1. 教研活动计划、总结、评议记录，学习讨论记录	1. 本班组工作计划、总结，领导对本班的评议记录等

续表

园长管理资料		教研组长管理资料	班级管理资料
人事文书及全园性保教资料	职工业务档案资料		
2. 幼儿园规划、计划、总结、改革资料、园所工作手册、园务日志、工作人员考勤本、奖罚记录、全园和专题会议记录、各种规章制度 3. 检查评选活动、家长会、庆祝会等记录 4. 有代表性的教育科研观摩、计划、总结、评议记录、教师工作记录、经验总结、录音、录像以及部分有价值的幼儿作品 5. 历年的教工、家长、幼儿名册，根据需要自定保留时间	2. 教学计划与记录 3. 有代表性的调查报告、经验总结，发表和未发表的论文 4. 创作教材、教具，观摩活动的计划与评议记录 5. 有代表性的儿童作品、录音、录像、照片等有价值的内容 6. 评比活动中奖、罚材料（反映政治思想、工作态度），业务素养、教学能力等材料 7. 家长的表扬、批评，外单位的反映	2. 教养经验总结、交流、教材教法记录，组内自制玩教具、图片等 3. 有代表性的儿童作品、录音、录像、照片等	2. 班务会议记录、日交接班记录、物品登记本、家长联系本、家长会记录 3. 本班教材资料，教具、玩具、幼儿作品（根据价值确定保留时间） 4. 录音、录像、照片等留存
说明：1. 选留的幼儿作品要是能代表园、组、班教学水平的资料 2. 将有价值的资料编排整理，造出总册目录表以便查找			

表 3-2　幼儿园教职工名册

姓名	性别	出生年月	民族	最后学历		参加工作年月	党派	编制	职务	工资级别	任课情况	兼职情况	职级	家庭地址及电话	邮政编码
				届别	毕业学校										

续表

姓名	性别	出生年月	民族	最后学历		参加工作年月	党派	编制	职务	工资级别	任课情况	兼职情况	职级	家庭地址及电话	邮政编码
				届别	毕业学校										

（上海市浦东新区幼教二学区提供）

表 3-3　幼儿园教师基本情况档案

<table>
<tr><td>姓名</td><td></td><td>性别</td><td></td><td>出生
年月</td><td></td><td>何时参加
何党派</td><td></td></tr>
<tr><td>民族</td><td></td><td>籍贯</td><td></td><td>参加
工作时间</td><td></td><td>参加教育
工作时间</td><td></td></tr>
</table>

<table>
<tr><td rowspan="9">学历情况</td><td></td><td>工作前</td><td colspan="3">工作后</td></tr>
<tr><td>学校名称</td><td></td><td></td><td></td><td></td></tr>
<tr><td>所学专业</td><td></td><td></td><td></td><td></td></tr>
<tr><td>学制</td><td></td><td></td><td></td><td></td></tr>
<tr><td>修业年限</td><td></td><td></td><td></td><td></td></tr>
<tr><td>学历</td><td></td><td></td><td></td><td></td></tr>
<tr><td>学位</td><td></td><td></td><td></td><td></td></tr>
<tr><td>毕(肄、结)业日期</td><td></td><td></td><td></td><td></td></tr>
<tr><td>证书编号</td><td></td><td></td><td></td><td></td></tr>
<tr><td rowspan="2">外语</td><td>语种</td><td></td><td></td><td></td><td></td></tr>
<tr><td>能力</td><td></td><td></td><td></td><td></td></tr>
<tr><td rowspan="7">专业技术职务</td><td>批准日期</td><td>专业技术职务</td><td colspan="2">资格证书及发证单位</td><td>证书编号</td></tr>
<tr><td></td><td></td><td colspan="2"></td><td></td></tr>
<tr><td></td><td></td><td colspan="2"></td><td></td></tr>
<tr><td></td><td></td><td colspan="2"></td><td></td></tr>
<tr><td></td><td></td><td colspan="2"></td><td></td></tr>
<tr><td></td><td></td><td colspan="2"></td><td></td></tr>
<tr><td></td><td></td><td colspan="2"></td><td></td></tr>
<tr><td rowspan="6">参加学术团体</td><td>日期</td><td colspan="2">名称</td><td colspan="2">职务</td></tr>
<tr><td></td><td colspan="2"></td><td colspan="2"></td></tr>
<tr><td></td><td colspan="2"></td><td colspan="2"></td></tr>
<tr><td></td><td colspan="2"></td><td colspan="2"></td></tr>
<tr><td></td><td colspan="2"></td><td colspan="2"></td></tr>
<tr><td></td><td colspan="2"></td><td colspan="2"></td></tr>
</table>

审核人：(签名)　　　　　　　　　　　　　　　　　　年　　月　　日

注：学历是填写工作前取得的初中毕业、中专（高中）及以上毕业或肄业的最后学历，工作后又取得的更高或其他学历亦分别填入学历情况栏内。

表 3-4 各班幼儿每月出勤统计表

________幼儿园

班级	幼儿人数	病假		事假人次	出勤百分比	备注
		人次	病假率			

填表人： 填表日期： 年 月 日

（三）季节性工作

幼儿园的一般行政事务工作，需要根据本幼儿园工作阶段性的特点有条理、有程序地安排，如开学前、期中、期末各有一些必要的事宜。

幼儿园事务性工作还包括季节性工作，需要适时抓好。如冬季防寒，应在季节到来前适时检修好或安装好采暖设备，准备充足的冬煤等取暖燃料，有的地区还应储存一些冬菜等；夏季防暑，也须走在时间前面。另外，幼儿园有时会面临一些临时性工作，如季节突变或其他突发事件等，必须有应急预案，才能够有所准备，防患于未然。

一般事务性工作还包括建立值班制度、排好值班表等。

第四节 幼儿园卫生保健工作

一、幼儿园卫生保健工作的意义和任务

（一）卫生保健工作的意义

卫生保健工作是幼儿园管理的一个重要方面，是为保证婴幼儿身心正常

发育和健康成长而实施的各种措施。卫生保健工作在幼儿园工作中具有特别重要的意义，这也是幼儿园教育与管理区别于中小学的一大特色。

幼儿园保健工作的对象是正在发育和成长中的学前儿童。他们正处于生长发育的关键时期，生长发育迅速，然而身体尚未发育完善，生理和心理发展的可塑性大，容易受到损害；学前儿童适应环境的能力和对疾病的抵抗力不强，容易感染疾病；再有，他们的身体结构形态还没有定型，其行为习惯与个性也正在逐步形成。幼儿园必须通过卫生保健工作，包括科学安排幼儿的一日生活，提供合理的营养膳食，定期体检，进行疾病的防治和生活卫生常规的培养，加强体格锻炼，以及建立安全措施等一系列工作，实施良好的保育和教育，促进其健康成长。

保健工作是在幼儿园这一特殊条件下实施的。幼儿园是集体保育和教育机构，实施集体保育和教育必须注重卫生保健工作，要创设适当的环境，采取必要的保健安全措施，使集体生活的儿童减少感染疾病的机会，避免传染病的蔓延，保证全体幼儿的健康。

（二）卫生保健工作的任务

幼儿园卫生保健工作的任务是：保护幼儿的生命与健康，促进其生长发育和增强体质，为幼儿全面发展奠定良好的基础。幼儿园卫生保健工作必须与教育结合，培养幼儿保持和增进健康的初步能力，养成健康和安全生活必要的习惯与态度。

卫生保健工作是保教工作的有机组成部分，也是幼儿园保健人员的工作任务与职责，同时还涉及幼儿园工作的各个方面，如总务后勤、班级教育管理等。幼儿园领导者应充分重视这项工作，管理中要注意发挥专职保健人员的专长，并使班级保教工作与专职人员的工作紧密结合，使卫生保健工作的任务和目的真正落实到幼儿身上，促进其身心健康发展。

二、卫生保健工作的内容

幼儿园的卫生保健工作包括保健管理和保健教育指导两部分，每部分又涉及若干具体内容，详见图 3-1 所示。

- 幼儿园卫生保健
  - 保健管理
    - 环境管理：环境卫生检查，环境安全等
    - 健康管理：健康检查评价，疾病防治，安全管理等
    - 生活管理：生活制度，营养膳食，体格锻炼等
  - 保健教育指导（个别指导、集体指导）
    - 保健指导——目的：养成健康生活必要的习惯与态度
    - 安全指导——目的：养成安全生活必要的习惯和态度

图 3-1　幼儿园卫生保健工作的内容结构

为了顺利完成幼儿园卫生保健的各项工作内容，幼儿园管理者可以从以下几方面开展工作。

（一）创设良好的生活环境

幼儿园是幼儿生活和活动的场所，应根据各地实际和幼儿园条件，因地制宜，为幼儿创设良好的室内外环境，使园舍、场地、设施等符合安全、卫生和教育的要求。创设净化、绿化、美化和儿童化的环境，如较宽敞的场地，活动室采光通风良好，桌椅等适合幼儿的发展特点和需要。

（二）建立科学的生活制度

幼儿园应参照教育行政部门和卫生部制定的卫生保健制度，根据幼儿年龄特点，同时考虑幼儿在园时间的长短和季节特征等因素，制订适宜的生活作息制度，合理地安排幼儿一日生活中各项活动的顺序和时间。一日生活作息制度中，应正确安排“作”（即活动）与“息”（即休息），按照幼儿神经系统活动的规律和特点，安排不同类型的活动内容，保证幼儿有充分的户外活动时间，使生活管理科学化、规范化，以有利于幼儿健康发育和养成良好的生活习惯。一日生活的安排应注意动静交替，室内外平衡，还应考虑使有组织的活动与自由活动、集体与小组及个别分散活动的比例适当。一日活动中应坚持以游戏为基本内容。

（三）健康检查防病

幼儿园必须贯彻“预防为主”的卫生工作方针，建立预防接种、消毒隔

离、体格检查、环境和个人卫生等制度，完善各种防病措施，降低发病率，提高幼儿的免疫力，保护幼儿的生命和健康。幼儿园保健的相关记录表格如下所示（表 3-5，表 3-6，表 3-7），供参考。

表 3-5　幼儿园保健教育的内容

项目	目标	指导内容
保健指导	培养健康生活必要的习惯和态度	1. 保持身体、衣服、携带物品、周围场所等清洁 2. 会使用自已的手帕、毛巾，不把不清洁物品放入口内 3. 掌握饮食方法，不挑食 4. 会使用厕所 5. 能穿适当的衣服参加游戏和活动 6. 喜欢并能尽量在户外游戏 7. 进行各种活动能做到姿势端正 8. 运动后和饭后安静休息，知道休息方法 9. 愿意接受健康诊断、预防接种、疾病和受伤的治疗 10. 了解传染病和其他疾病
安全指导	培养安全生活必要的习惯和态度	1. 不做危险动作，小心受伤 2. 不接近危险物，不去危险的地方玩 3. 使用玩具和用具能注意安全 4. 了解并能遵守交通规则 5. 灾害等非常时刻，能遵从教师的要求行动

表 3-6　幼儿疾病统计表

_____年____月____日

班次	人数	上感		扁腺桃炎		咽喉炎		气管炎		胃肠道疾病		传染病						总计				备注
																		一般疾病		传染病		
		人数	%	人数	%	人数	%	人数	%	人数	%	人数	%	人数	%	人数	%	人数	%	人数	%	

表 3-7 幼儿传染病报告记录表

______年度 第____学期 __________幼儿园____班

幼儿姓名	性别	年龄	班级	发病日期	诊断日期	报告日期	处理方法			患病情况															
							留园	回家	住院	麻疹	风疹	百日咳	白喉	猩红热	水痘	腮腺炎	脑炎	流感	胸膜炎	伤寒	痢疾	腹泻	麻痹症	肝炎	结核病

填报人：　　　　　　　　年　　月　　日

（四）开展体格锻炼

教育机构增强幼儿体质最积极有效的措施就是开展体格锻炼。幼儿园应注意有计划、有组织地开展经常性的体育活动，并注意利用自然因素（日光、空气、水）进行体格锻炼。要保证足够的户外活动时间，增强幼儿体质，减少发病率，提高对外界环境变化的适应能力，增进健康，同时促进其动作的协调和灵敏性，在活动中培养幼儿活泼愉快的情绪和勇敢坚强的性格。

幼儿体格锻炼要遵照循序渐进的原则，有步骤、有计划地进行，合理掌握运动量，锻炼强度和持续时间要逐步加强或增加。体格锻炼要坚持一贯，持之以恒，以使幼儿逐步建立动力定型，达到应有的效果。还要注重采用多样化的方法进行体格锻炼，要能够综合运用各种锻炼方式，将专门的锻炼与生活中的锻炼结合，动作训练与游戏活动并举。体格锻炼中要加强个别教育护理，依幼儿的不同需要提出要求，而不能强求一致。

（五）提供营养膳食

合理营养是幼儿生长发育的物质基础。营养工作涉及制订营养平衡的幼儿食谱，定期计算幼儿进食量和营养摄取量，进行烹调指导和监督等。卫生保健人员要充分重视这项工作，与总务部门齐心协力搞好儿童膳食，保证幼儿获得生长发育和活动所需的营养。为检验营养膳食实施的效果，可在儿童入园时记录身高体重，并在学期末再作测查，进行比较。根据比较结果，可以分析和调整营养膳食的计划。下面是一个学期中幼儿的生长发育情况对比参考表（表 3-8）。

表 3-8　期初和期末幼儿身高体重对比表

______幼儿园　____年度第____学期

班级	期初					期末					增长情况	
	检查人数	幼儿总重量（公斤）	每人平均重量	幼儿身高总数（厘米）	每人平均身高	检查人数	幼儿总重量（公斤）	每人平均重量	幼儿身高总数（厘米）	每人平均身高	每人平均身高增	每人平均体重增
情况分析												

年　　月　　日

（六）安全工作

幼儿园的安全工作是保证幼儿生命安全的重要措施。幼儿年龄小，缺少知识经验，缺乏独立行为能力，然而又好奇、好动、好探索，在活动中对危险事物还不能作出正确判断，不能预见行为后果，面临意外状况不会保护自己。幼儿园作为集体保育和教育机构，要对全体幼儿的安全负责。2016 年修订的《幼儿园工作规程》，将幼儿园的安全作为专门章节，足见此项工作的重要性，需要充分重视。

安全工作是一项涉及全园各个部门的工作，如门卫、场所设备安全、活动安全等。幼儿园管理上要高度重视，要教育全园教职工认真对待这项工作，同时加强有关制度的建立和措施的落实，使幼儿园内各项活动的开展均能以幼儿为中心，注意各种活动中的安全保护问题，防止意外事故的发生，并注意安全教育，增强儿童的自我保护能力。

幼儿园安全工作应注重从以下几个方面入手。

1. 强化安全意识

幼儿园要完成教育好幼儿、服务好家长的双重任务，保证幼儿的安全是前提。家长将孩子送到幼儿园，幼儿园要对幼儿的安全负全责。幼儿园管理者应教育全园职工，把幼儿安全问题置于头等重要的地位，加强对工作的责任感，强化安全意识，认真细致地做好工作，避免意外事故的发生。幼儿园管理者要注意随时督促教职工，可以在园务会、教研、备课和研究班组工作等各个环节，提醒大家重视卫生保健工作，加强对幼儿的安全保护工作。

2. 注重环境安全，避免事故隐患

幼儿发生意外伤害，常常是环境中的不安全因素造成的，幼儿园管理上应特别注重为幼儿创造安全卫生的生活环境。幼儿园的房舍场地及大型运动器械要安全、适用，定期维修保养；楼梯、平台要有护栏等安全保护设施；如冬季用火炉取暖要设护挡，避免烫伤；房中的电源插座如过低或有电线老化现象等，要及时处理，避免幼儿触电或发生其他意外；园内的水池要加盖。家具、用具要注意使用安全。玩具应是安全的，没有锐利的棱角，避免刺伤幼儿。药物要妥善保管，不让幼儿接触到。

3. 建立安全制度，完善安全措施

幼儿园一定要建立健全各项安全制度，并严格执行，要明确规定各个岗位安全工作的内容，以及各环节要注意的问题。如，就场地设施的安全维护、膳食安全、玩具材料安全、幼儿衣着安全、活动安全等制订制度措施。幼儿园管理者要注意宣传教育，使安全制度广为周知，还应对制度执行情况进行定期检查和经常性的督促指导。注意防微杜渐，把不安全隐患消除在萌芽状态。

不怕一万，就怕万一。幼儿园作为社会公共教育机构要加强安全防范措施。如，按照相关部门的规定，疏通人员进出通道，准备防火设施。定期防范演习训练也很重要，在这方面可以借鉴国外幼儿园的经验。如，日本幼儿园每个月要进行全园防火、防地震演习。一旦出现紧急情况，园方和教师要镇定应对，组织幼儿迅速转移到安全地点。定期防范演习还能起到警示作用。

集体教养幼儿的机构还有可能发生传染性疫情等，要事先有所准备，制定应急预案。

幼儿在园活动时有可能发生一些意外，出现一些磕碰。为使幼儿得到及时妥善的处理和照顾，需要准备两个保健箱，一个在园使用，一个外出时备用。准备一些常用的器材和药品。各班级教师在本班教室最好也准备一个简单的保健盒，以便随时处理幼儿的轻微碰伤。

一旦发生严重的伤害事故，要立即送医院急救。幼儿园可以将消防队、附近医院或卫生所、警察局的电话、地址等制成紧急事件备忘录，贴在办公室和教室电话机旁，以便需要时查询。幼儿园发生严重伤害事故要及时上报，并认真分析和查找原因，采取对策。

为使幼儿的健康安全得到保障并维护集体教养机构的权益和利益，可以寻找信誉比较好的保险公司，为幼儿投保意外伤害的团体保险。

防范胜于救治。幼儿园管理上要有切实的制度和措施，增强职工的安全意识，消除侥幸心理。下面是幼儿事故登记表示例（表 3-9）。

表 3-9 幼儿事故登记表

<table>
<tr><td>班级</td><td></td><td>幼儿姓名</td><td></td><td>性别</td><td></td><td>年龄</td><td></td></tr>
<tr><td colspan="2">事故发生时间</td><td colspan="4">年 月 日 时</td><td>当班人</td><td></td></tr>
<tr><td colspan="6">事故详情及性质</td><td colspan="2">处理情况</td></tr>
<tr><td colspan="6"></td><td colspan="2"></td></tr>
</table>

记载人： 年 月 日

4. 加强对幼儿的安全管理与教育

班级是幼儿发展的最直接的生活环境。班级教师在组织各项活动中都要做到以幼儿的健康发展为出发点，关注活动的安全问题，同时加强对幼儿的安全管理和保健教育，增强自我保护能力。幼儿安全教育和管理工作的有效开展离不开与家庭的联系和沟通，取得家长的支持、协作，而不是园所单方面的任务。幼儿园与家庭联系和沟通的具体内容参见第六章。

幼儿园的安全工作，关系到全体幼儿的生命安全，牵动着家长的心。一定要把安全工作置于首要位置。实践证明，积极有效的管理是确保幼儿安全、防止意外事故的最重要因素。

三、卫生保健工作管理

（一）坚持预防为主的方针

“以预防为主”是我国卫生工作的根本方针。学前儿童生长发育迅速，可塑性强，然而又是生命较为稚弱的时期，各器官系统发育不成熟，因而他们对环境的适应能力和抵抗疾病的能力较弱。卫生保健工作稍有疏忽，就有可能给幼儿的健康带来不利影响，甚至造成难以弥补的损伤。因此，幼儿园各项卫生保健工作必须坚持贯彻“预防为主”的方针，对疾病与事故做到防患于未然。同时要实行保教结合，保健和教育并重的原则，注重积极的体格锻炼，进行健康教育，保证儿童身体的健康，促进生长发育。

（二）卫生保健工作要有组织和制度保证

幼儿园应将卫生保健工作置于管理的重要位置。幼儿园里要有一名领导主管卫生保健工作，作为园领导实施卫生保健工作的助手，同时还应建立起一支包括班组保教人员、后勤炊事人员等的积极分子队伍，在组织上保证这项工作的开展和落实。幼儿园卫生保健工作涉及面广，它与全体工作人员都有联系，管理者应该广为宣传，高度重视，全员参与，通过岗位责任制、卫生保健工作考核评比等制度和措施，将有关人员的工作内容、职责确定下来。幼儿园还可以根据工作实际和需要成立专项工作组，如爱国卫生委员会、儿童膳食管理小组、安全工作检查领导小组等，从各方面推动幼儿园的卫生保健工作。

幼儿园应将有关卫生保健方面的各类要求、执行步骤等通过条文的形式固定下来，使之制度化，用于规范各方面的工作和各类人员的行为，使各岗位有章可循，各部门协调一致，较好地完成卫生保健工作任务。制度的建立应以国家教育部门和卫生部门的要求为准，同时结合本园实际，经认真研究、充分讨论后确定下来。幼儿园卫生保健制度一般包括生活制度、饮食制度、体格锻炼制度、防病工作制度、健康检查制度和安全制度、事故防范和上报制度等。卫生保健制度要与岗位责任制的建立结合，使各有关人员明了在完成好卫生保健工作中本岗应承担的任务与职责。制度确定后，必须严格执行，以保证幼儿健康发展。下面是幼儿园学期保健工作汇总表示例（表 3-10）。

表 3-10　学期保健工作汇总表

月份	出勤率	营养达标率		体检达标率		疾病矫治率				其他	传染病			服药人次	小伤小病	注射人次	病号菜	事故	家访人次	备注
		蛋白质	热量	体重	身高	贫血	龋齿	蛔虫	头虱											
合计																				

（上海市浦东新区浦南幼儿园提供）

（三）加强计划性和定期检查指导

幼儿园应将卫生保健工作的要求列入园务工作计划，保证贯彻执行。除了全园计划中要有卫生保健的内容，各个部门工作计划和班级教养工作计划中也要体现卫生保健方面的要求，提出具体落实措施。计划的制订要以卫生保健工作管理目标为出发点，针对工作中的薄弱环节，规定出各项工作内容及质量要求、步骤方法及执行人，做到重点突出，任务明确，措施具体，切实可行。对计划的实行要进行检查指导，在这方面要注意发挥专职保健人员作为园长管理卫生保健工作助手的作用和群众性卫生组织的监督作用。如，对儿童的日常锻炼活动给予指导，定期观察和进行体格检查，保证锻炼不断提高成效。

幼儿园应将定期阶段性检查与平时检查结合，全面检查与单项检查结合，以便及时掌握情况，加强指导，不断改进工作质量。如，将阶段安全检查与平时对安全工作的巡视结合，防患于未然。又如，将阶段性营养分析与平时对伙房、保教人员的儿童饮食管理情况检查相结合，从而保证儿童饮食营养的摄入量；将单项检查儿童身高体重的达标率和对保健工作的全面检查相结合，以便发现问题，提出改进对策。

（四）注重班级日常性卫生保健工作

幼儿园应注重班级日常性的卫生保健工作和生活管理，使幼儿在日常生活活动中、在每日的饮食起居等环节，得到细致的养护和照顾，受到科学的健康教育，身心得到良好的发展。

四、幼儿园膳食营养管理

幼儿膳食管理是幼儿园总务工作的一个重要组成部分。总务部门需要与卫生保健的相关人员协作配合做好这项工作，以提供足够的营养，增强幼儿体质，促进其健康发育。搞好膳食管理应注意以下几方面的工作。

（一）提供合理的营养膳食

1. 制订食谱，平衡膳食

膳食管理首先是要计划膳食，通过制订食谱，使幼儿能够从每日膳食中得到符合标准的各种营养，保证生活需要，同时也便于有计划地供应幼儿的膳食。幼儿食谱的制订应是食堂管理员、炊事员在保健人员指导下进行的。制订食谱要考虑下面几个原则。

（1）选择营养价值较高但不一定价格高的各类食品，通过合理搭配，为幼儿提供足够的热量和营养量，满足其生长发育和活动的需要。

（2）幼儿一日食物中所需营养素要有合理的比值，如蛋白质、脂肪、碳水化合物等各占热量的12%～15%，25%～30%，55%～60%。

（3）幼儿每日所需蛋白质中，动物性蛋白质与植物性（豆类）蛋白质各占50%。

具体在进行食谱制订时，首先要参考伙食标准确定五大类食物（谷类、蔬菜和水果、鱼肉蛋、奶类和豆类、油和盐）的合理进食量，进行营养摄入量的计算。再按早餐、午餐、晚餐及午点（提供一日三餐一点的全日制幼儿园）各占热量的30%，40%，25%，5%左右的比例分配在三餐一点中。要结合当地饮食习惯、季节和市场供应情况选择各类食物，科学搭配，制订出食谱。

食谱的制订还要注意干稀搭配、荤素搭配、粗细调剂和甜咸搭配，少吃甜食和油炸食品。根据这些考虑，将各类食物以主副食形式合理安排在一周五天的三餐一点中，就成为一份营养平衡的周食谱。食谱应每周更换一次。

2. 计量制作，烹制合理

计量制作是指每日根据幼儿实际出勤人数，计算出当日主副食品用料的供给量，再根据食谱确定出每餐主副食品用料的分配量进行烹调制作。要注意掌握幼儿每餐的实际进食量，以便计算营养素的实际摄入。

膳食制作要讲究烹制方法，最大限度地保存食物的营养价值，适合于幼儿的消化吸收。烹制食品要注意色、香、味、形俱佳，要按不同年龄幼儿的需求加以烹制，注意变换花样，促进幼儿食欲和对食物的兴趣。

（二）严格执行操作制度

搞好幼儿膳食必须重视建立与执行各项工作的操作制度。要严格遵循国家卫生部、商业部有关饮食卫生规范“五四制”① 的要求，即由原料到成品实行“四不”制度，成品存放实行“四隔离”，用具实行“四过关”，环境卫生采取“四定”办法，个人卫生做到“四勤”。责任到人，措施到位。如，专人按需采购食品，不买变质食品；建立验收制度，专人验收食品的质与量；库房由专人管理，建立出入库账目。主副食品验收后入库，库存不宜过多。粮油、糖等食品按需领取；膳食烹制后，有专人检验质量等。

幼儿园领导和保健医生要深入伙房了解膳食情况，检查督促炊事人员认真执行制度，及时发现问题，给予切实指导。管理膳食一定要严格细致，避免工作疏忽和可能给幼儿的健康和安全带来的危害。

（三）注重膳食分析和评价

为了了解幼儿每人每日从膳食中摄取的热量，以及各种营养素的数量与比例是否能够满足其生理需要，幼儿园要定期进行膳食调查分析，掌握幼儿的营养状况和发育水平，及时发现问题，采取适当措施，改进幼儿膳食营养状况。

膳食分析的内容可以从以下几方面进行。

1. 各类食品摄入总量的分析。分析每日各类食品摄入量是否平衡，食谱安排是否合理。

2. 各类营养素一日摄入量的分析。将谷类营养素与供给量作比较，了解是否达到营养素的需要。

---

① **卫生部、商业部食品加工、销售、饮食业卫生五四制**

（60）卫防字第113号文　1960年2月18日公布　（60）商卫联字第159号

1. 由原料到成品实行“四不制度”：采购员不买腐烂变质的原料，保管验收员不收腐烂变质的原料，加工人员（厨师）不用腐烂变质的原料，营业员（服务员）不卖腐烂变质的食品（零售单位不收进腐烂变质食品，不出售腐烂变质食品，不用手拿食品，不用废纸、污物包装食品）。

2. 成品（食物）存放实行“四隔离”：生与熟隔离，成品与半成品隔离，食品与杂物、药物隔离，食品与天然冰隔离。

3. 用（食）具实行“四过关”：一洗、二刷、三冲、四消毒（蒸汽或开水）。

4. 环境卫生采取“四定”办法：定人、定物、定时间、定质量，划片分工，包干负责。

5. 个人卫生做到“四勤”：勤洗手、剪指甲，勤洗澡、理发，勤洗衣服、被褥，勤换工作服。

3. 热量、营养素来源的分析及各营养素比例的分析。如，分析蛋白质来源于动物性食物、豆类食物、谷类食物及其他植物性食物的比例，分析蛋白质、脂肪、碳水化合物的比例是否适当等。

在膳食分析调查的基础上，进一步结合幼儿的定期体格检查（如身高、体重、头围、胸围等）、生化检查（血、尿），对幼儿的营养状况作出评价，为幼儿膳食计划的制订与营养状况的改善提供依据与指导，使膳食营养工作纳入良性循环。

膳食调查和评价工作是由保健医生或保健员负责，应定期调查并将结果向园领导者和伙委会作汇报。

（四）建立伙委会，实行民主管理监督

幼儿的伙食一般不宜与成人伙食混在一起，幼儿伙食费要专款专用，以保证营养需要。伙食费的使用可以依据淡旺季情况加以调配，保证使幼儿无论在哪个季节，都能吃到可口的饭菜，摄取到足够的营养量。

幼儿伙食费的使用也要有计划，做到收支平衡略有节余。幼儿园应建立定期审查伙食费使用情况的制度，定期结账，检查收支是否平衡。

幼儿园有必要建立伙食管理委员会制度，加强对膳食营养的管理监督。应由伙食负责人、保健医、班级保教人员及家长组成伙食管理委员会，在园长领导下工作。伙委会的职责是督促各项操作制度和卫生制度的执行；到班级了解幼儿的膳食情况和进餐情况，听取各方面意见；定期研究改善幼儿伙食，使幼儿吃好，健康发育。伙委会还应责成财会人员定期公布膳食账目，欢迎家长监督。

思考与练习

1. 如何认识总务工作的意义和特点？

2. 总务工作为什么要坚持服务思想？总务工作需要着重处理好哪些方面的关系？

3. 为什么要将教育成本核算纳入幼儿园财务管理？如何认识创利与节支的辩证关系？

4. 为什么要注重幼儿园的文书档案建设？如何做好这项工作？

5. 结合实例谈谈你对幼儿园卫生保健工作的意义和任务的认识。

6. 结合保健内容结构图示，对幼儿园保健的各项工作内容作出分析和说明。

7. 幼儿园卫生保健工作管理的要点有哪些？班级如何实施卫生保健工作？

8. 做好幼儿园安全工作应从哪些方面入手？

9. 幼儿膳食管理的主要内容是什么？

案例分析

案例3.1　总务工作要建设与管理并重

某园是一所部队幼儿园，经费来源较广，园舍建设、设备添置等大型开支均由上级部门拨款供给，因而该园环境优美，物质条件在当地首屈一指，家长们也争先恐后地送孩子到园保教。

一次，为迎接市一级一类幼儿园验收，幼儿园需要进行一定的包装。于是，向上级打报告要求拨款。上级马上作了批示，园领导从中花了一万六千余元购置了一张弹簧床和一个海洋球屋。当新玩具放进幼儿园户外场地时，马上吸引了教师和幼儿。户外活动时，大家都争先恐后地挤到这两件玩具旁。为了幼儿的安全，也为了延长玩具的使用寿命，园长在两件玩具上加了锁，并挂上小木牌，牌上明文规定开放时间和每次玩的人数，由幼儿园的教玩具管理员每天负责开门、锁门。这样，活动开展得井井有条，再也没有出现拥挤现象。

但是，由于该园在南方多雨地带，蹦蹦床经过长时间的日晒雨淋，加上管理人员只按时开门、锁门，没有及时检查和维修，上面的螺丝一颗颗掉下来，也没有人拧上去。海洋球屋虽有屋棚，但屋檐太浅，雨水常飘进屋内，又没有人清扫，幼儿们一进去玩就弄湿一身。这样，教师也就不愿带幼儿去玩了。

半年后，弹簧床散架变成了一堆废品，堆在幼儿园的杂物间里，海洋球上粘满了水和土，屋门挂着大锁，成了幼儿园的“装饰品”。

（案例编写：朱向阳）

分析与思考

1. 大型玩具得不到充分的利用，最终成为一堆废品，这暴露了幼儿园管理上的什么问题？

2. 幼儿园购置大型玩具的目的是什么？请就如何避免类似情况的再次发生提出建议。

案例 3.2　农村幼儿园的特色

某农村幼儿园，在县乡政府的大力支持下，购买了大量高档玩教具、大型户外运动器械，对幼儿园进行了豪华装修。园长自豪地说：“我们要把幼儿园办成和城里一样的高档幼儿园，城里的孩子有什么，我们的孩子也有什么。”但这所幼儿园的托保费仅为每月 60 元（不包括伙食费，伙食费专款专用），在园幼儿的托保收入仅够支付在岗教职工的工资，幼儿园的其他消费完全依赖县乡政府拨款。

（案例编写：孙莉莉）

分析与思考

1. 一旦县乡政府停止拨款，幼儿园会面临怎样的困境？从这一事件可以看出幼儿园的办园思想存在怎样的问题？

2. 你认为，农村幼儿园应如何办出自己的特色？

第四章

幼儿园环境的规划与管理

内容提要

幼儿园是幼儿生活、学习和游戏的场所。幼儿年龄小，是处于迅速发展之中的尚未成熟的个体，外界环境直接影响其身心健康。因此，必须为幼儿提供良好的生活条件和有利于他们健康成长的环境。环境场所设施是开办幼儿园的基本前提和物质保证。创设良好的幼儿园环境，也有益于保教工作的顺利实施，不断提高保教质量。

本章首先探讨了幼儿园的环境规划和管理的一般原则，进而具体分析了幼儿园环境涉及的各方面内容，如幼儿园环境和建筑、户外场地与设施、活动室的设置与玩教具配备等，并介绍了有关环境的物理因素分析以及幼儿园环境的观察评定。

学习目标

1. 了解幼儿园环境规划和管理的一般原则。
2. 知道幼儿园的房舍和设施的使用安排知识。
3. 明确幼儿园户外场地和设施安排的相关要求。
4. 明确幼儿园活动室设计和玩教具配备的相关问题。

关键词

幼儿园环境　规划和管理　园舍环境　建筑环境　室外场地　活动室环境

第一节　幼儿园环境规划与管理的意义和一般原则

人在不同的环境往往会有不同的行为，空间环境对人的行为具有强烈的引导和暗示作用。换句话说，活动室的常规与幼儿行为表现，在很大程度上是受制于环境的设计与空间规划的，而并不仅仅是与教师的引导和幼儿的个人特点有关。要使环境能够发挥促进幼儿发展的作用，就需要进行有目的的安排。因此，环境管理是幼儿园管理的重要组成部分。

一、幼儿园环境规划与管理的意义

（一）环境设计与幼儿行为

有研究表明，在经过设计的高质量的环境下，有助于幼儿语言的发展，增进学习的速度，并且有利于幼儿对玩教具的使用，还能够促进预期的良好行为的培养。

在进行环境设计时，必须考虑所处的客观条件与限制，灵活运用环境中的各方面因素，从而影响幼儿的行为。没有绝对标准理想的空间模式，对这一点要有清楚的认识。

环境设计与幼儿行为的确有着密切的关系，有研究者就此提出一些建议，可以作为参考。

——空间设计：每位幼儿所拥有的室内活动空间不宜少于两平方米。

——适度的间隔和划定界限：全园的动静区应作区分和间隔，游戏场地也可以考虑设不同的动静区，以便适合大小不同的团体使用；活动室也可分隔成小的学习区，让幼儿容易辨别。

——通道流畅：全园出入口的通道应流畅并注意安全性，不宜让家具设施把场地全部占用，要保持三分之一以上的剩余空间。

——隐秘度：活动室最好能设置一个隐秘性高的角落，让幼儿有舒解情绪的个人空间。

——取用性：经常使用的玩教具材料要放在幼儿方便取用的地方。

——柔软度：可以提供柔软度高的物理环境，如地毯、坐垫、明亮的色彩等。

环境的设计与空间的规划对幼儿行为的影响见下表（表 4-1）。

表 4-1　环境设计与幼儿行为反应表

项目	环境设计	幼儿行为反应
空间密度	1. 室内空间每位幼儿不宜少于 2 平方米	1. 当空间密度较低时，可能引发幼儿的攻击性行为，降低社会互动
适当区分间隔或界限	2. 提供家长休息室，静态活动区宜与游戏场地分开，使家长可以仔细观察幼儿的活动和行为 3. 把活动室分割成为较小的学习区域，让幼儿容易辨认 4. 游戏场地应设不同的活动区域，并加强对幼儿园内各个角落的利用，以鼓励和激发相应的活动 5. 活动场地应设置不同大小的活动分区，以适合大小不同的团体	2. 家长的来访容易引起幼儿情绪上的兴奋 3. 在分割的学习区中，幼儿会比较安静地参与工作及进行互动，同时也能增加与设备之间的互动 4. 幼儿在游戏场所除进行动态活动之外，也有部分幼儿进行静态游戏 5. 幼儿的活动形态常是大团体与小团体混在一起
行动路线流畅	6. 服务部门采用不同的出入口和道路，或另设停车空间，以减少意外事件发生 7. 活动室行动路线的规划应考虑流畅性，并保持三分之一以上的剩余空间	6. 服务性车辆和空间常是幼儿躲藏追逐的好场所 7. 在左述的环境中，幼儿语言的表现多于身体动作的表现，同时在身体及语言的表现中，促进成长的行为多于抑制成长的行为
提供隐秘空间	8. 在活动室中提供一些隐秘的角落 9. 妥善利用教室周围的角落，同时注意安全性	8. 幼儿在可以独立游戏且具隐秘性的区域活动时，合作行为增加，而且能比较安静地活动 9. 幼儿喜欢在各区角游戏
取用便利	10. 将经常使用的玩具材料放在幼儿方便取用的地方	10. 方便取放的玩具材料使用率较高，而且幼儿之间互动的行为较多
柔软度	11. 提供柔软度高的物理环境，如地毯、坐垫、明亮的色彩等	11. 柔软度高的环境可以让幼儿产生一种亲切、温暖、像在家的感觉

（二）环境中物理因素的运用

人的行为往往会受到周围环境的影响，因此幼儿园可以有意识地运用环境的物理因素来营造适宜的学习气氛。有研究者（Jones & Prescott，1982）从柔和/冷硬、开放/封闭、简单/复杂、干预/隔离、低活动性/高活动性五个维度，分析了环境和人类行为的互动关系，幼儿园在进行环境设计规划时可以参考这些相关的因素。

1. 柔和与冷硬

高明度、暖色系的色彩、灯泡的灯光、柔软的地毯、舒适的靠垫、蕾丝窗帘的柔和度较高，可能体现出欢迎、邀约的气氛，相对而言，低明度或昏暗、冷色系的色调、刺眼的灯光、水泥或大理石的地面、铁栏杆、高耸的围墙等，则可能让人感到一种冷淡、肃穆的气氛。

2. 开放与封闭

环境的摆设可以给人截然不同的感受，并能够营造出不同的学习气氛。桌椅排列的方向位置，也会影响人与人之间的互动关系。

以下两种环境设置所营造的学习气氛是截然不同的：一个是利用矮柜分隔出几个活动空间，各种玩具、教具和材料开架式的摆放；另一个是玩教具锁在高高的玻璃柜中，桌椅全部面向讲台一字排开的空间摆设，马上可以感觉出这两者分别属于开放的与封闭的环境设置。

3. 简单与复杂

简单与复杂的维度并不是指设备、教具功能的简单或复杂，而是一件器材或设备环境能够吸引人的程度。看起来是简单的回收纸张，如果能与美劳材料互相搭配，则可能成为相当吸引人的创作活动的素材，可以组成复杂的学习环境。那些结构复杂的电动玩具，如果只是靠上发条转动来吸引人，反而属于功能简单的类别。另外，也要根据幼儿的年龄特点、发展水平或学习能力来评定环境或设施的简单或复杂，适合大班幼儿的环境或设施在评定标准上显然和小班幼儿的有所不同。

4. 干预与隔离

所谓干预与隔离主要指是否适度。适度的干预介入是好的，如添置新教具或安排参观访问，但过度的干预如教师过度权威式的指挥命令，或是控制情境，则是不好的。如果能够提供一个隐秘空间或半开放的空间，可以让幼儿偶尔独处，排解情绪，以利于幼儿社会行为的发展，但是如果使用不当，让幼儿长期处在隔离状态则会妨碍其发展。

5. 低活动性与高活动性

这是指环境中能提供的大肌肉活动的程度。一个好的学习环境通常既能提供大肌肉活动也能提供安静的活动，兼具动静两方面功能。另外，各类活动的游戏性、交往性如何，也需要作具体分析。例如，娃娃家和积木区的游戏性比较强。在进行整体环境的规划时，要考虑到既有低活动区，也要有高活动区；作息安排上也要搭配进行，即动静搭配、室内外结合，就能比较好地满足幼儿的需求。

二、幼儿园环境规划与管理的一般原则

幼儿园的环境规划和设计总是基于一定的教育理念进行的。管理者要根据幼儿园的宗旨和目标定位进行环境的规划和设计，要以是否有利于儿童的健康成长作为根本出发点，即幼儿园的建设必须坚持以“幼儿为本”的原则，符合幼儿的生理和心理的成长规律。

在环境规划之前，首先要明确幼儿园的基本定位，理清一些基本观念。如：准备收托的幼儿年龄范围怎样？预计收托多少幼儿？创办经费如何？根据这些基本设想，进行园址的选择，考虑园舍基本构造，同时还要分析使用者的需求，结合环境的物理因素分析等，对幼儿园环境作出具体规划。总的来说，幼儿园的布局应符合当地学前教育的发展规划，结合人口密度、人口发展趋势、交通、环境等因素综合考虑。为满足就近入园、方便接送的要求，幼儿园布点应均匀，宜根据幼儿步行时间不宜过长的特点确定幼儿园的服务半径，城镇幼儿园的服务半径宜为300～500 m。

幼儿园建设在“以幼儿为本”的总原则指导下，在环境的具体规划和设计上，还需要遵循如下相关原则。

（一）确保安全，合乎卫生要求

幼儿园物质环境的首要标准就是必须保障儿童的安全。例如，建筑物是否坚固，有没有危房或潜在的危险；设备装置是否达到安全标准；紧急情况下是否便于疏散，防火功能是否完善等。

环境创设必须符合卫生保健的要求。例如，房舍的采光、通风如何，有无儿童专用厕所，是否提供必要的流动水洗手，有无饮水设备等。有的幼儿园安装中央空调，这样的封闭式空间很容易感染疾病，对于幼儿是不适宜的。

（二）环境条件的创设要为保育和教育服务

幼儿园的环境条件创设是为保育和教育服务的，必须有利于发挥保教功能。《幼儿园教育指导纲要（试行）》（以下简称《纲要》）总则中第 4 条，明确提出“幼儿园应为幼儿提供健康、丰富的生活和活动环境，满足他们多方面发展的需要，使他们在快乐的童年生活中获得有益于身心发展的经验”。《纲要》以大教育观来界定幼儿园环境，在第三部分关于“幼儿园教育的组织实施”中，对环境进行了专门论述，并明确提出“环境是重要的教育资源，应通过环境的创设和利用，有效地促进幼儿的发展”。

幼儿园在园舍、设备等物质条件的创设上，要有利于儿童的活动、发展，要发挥保教作用，有利于保教目标的实现。

目前，相当多的幼儿园搞童话城，那些色彩斑斓的塑料器械，外人看来似乎是儿童化、游戏化的，实际上并不适用，反而占据了大量空间、场地，幼儿无法在户外充分进行运动性游戏，限制了幼儿跑动等；有的幼儿园分别设图书室、健身舞蹈室、科学室等，但其作用发挥极其有限，耗费了大量资金。这种以超规模资金投入却仅限于少数幼儿受益的情况是应该避免的。资金、设备、设施的提供必须从幼儿出发，从适合幼儿的活动和发展需要出发，从扩大受益范围的角度出发来加以考虑。

（三）环境创设要因地制宜、经济适用

1. 幼儿园环境与周边环境的适宜性

在幼儿园环境创设上，要考虑与当地环境条件的适宜性。中国幅员广大，各地经济发展不平衡，自然人文资源各异，办园条件千差万别，不宜整齐划一。需要分析当地环境条件，从实际出发，规划设置环境。

园舍、设备条件要与周边社区协调一致，创设具有地方特色的幼儿园环境。

幼儿园的教育环境创设特别是园舍设备条件应能融于所在社区之中，与社区人们的生活和谐一致，因地制宜。一些地方幼儿园在建筑与设备提供上追求超豪华，这不仅与儿童发展不相干，而且与社区居民的现实生活、经济条件和周边环境形成极大反差，可能的后果是使幼儿形成消极的对人、对社会的价值观，看不起自己的家庭和家长，影响其良好人格的形成。同时，这种做法也有悖于幼儿教育机构作为文明辐射中心的应有形象。

有效利用当地乡土材料，因地制宜创设幼儿园环境，使其具有地方特色，与社区生态和谐值得提倡。如有的幼儿园是平房，房前有开阔的场地，便于幼儿随时到户外充分活动，就不必好大喜功，拆了盖楼房。

2. 将社区资源的利用与幼儿园内部挖潜结合

幼儿园要在可能的限度内，积极争取社会各方面的支持，发掘和利用社区和家庭的资源。与此同时，还要注意调动全体教职工的积极性，因地制宜，改善办园条件，为不断提高保教质量提供较好的物质保证。要充分发挥幼儿园的自主性，注重内部挖潜。

事实上，很多情况下，并非有钱才能办好事情，一些地方幼儿园发展的经验证明了这一点。幼儿园可以很好地利用当地资源、乡土材料与废旧物品，创造性地变废为宝，为我所用。例如，一些乡村幼儿园买不起大型运动器械，教职工就在当地群众帮助下，自己动手运用当地自然材料如大树枝、废轮胎、荆条、鹅卵石、碎砖石等，设计制造出“攀登架”“平衡木”“跷跷板”“滑梯”和“迷宫”等，为幼儿的大肌肉运动和体育锻炼创造了条件，教师还可以发挥积极性和创造性，自制玩具特别是能活动、多变化的玩具，使幼儿可以充分开展游戏。

3. 考虑使用者或服务对象的需求

幼儿园在进行环境规划、创设时，还应当考虑使用者的需求，特别是周边服务对象的育儿需求和经济承受力。在确保安全的前提下，以“够用”“适用”为原则。

环境规划要讲究经济原则，注意勤俭节约，而不宜相互攀比，或是盲目照搬他人的做法，在硬件装备上搞恶性竞争更是不可取。有的幼儿园地处城市中心，自身场地条件有限，寸土寸金，而周边有社区公园等，就可以与相关方面协调，很好地加以利用，开展适宜的活动。又如，可以利用幼儿园周边的开阔场地开展运动会等大型活动。

幼儿园物质环境创设体现了管理者的教育思想、办园宗旨和发展观，同时也应发挥教育机构对社会的影响和文明辐射作用。

（四）环境创设要建设与管理并行、使用与维护并重

房舍、场地和设施设备是幼儿园的不动产，管理维护很重要。通过维修和保养，既可以延长其使用寿命，又能够确保使用安全，使这些物质资源最大限度地发挥应有的作用。

在对待环境问题上，要避免“重建设轻管理”和“重使用轻维护”的倾向。要注重对房舍与设备的保养、检查和维修，应通过建立制度和计划，并采取有效措施，定期整修，保持房舍与各种设备的整洁完好。场地管理主要是检查和保养维修，如检查排水是否畅通、场地有无危险隐患，对大型器械安排专人负责管理，进行经常性的检查和定期维修。要避免失修状态，确保儿童活动安全。另外，还要保持场地清洁，及时清除污物，建立室内外环境清扫制度，责任到人，定期检查，为幼儿提供一个卫生安全、舒适美观的生活环境，使家长能够放心。

（五）幼儿园环境的观察与评定

绝对的标准或是理想化的空间模式是不存在的。幼儿园在设计环境时，

一定要考虑幼儿园的自身情况和客观条件，分析具体环境条件的优势与局限，灵活运用这些因素，制订适当而合理的规划和设计，才能使环境更好地促进幼儿发展。

这里提供了一份《学前教育机构环境观察表》（资料 4-1），是综合了上述各维度和要素的具体描述后，采用观察评量的方式设计出来的，可以提供参考。实施评价时，如果所评价的环境符合表中所列的趋向柔和、开放、弹性等的项目越多，一般表明其空间的柔软度、开放与弹性就会越大。

资料 4-1

学前教育机构环境观察表①

• 基本资料

1. 幼稚园名称：________________________________

2. 地址：________________________________

3. 环境描述：□都市公寓式　□都市庭院式　□都市内，有宽大户外场地　□郊区公寓式　□郊区庭院式　□郊区，有宽大场地　□其它

4. 附近环境描述：________________________________

5. 全园幼儿共约有____人，全园共____班，每班人数约____人，教师共____人，每班平均教师人数____人。

6. 全园房间数约____间，户外场地面积约____平方米。

7. 安全设备：□安全门　□围墙　□栏杆　□传达室有守门员

8. 特别记录：________________________________

• 环境设备调查

请你在所观察到的适合的项目上打“√”（对号）。

A. 环境的柔软程度

① 蔡春美，等. 幼教机构行政管理［M］. 台北：心理出版社，2003：119-120.

1. （ ）有草地可跑跳。

2. （ ）泥土地可挖掘。

3. （ ）可玩水。

4. （ ）有动物可观察饲养。

5. （ ）自种盆栽。

6. （ ）自种菜圃。

7. （ ）能在地毯上自由坐卧。

8. （ ）教室用幼儿作品布置。

9. （ ）作品展示呈现不同材料，有不同构图。

10. （ ）教室里设多个学习角落。

11. （ ）教材教具放在幼儿容易取放的地方。

12. （ ）幼儿能自由取放使用教具。

B. 游戏、教学设备

13. （ ）综合体能游乐设施。

14. （ ）游泳池、玩水设备。

15. （ ）攀登架、滑梯、秋千、摇船、摇椅。

16. （ ）沙坑、沙箱。

17. （ ）大轮子玩具，可骑的，如三轮车、滑板……等。

18. （ ）体能器材：篮球架、平衡木、轮胎、大小球、钻龙、跳箱等。

19. （ ）适合儿童用的桌椅。

20. （ ）大中型号积木：可搭建、孩子能坐、骑、躲的。

21. （ ）操作玩具：小积木、拼图玩具等。

22. （ ）训练技能的设备：木匠工具、缝纫用具、厨房用具。

23. （ ）美劳用具：蜡笔、纸、剪刀、糨糊、广告颜料……

24. （ ）书、杂志、工具书、图卡。

25. （ ）可演戏的舞台，如木偶台。

26.（　）饲养屋/笼/箱。

27.（　）科学器材：放大镜、万花筒、望远镜、捕虫网……

28.（　）乐器设备：大小鼓、钹、铜铃、沙铃、手响板、手风琴、笛子、哑铃手摇铃、铃鼓。

29.（　）小型玩具：小车子、小人物、动物、物品。

30.（　）各种认知教具：适合个人或小组学习的教具。

C. 空间游乐设备的问题

31.（　）设备使用无安全性问题。

32.（　）摆放位置适宜，通行、使用方便。

33.（　）有隐蔽、隔开的空间。

34.（　）地面适合孩子跑跳，不易跌伤。

总　　评：____________________

改进意见：____________________

第二节　幼儿园的园舍环境与建筑

幼儿园是为幼儿设置的，为了使他们能平安健康地成长，需要在幼儿园园舍的环境和建筑方面下一定的功夫，以使幼儿的生活和安全有基本的保障。

一、幼儿园的选址

如果幼儿园是新开办的，首先面临的是幼儿园的选址工作。幼儿园宜设置在环境安全清洁、安静、无污染的地区，一般应设置在人口比较集中的居民区。如果有可能，周边最好靠近公园或农场，可以让幼儿有机会接触大自然和享受周边环境之美。

园址的选择应注意远离铁路、工厂区。园舍基地宜选择地势平坦、场地干燥坚实并方便排水的地段。这样，一方面能够确保安全，另一方面也便于家长接送，能够经常参与幼儿园的教育活动。园区布局、房屋建筑和设施应功能完善、配套合理、绿色环保、经济美观，具有抵御自然灾害、保障幼儿安全的能力。资料 4-2 是国家相关文件中对于幼儿园选址原则的详细规定。

资料 4-2

幼儿园的选址原则①

1. 选择地质条件较好、环境适宜、环境流通、日照充足、交通方便、场地平整、排水通畅、基础设施完善、周边绿色植被丰富、符合卫生和环保要求的宜建地带。

2. 必须避开地震危险地段、可能发生地质灾害和洪水灾害的区域等不安全地带，避开输油、输气管道和高压供电走廊等。

3. 必须与铁路、高速公路、机场及飞机起降航线有足够的安全、卫生防护距离，应避开主要的交通干道、建筑阴影区等。

4. 不应与集贸市场、娱乐场所、医院传染病房、太平间、殡仪馆、垃圾中转站及污水处理站等喧闹脏乱、不利于幼儿身心健康的场所毗邻；不应与生产经营、贮藏有毒有害、易燃易爆物品等危及幼儿安全的场所毗邻；不应与通信发射塔（台）等有较强电磁波辐射的场所毗邻。

5. 幼儿园不得建在高层建筑内。3 班及以下规模幼儿园可设在多层公共建筑内的一至三层，应有独立院落和出入口，室外游戏场地应有防护措施。3 班以上规模幼儿园不应设在多层公共建筑内。

6. 农村幼儿园应设在集镇或毗邻乡村中小学，应避开养殖场、屠宰场、垃圾填埋场及水面等不良环境。

① 摘自《幼儿园建设标准》（建标 175—2016）第 12 条，中华人民共和国教育部组织编制，中华人民共和国住房和城乡建设部、中华人民共和国国家发展和改革委员会 2016 年 11 月 2 日发布，2017 年 1 月 1 日起施行。

二、幼儿园的园舍环境

幼儿园的新建、改建和扩建都必须根据主管部门批准的建设规模做好园区总体规划设计，做到各部分功能分工明确、布局合理、方便使用及管理。园内建筑物、构筑物应与绿化、美化融为一体，构成优美的人文环境和文化景观，为幼儿创造一个安全舒适的游戏、生活和活动空间。在规划设计环境时，将满足儿童需要作为第一要务的基础上，也要考虑幼儿园工作人员和家长的使用需求。

幼儿园的建设项目由户外场地、房屋建筑和建筑设备等构成。户外场地包括幼儿游戏场地和集中绿地两部分。房屋建筑由幼儿活动用房、服务用房、附属用房三部分组成。幼儿活动用房包括班级活动单元、综合活动室等；服务用房包括办公室、保健观察室、晨检接待厅、隔离室、洗涤消毒用房等；附属用房包括厨房、配电室、门卫收发室、储藏室、教职工卫生间、教师值班室、集中浴室等；建筑设备主要包括给排水系统、电气系统、采暖通风系统等。

为保证幼儿及家长、保教人员出入园门的安全，园门外侧应留出缓冲地带，并设置警示标志。围墙应牢固、美观，不易攀爬。职工机动车应与供应区合设独立出入口。

升旗是对幼儿和保教人员进行爱国主义教育的重要形式，园内应设置旗杆、旗台。旗杆、旗台应位于室内共用场地的显要位置，如无合适位置，可在主要建筑物上设置附墙旗杆。

三、幼儿园的建筑

幼儿园的建筑应符合国家现行幼儿园建筑设计相关规定，坚持安全、适用、绿色、节能、环保、经济、美观的原则。既要防止因陋就简、降低标准、影响安全使用的行为，又要防止盲目投资、华而不实的倾向。幼儿园的建筑有别于成人建筑，要有儿童化的特征，要有利于幼儿身心的健康发展，避免不利的环境因素对幼儿身心造成伤害。

幼儿园的建筑宜为多层或低层建筑，尤以平房为最佳。如果是楼房则以两层为宜，不要超过三层，特别是幼儿活动用房不应安排在四层及以上，以保证在遭遇自然灾害时幼儿能安全、迅速地撤离危险场所。

幼儿园房舍应保证建筑安全、阳光较好，以此作为最起码条件。房舍以东南朝向为佳，保证活动室有足够的阳光，冬暖夏凉。地下室或半地下室阴暗、潮湿，采光、通风条件较差，不利于幼儿的身心健康，也不利于安全疏散，故严禁将幼儿使用的房间布置在地下室或半地下室。

房屋建筑组合应集中、紧凑，主要建筑之间宜有廊道连接，以便尽可能提供充足的户外活动场地。有的幼儿园户外场地比较小，可以在楼顶开辟活动场地，这样可以充分利用空间，开展户外活动。

另外，幼儿园的建筑应符合抗震和防火的国家要求，抗震设防类别不应低于重点设防类，耐火等级不应低于二级。

幼儿园周围应设安全、美观的围护设施，防止幼儿穿过和攀爬，在主出入口设大门和警卫室。

有关幼儿园建筑平面的国家规定见资料 4-3 所示。

资料 4-3

幼儿园的建筑平面规定①

托儿所、幼儿园的总平面设计应包括总平面布置、竖向设计和管网综合等设计。总平面布置应包括建筑物、室外活动场地、绿化、道路布置等内容，设计应功能分区合理、方便管理、朝向适宜、日照充足，创造符合幼儿生理、心理特点的环境空间。

三个班及以上的托儿所、幼儿园建筑应独立设置。两个班及以下

① 摘自中华人民共和国行业标准《托儿所、幼儿园建筑设计规范（JGJ39—2016）》，中华人民共和国住房和城乡建设部发布，2016 年 11 月 1 日施行。

时，可与居住建筑合建，但应符合下列规定：

(1) 幼儿生活用房应设在居住建筑的底层；

(2) 应设独立出入口，并应与其他建筑部分采取隔离措施；

(3) 出入口处应设置人员安全集散和车辆停靠的空间；

(4) 应设独立的室外活动场地，场地周围应采取隔离措施；

(5) 室外活动场地范围内应采取防止物体坠落措施。

四、房舍及设施的使用安排

幼儿园房舍及设施的设计首先要考虑到使用设备儿童的年龄、需要使用的时间、儿童的身体状况、在此空间内儿童可能的活动形态，以及个别儿童的特殊需求等。整个环境空间要让儿童能获得健康成长的机会。国家规定的幼儿园主要室内建筑的净高如下：班级活动室的净高不应低于 3.0 m，综合活动室的净高不应低于 3.9 m。①

幼儿园应每班有一个活动室，能满足幼儿进行各领域学习和不同形式活动的需要。幼儿还要在园内用餐、睡眠、盥洗等，活动室可以兼作卧室，应保证每个幼儿有一张床位，使用活动式床铺如床垫、折叠床或是壁床，能够最大限度地利用室内空间，但不宜设双层床，以防幼儿跌落摔伤。床位侧面不应紧靠外墙、暖气片、壁炉或火墙等。为保证班级活动室的采光通风、空气质量和安全疏散，不得在活动室内搭建阁楼或夹层作寝室。6 个班及以上规模的幼儿园可至少设一间综合活动室，能容纳两个班及以上的幼儿开展集体活动、演出和亲子活动等，并可面向社区开展科学育儿指导。

幼儿园应设幼儿专用卫生间。卫生间宜分间或分隔设置，要通风、清洁、无臭味，不应设台阶，不应直对活动室或寝室。临近的两个班级共用一套盥洗室或卫生间的方式值得提倡。卫生间内应有适宜的盥洗设备，使用流动水，盥洗水龙头应采取降压措施，高度要便于幼儿使用。如果全园共用一

① 中华人民共和国教育部. 幼儿园建设标准（建标 175—2016）.

个儿童厕所，应多一些坑位，蹲坑大小要适合幼儿，位置要方便进出和便于教师照料。严禁在化粪池盖板上设置蹲位，化粪池应设在室外并密封，出粪口应加盖并有防止幼儿移动、开启的措施。

通常，幼儿园应根据需要单独设儿童厨房。厨房平面布置应符合食品安全规定，厨房不应设在儿童活动室的下部，房屋为多层时，宜设置直升食梯。如使用罐装燃气，应设置有外门的钢瓶存储间。

有条件的特别是一些成规模的幼儿园要专设儿童保健室和晨检接待厅。儿童保健室应满足布置药橱和常用诊疗设备的要求。晨检接待厅（门厅）具有集散、晨检、滞留、小憩、展示、接待、传递信息等功能，面积及采光应满足使用功能的基本要求。6 个班及以上规模的幼儿园应设置洗涤消毒间，6 个班及以下规模的幼儿园应有洗涤消毒设备。

如果是楼房，楼梯踏步的高度及宽度、楼梯井宽度、楼梯扶手、垂直栏杆间的净距应方便幼儿使用，确保安全。楼梯栏杆应采用防止幼儿攀爬的构造。疏散楼梯严禁使用螺旋形或扇形踏步。楼梯入口处应设置上下楼梯相互礼让、靠右行走等指示和警示标志。楼梯扶手应设幼儿扶手和成人扶手，幼儿扶手高度不应高于 0.6 m。临空安全防护栏必须牢固，应采取防止幼儿攀爬的构造。

幼儿园的环境设置还要考虑到工作人员的需要以及家长需求。如，应为教师提供备课的地方和资料室。教职工的用房如办公室、资料室或备课室等应与儿童的分开，以保证安全，避免感染疾病。有的园设有专门接待服务的人员，其工作地点宜设在大门附近，使人容易看到或是便于招呼家长，如果由一般行政人员负责，就可考虑将行政办公室设在入口附近。

家长是幼儿园的主要经济来源，是幼儿园的衣食父母，要重视他们的感受。可以根据幼儿园条件或将多功能室利用起来，为家长提供一个休息区，他们可以在这里看到园里发布的重要消息。有条件的幼儿园还可以设置咨询室或提供约见个别家长的地方，以便在此讨论个别幼儿的问题。

幼儿园应当设置一些多功能的空间，如大礼堂可用作多功能室，下雨天儿童可以在这里进行体育锻炼，也可以用于戏剧演出、联欢会，或者召开全园性的家长会等，以最大限度地发挥有限的场地和设施的作用。

五、使用现有建筑要进行必要的改造

有的幼儿园需要租赁房舍，或是使用非专用的现成建筑。一般地，幼儿园签定租赁契约的时间期限都比较长，可以在契约或协议中对双方的责任和权利做出清晰的规定。开办者要对现有房舍场地的使用作适当改建，以满足保教活动的需要。

（一）要保证户外活动的场地

对幼儿期的孩子来说，身体活动是最重要的。2016 年修订的《幼儿园工作规程》规定："在正常情况下，幼儿户外活动时间（包括户外体育活动时间）每天不得少于 2 小时，寄宿制幼儿园不得少于 3 小时。"普通的全日制幼儿园一般是上下午各有 1 小时户外活动时间。如果地面户外场地有限，也可以在房顶开辟活动空间，但要做好安全防护措施。

（二）室内空间要符合幼儿园园舍的要求

《幼儿园工作规程》里对幼儿园园舍的要求是：幼儿园应设活动室、儿童厕所、盥洗室、保健室、办公用房和厨房。有条件的幼儿园可单独设音乐室、游戏室、体育活动室和家长接待室等。寄宿制幼儿园还应该设寝室、隔离室、浴室、洗衣间和教职工值班室等。在出入通道、上下楼梯、防火和安全方面也要作特殊考虑和安排，要从便于儿童生活和活动出发，对非专用的现有房舍建筑进行重新设计和适当改造。

第三节 幼儿园的室外场地和设施安排

一、幼儿园的场地

幼儿园的场地由室外游戏场地和集中绿地两部分组成。

室外场地是幼儿进行户外活动的主要场所，使幼儿能够接触新鲜空气和阳光，进行充分的户外活动，锻炼身体。因此，户外场地对幼儿的健康成长、增强体质、培养友爱的情感至关重要。户外活动场地最好选择地势较高和比较平坦的地方，以便幼儿跑动和做游戏。户外地面游戏场地人均面积不应低于4 m^2。其中，共用游戏场地人均面积不应低于2 m^2。分班游戏场地宜邻近活动室布置，其数量应至少能容纳$n-2$个班（n为全园班级数）。① 户外活动场地不足的幼儿园可以采取分时间段安排各班幼儿进行户外活动的办法。户外地面游戏场地宜为软质地坪，应保证1/2以上的游戏场地冬至日照时间不少于2小时。

园区的绿化和美化应结合建筑布置、空间组合统一规划和建设。场地内的绿地率不应小于场地总面积的30％。宜设置集中绿化用地，栽种树冠比较大的树木和攀缘植物，可以在夏季提供较多树荫，多种植树木花草还有利于改善局部气候，减少尘土和降低噪声，同时便于幼儿认识自然，一举多得，但不宜种植有毒、带刺、有飞絮、病虫害多、有刺激性的植物。

有条件的幼儿园可以开辟儿童种植园地，种植一些蔬菜，如土豆、西红柿、黄瓜等；还可以设饲养区，养育鸡鸭兔等小型家禽家畜，让幼儿有机会接触动植物，和它们和谐相处，不仅便于幼儿观察学习，还能够直接参与种植和饲养，丰富幼儿的生活。

有的幼儿园在设置室外活动场地时，对地面作了专门的考虑和设计。例如，有小山坡、隧道、弯道等变化，为幼儿提供攀爬、下滑、钻爬等不同的活动条件。

有关托儿所、幼儿园室外活动场地的国家规定详见资料4-4所示。

---

① 中华人民共和国教育部. 幼儿园建设标准（建标175—2016）.

资料 4-4

有关托儿所、幼儿园室外活动场地的国家规定①

• 每班应设专用室外活动场地，面积不宜小于 60 m^2，各班活动场地之间宜采取分隔措施；

• 应设全园共用活动场地，人均面积不应小于 2 m^2；

• 地面应平整、防滑、无障碍、无尖锐突出物，并宜采用软质地坪；

• 共用活动场地应设置游戏器具、沙坑、30 m 跑道、洗手池等，宜设戏水池，储水深度不应超过 0.30 m；游戏器具下面及周围应设软质铺装；

• 室外活动场地应有 1/2 以上的面积在标准建筑日照阴影线之外。

二、室外活动设施和材料的配备

（一）配备必要的大中型运动器械

幼儿园的户外场地上要设置一些大中型的运动器械，如滑梯、攀登架、秋千等，提供充分运动的条件。全园至少要有两件以上，有条件的可以达到平均每班两件。这些运动器械不一定全是花钱购买的现成玩具，可以利用废旧材料自制运动器械。如将旧轮胎插入地下一半就成为跳马，在树上拴绳、绳下端打结就可以玩打吊悠或是爬绳等。

幼儿园应创造条件开辟沙池、沙箱等场地，提供小桶和铲子等工具，让幼儿有机会进行他们喜欢的玩水玩沙活动。有条件的还可以设小水沟和水池，甚至游泳池等，为幼儿提供戏水和游泳的机会。有的幼儿园尽管处于平地，但能够有意识地在场地上堆起土坡，供幼儿攀爬、登高，或是从坡上滑下；有的还在土坡下面埋有孔洞或隧道，供幼儿钻爬，获得各种运动体验。

① 摘自中华人民共和国行业标准《托儿所、幼儿园建筑设计规范（JGJ39—2016）》，中华人民共和国住房和城乡建设部发布，2016 年 11 月 1 日施行。

（二）运动器械的设置安放

运动器械设置安放要注意安全、适用。如攀登架等器械周围的土质宜松软，或是提供橡胶垫，以保证活动安全。各个运动器械之间要留出适当距离，避免活动时相互碰撞，发生危险。

（三）适当提供活动性游戏材料

除了配备一定数量的大型设施，活动场地周边或各个班级门前还应当提供一些活动性游戏的玩具材料，可以是自制的玩具材料如球、沙包、绳环等，便于儿童根据需要取放，随时开展游戏活动。

第四节　活动室环境与玩教具配备

一、活动室与相应的家具设备

（一）活动室的朝向与面积

幼儿活动室以东向或南向为宜，自然采光良好，最好对侧设窗，便于空气流通，还可以装气窗，以便迅速通风换气，保持室内空气清新。在四季分明的地区，活动室要有取暖和降温设施。一些大中城市的幼儿园安装了空调，可以保持比较适宜的室内温度。但是空调的使用一定要适度，过度依赖空调不仅会影响室内空气质量，而且不利于儿童自身体温调节功能的增强，造成空调综合征。

幼儿活动室的使用面积过小，不利于幼儿开展游戏活动，过大又会造成空间浪费。为满足幼儿的活动空间需求，全日制幼儿园班级的活动室和寝室可以合并设置，也可以分开设置。寄宿制幼儿园班级的活动室和寝室宜分开设置。合并设置采用面积指标低限，目前国家标准规定的人均使用面积为 3.5 m^2，每班使用面积为 105 m^2（按每班 30 人计算）。其中，活动室堆放床具占用约 15 m^2～30 m^2，幼儿活动面积为 75 m^2～90 m^2。分开设置采用面积指标高限，活动室人均使用面积为 2.4 m^2，每班使用面积为 72 m^2。寝室人均使用面积为 2.0 m^2，每班使用面积为 60 m^2（按每班 30 人计算）。①

幼儿活动室内家具设备的摆放也要合理，尽可能提供更多活动空间，同时有利于空气的流通和易于清扫。

我国 2016 年公布的《幼儿园建设标准》（建标［2016］246 号）中，幼儿园各类用房的人均使用面积指标如下（表 4-2）。

表 4-2　全日制幼儿园各项用房人均使用面积指标（m^2/人）

用房类别和用房名称	面积指标			
	3 班	6 班	9 班	12 班
一、幼儿活动用房	5.10～6.30	5.10～6.30	5.00～6.20	4.90～6.10
1. 班级活动单元	4.40～5.30	4.40～5.30	4.40～5.30	4.40～5.30
2. 综合活动室	0.70～1.00	0.70～1.00	0.60～0.90	0.50～0.80
二、服务用房	0.49～0.74	0.99～1.24	0.84～1.07	0.69～0.90
1. 办公室	0.10～0.35	0.60～0.85	0.50～0.73	0.40～0.61
2. 保健观察室	0.10	0.10	0.08	0.06
3. 晨检接待厅	0.20	0.20	0.18	0.16
4. 洗涤消毒用房	0.09	0.09	0.08	0.07
三、附属用房	0.60～0.80	1.22～1.34	1.15～1.26	1.08～1.18
1. 厨房	0.40～0.50	0.70～0.72	0.69～0.71	0.68～0.70
2. 配电室	—	0.05	0.04	0.03
3. 门卫收发室	—	0.10	0.09	0.08
4. 储藏室	0.10～0.20	0.20～0.30	0.18～0.27	0.16～0.24
5. 教职工卫生间	0.10	0.10	0.09	0.08
6. 教师值班室	—	0.07	0.06	0.05
人均使用面积合计	6.19～7.84	7.31～8.88	6.99～8.53	6.67～8.18

注：1. 办园规模大于 12 班时，可参照 12 班的人均面积指标。

2. 各地可按照区域经济发展水平及对幼儿园建设的经费投入情况，采用表中的上限或下限数值。

3. 各类指标按平均班额 30 人测算。

---

① 中华人民共和国教育部. 幼儿园建设标准（建标 175—2016）附件.

（二）活动室必要设施和家具的配置

幼儿园要为儿童生活活动配置如桌椅、玩具架和图书架等必要的家具和卫生用具，这些室内设施及家具设备的构造、式样、数量、布局以及使用方法等应有一定的要求。要考虑适合儿童的生理心理发展和年龄特点，同时要便于保教人员的工作。

桌子和椅子　可用四人桌、圆桌或六人长桌，也可用双人用小长桌。或是其他形状、可以拼摆组装的，如梯形的。桌椅是幼儿用来游戏、进餐等活动的，其高度和构造要有助于幼儿保持正确坐姿，不易疲劳。桌子的高度应以幼儿端坐、肘部弯曲、前臂平放桌面上两肩平齐为宜，并应与椅子相配套。椅子的高度应等于幼儿膝部到脚跟的长度，即当幼儿贴近椅背端坐时，双脚可以平放在地面上。

一般来说，身高相差10厘米以内的幼儿可以使用同一规格的桌椅。因此，小班的桌椅高度应与中、大班有所不同；有条件的幼儿园还可以依据幼儿的身高差异情况，在各年龄班设不同尺寸的桌椅。下面提供一份幼儿园桌、椅、床的基本尺寸表，供参考（表4-3）。

表4-3　幼儿园儿童桌、椅、床基本尺寸（cm）

家具		身高		
		3～4岁	4～5岁	5～6岁
		94～103 cm	102～109 cm	108～117 cm
桌	高	48	52	56
	长	100	106	106
	宽	65	70	70
	宽（大班双人桌）			38
椅	坐高	24	27	30
	坐深	23	29	31
	坐前宽	29	30	31
	坐后宽	27	28	29
	背高	25	28	29

续表

家具		身高		
		3～4 岁	4～5 岁	5～6 岁
		94～103 cm	102～109 cm	108～117 cm
椅	背倾斜度	3	3	3
床*	高	30	35	40
	长	140	150	160
	宽	70	70	70

* 床栏杆前后边最好一样高；供 3～4 岁儿童使用的床，左右两边要有栏杆，4 岁以上的儿童可以不要。

注：此表由北京市教育局制定。

玩具架、图书架　这类设施高度一般以便于幼儿选择和取放材料为宜，玩具架、图书架都应为开放式，不必做门及抽屉。

床　全日制幼儿园要有儿童床或卧具。幼儿以使用木板床为宜，要按幼儿人数设床位，高度应方便幼儿上下。可以设置壁床或折叠床或垫子等，用时展开，用毕收起，节省和充分利用活动室空间。在使用被褥等用品上，可以要求家长配备适合幼儿用的尺寸较小的被褥等，便于幼儿学习自理。

有条件的幼儿园可以设衣柜放置幼儿的衣被鞋帽及其他个人用品。新建的幼儿园最好采用墙内壁柜的设计，以减少占地面积。柜子的高度应以适合幼儿自己取放为宜，也可以提供挂钩让幼儿放置个人用品。

活动室的卫生生活设施如饮水设备、水桶、水杯架、毛巾架等的高度要适合幼儿，便于他们自己取放使用。每个儿童应有个人专用的物品如毛巾、水杯等，可以贴上标识并固定放置。在盥洗室设镜子，便于幼儿自己检查全身仪表，注意清洁整齐。

玩具架、衣柜及卫生设施等宜摆放在活动室的固定位置，这样不仅便于幼儿使用，还有利于良好习惯的养成。室内设置的家具应是比较坚固的，表面较光滑的，桌椅角、橱柜角等可以做成圆形，以免碰伤幼儿。室内不要有多余的物品，以免占据空间，影响幼儿活动。

二、玩具图书的选择与配备

（一）以班为单位，配备适合幼儿年龄特点的玩具材料

幼儿园可以以班级为单位，为各班活动室配备数量较充足、种类较齐全多样的玩具材料。如玩角色游戏的玩具娃娃、家具、炊具、餐具等，进行建筑结构游戏的各种型号、规格的积木、积塑，进行操作和智力活动的穿珠、套叠玩具、拼图、七巧板、配对图片、棋类玩具等，开展体育活动或活动性游戏的球类、跳绳、沙包、塑环等材料，还可以提供音乐玩具等。

提供的玩具要适合幼儿的年龄特点，小班的游戏材料如积塑等的体积应较大，同类材料数量较多；中大班则应较复杂，以便激发幼儿在游戏中探索学习。除了专门玩具，沙、水、黏土等自然材料也是很好的玩具材料。另外，像一些废旧瓶盒、小棍、纸板纸盒、布头线绳等废旧物品或下脚料等也是幼儿喜爱的游戏材料，可以被幼儿当作各不相同且变幻无穷的替代物品。

（二）注重发挥玩具的教育功能

玩具的价值并不是以它的价格来体现的。因此在配备和提供玩具材料时，不宜追求精致、豪华，而是要注重其教育功能。以上提出的许多专门的玩具可以是自制的，并不一定要到商店里去购买。幼儿园应倡导保教人员发挥积极性和创造性，自制各种玩具材料，为幼儿游戏提供条件。如有的幼儿园，保教人员为幼儿做了练习系扣、系带等训练小肌肉动作的小动物穿衣板，有的将色彩艳丽的废旧挂历切割成拼板。教师还可以引导大班幼儿自制打击乐器，如用可乐瓶和沙石等做成响铃。

教师应将各类玩具材料分门别类地摆放在敞开的玩具架上，让幼儿看得见、拿得到，便于选取使用，同时还可以学习收放整理，充分发挥其教育功能。要重视玩具的卫生和安全问题。提供的玩具材料不要有尖锐棱角，如有缺损要及时修补完整，以免使用时发生危险。玩具要便于清理消毒。使用时，要注意培养幼儿爱护玩具，轻拿轻放，避免损坏。

（三）有选择地提供一定数量的图书并定期更换

各班应提供一定数量的图书。要选择适合幼儿年龄的有教育性的图书，

以印刷清晰、色彩明快、纸张结实为宜。将图书摆放在较低矮且开放的书架上，便于幼儿自由选择阅读。图书宜分类放置，便于幼儿取放，同时学习分类整理。书架上的图书要定期更换，可以让班级之间交换图书，也可鼓励幼儿轮流将自己的书带来，让大家阅读，充分发挥教育作用。图书数量可根据本园条件确定，一般以人均1～3册为好。近年较多幼儿园开展自选游戏或活动区活动，图书区宜设置在光线较好和比较安静的位置。

拓展阅读材料

发挥农村优势，办低碳教育

王建新

农村教育何去何从，一直是我们关注的话题。通过上一次对“两会”中有关教育话题的讨论，以及对张雪门行为课程的讨论，我认为可以充分发挥农村教育的优势，办环保低碳教育。泥巴、昆虫、石头、美丽的自然风光，都是农村独有的教育资源。我们可以利用各种资源开展具有农村特点的教育活动，不要让农村教育成为城市教育的翻版。

一、走进自然，让幼儿与大自然“对话”

教育家陶行知先生说：“大自然、大社会就是活教材。”我们要充分发挥农村自然资源的教育价值，带领幼儿走入自然，开阔视野，寻求大自然的奥秘。因此，我们充分利用农村的自然优势，组织孩子去附近的野外，让孩子们尽情地投入大自然的怀抱，尽情享受温暖的阳光。幼儿园充分利用周围得天独厚的乡土资源优势，组织幼儿参观实践、交流表达、动手尝试，让每一个孩子用心灵与大自然对话。如：春暖花开时，我们带孩子去踏青，观察动植物的生长变化；秋收时节，广阔田野就在眼前，孩子们一起去捡落叶、拾稻穗、剥豆荚；开展野餐活动，体验生活的乐趣。幼儿园附近有各种各样的农作物，我们带孩子去田野看农民耕田、播种、施肥、除草、治虫、收割，并让幼儿参与劳动，体会劳动的辛苦及收获的快乐，真正让大自然大社会成为了活教材。

二、利用自然物，让孩子动手动脑

《幼儿园教育指导纲要（试行）》指出，“环境是重要的教育资源，应通过环境的创设和利用，有效地促进幼儿的发展，使幼儿与自然物亲密接触，让孩子动手动脑”。泥土、葫芦、石头在农村随处可见，我们充分利用黏土的可塑性让孩子们玩泥。孩子在玩的过程中不仅知道怎样和泥，泥才最好使，同时通过反复操作，孩子们还发现如果在泥中添加一些碎纸和乳胶，这样的泥做出的东西不会裂开。孩子在玩泥的过程中不仅能够捏出自己喜欢的各种小动物，更用泥制作了各种泥拼图、接龙、排序等游戏材料，在活动中获得了多方面的发展。同样，各种葫芦不仅能让孩子练习点数、排序、配对、拼图，还能利用葫芦进行制作。石头、玉米轴、泥、高粱秆、杏核及各种种子等材料不仅便于收集，而且天然和环保，孩子可以用来进行多种游戏。我想只要利用得当，一定不会比买的玩具差。

三、活用农家资源，促进幼儿发展

“家庭是幼儿园重要的合作伙伴。”幼儿园的活动离不开家长的支持，家长在孩子的成长过程中担当着重要的角色。幼儿园应本着尊重、平等、合作的原则，争取家长的理解、支持和主动参与，并积极支持、帮助家长提高教育能力，形成家园合力，共同促进幼儿的能力发展。农村中的许多家长由于受自身文化水平的影响，在教育孩子方面还存在一定的误区。为此，教师需要采取多种形式提高家长的教育水平，让家长成为教育的受益者和实施教育的主体。首先教师可以多开展一些亲子活动，让家长在参与活动的过程中不断转变自己的想法。例如，每年秋天我们的采摘活动，家长和孩子一起进行采摘，不仅认识了果园的各种水果，还让孩子在采摘的过程中学习了简单的劳动技能。另外可以发挥家长的教育资源。如有的家长会用玉米皮、草叶编小动物，我们就把他们请进课堂，教班里的小朋友学习。在不断参与的过程中转变自己的想法与做法。在取得了家长的理解、支持后，我们要求家长在家给孩子营造一个宽松、和谐的氛围，让孩子在家里也能快乐地活动。家长可找来可操作的材料，比如带着孩子用石子数数，用石子玩弹球游戏等。休息日带着孩子到大自然中去捉蚱蜢，捉蟋蟀……让孩子参与一些农活。这样既融洽了家长和孩子的关系，又发展了幼儿的自我表现力、动手能力和创造力。

农村教育不等于滞后教育。农村的资源并不比城镇少，只要我们细心去挖掘；农村的孩子并不比城里的孩子“笨”，只要我们能找到适当的教育资源，开展适合农村孩子的教育活动。

（资料来源：张燕主编，《幼儿教师学习共同体建设：绿叶工作室的成长历程》，北京师范大学出版 2012 年版，第 323-325 页）

思考与练习

1. 幼儿园环境创设和管理的一般原则是什么？幼儿园环境规划设计为什么要以儿童为第一要务？

2. 幼儿园环境创设为什么要强调因地制宜、经济适用？

3. 幼儿园整体环境的规划需要考虑使用者的需求，谈谈你对这个问题的看法。

4. 如何评价幼儿园玩具材料的配备和使用？

5. 根据你对幼儿园实际的了解，举例说明环境与幼儿行为的关系。

6. 考察一所幼儿园，就幼儿园环境的某一个或两个方面加以描述和分析。

案例分析

案例 4.1　大型玩具失修的后果

今年春天，我园的一个孩子在玩大型玩具时掉了下来，脚部受了伤，老师及时把他送到医务室进行治疗。我们又到现场进行检查，发现孩子掉下来是因为大型玩具年久失修，孩子玩时铁链子断了，导致脚部受伤。

虽然孩子脚部只是受了轻伤，没有造成严重后果，但对于我这个分管后勤工作的副主任来说震动很大，给我敲响了警钟，强化了安全意识。园领导看望了孩子并对家长表示了歉意。同时我们对园内所有玩具进行了检查，发现问题及时维修，对使用年限太久的玩具进行了更换。

这次事故的发生，主要是没有及时进行安全检查，即使检查也不细。以后，每月的检查必须认真、细致。还要将平时检查和定期检查相结合，并和各班老师配合好，保证幼儿的安全。

（案例编写：于海荣）

分析与思考

1. 大型玩具失修说明了什么问题？

2. 案例中最后的处理结果是以后加强对玩具的定期检修工作，这是不是处理该事故的关键？你认为问题的症结在哪里？

案例 4.2　环境创设带来的困扰

某园强调环境的育人功能，于是，新学期一开始，负责业务的副园长就要求各班的带班教师创设新环境，认真布置活动室，各区角、主题墙等都要旧貌换新颜，以发挥环境的教育功能。

任务布置下去以后，教师们积极行动起来。有的教师牺牲自己的休息时间，在孩子们午休的中间时段，或者干脆就在结束了一天的活动，孩子们全部离园之后加班加点，找来材料写、画、设计、布置，但是只要幼儿有活动，这些教师肯定先去关注孩子。不过业余时间毕竟有限，到领导检查时，这些教师不是没有完成创设环境的任务，就是做得很粗糙、质量不高。但另一部分教师就不同了。她们抽出一切可以利用的时间，如一日活动中的转换环节：孩子喝水、盥洗的时间，孩子们户外游戏、区角活动的时间，只要她们认为没有必要进行面对面指导的环节，都用来搞环境创设。结果，领导检查时，这些教师既按时又较高质量地完成了环境创设的任务。园领导对前一部分教师提出了批评，对后一部分教师则提出了表扬。园领导还从中抽出几位，号召全园教师向她们学习。

一时间，教师们在私下里议论纷纷，有的说好心使不得，出力不讨好；有的说环境育人根本就是给教师们徒增负担；还有的教师说创设环境很容易，以后就有经验可循了等。究竟该如何开展班级环境创设呢？

（案例编写：周轶群）

分析与思考

1. 幼儿园“环境育人”的初衷是好的，但结果却不尽如人意，你认为原因在哪里？

2. 班级环境创设的实施主体是谁？该园环境评价存在怎样的问题？假如你是该园园长，会如何反思和汲取教训？

第五章

幼儿园保教工作管理

内容提要

幼儿园以保教工作为中心，这是幼儿园的性质和任务所决定的，同时也反映出幼儿园管理的特点和规律。幼儿园的一切工作都必须围绕保教这一中心任务进行。保教结合的原则是指导幼儿园教育工作的根本原则。管理中要引导教师在思想上充分认识保教结合的含义，在工作安排、人员配备等方面做到教中有保、保中有教，发挥管理的导向作用，使这一原则真正得到贯彻执行，促进幼儿身心全面和谐的发展。

本章探讨了幼儿园保育教育的地位及保教结合原则的含义，分析了不同教育模式下的基本教学形态，阐述了幼儿园保教过程科学运转和保教质量监控的策略，讨论了幼儿园保教常规管理的意义和具体实施问题。

学习目标

1. 明确幼儿园保教工作和保教结合原则的含义。

2. 知道幼儿园保教工作的组织结构与班级保教人员的配备要求。

3. 了解幼儿园的编班形式和一日活动安排。

4. 明确幼儿园保教工作计划包括的内容，会初步制订保教工作计划。

5. 知道幼儿园实施保教常规管理的意义和内容。

关键词

保教工作　保教结合　组织结构　保教工作计划　保教常规管理　一日生活制度

第一节　幼儿园保教工作的意义和任务

幼儿园的保教工作是保育和教育工作的简称。传统意义上的保育指保护幼儿的身体发育，包括保障幼儿的身体健康和安全，培养良好的生活、卫生习惯。随着当今观念的更新，现代意义上的保育除了身体发育之外，还应包括心理发育的内容，即促进幼儿良好个性的发展和社会适应能力的提高，以促进身体和心理的和谐发展。2016 年教育部修订的《幼儿园工作规程》再次明确指出："幼儿园必须切实做好幼儿生理和心理卫生保健工作。"

幼儿园的教育工作是指根据我国的教育方针和总的培养目标，结合幼儿的年龄特点，专门设计的影响幼儿的身体、认知、情感、社会性等方面发展的有目的、有计划的活动。让幼儿在幼儿园这个集体环境中发展基本的身体和心理能力，学习粗浅的知识和技能，学习在集体中生活、与人交往的社会行为规范，培养学习兴趣、良好的学习习惯等，这些品质既能保证幼儿的身心健康发展，又能帮助幼儿做好进入小学的准备。

一、保教工作在幼儿园工作中的地位

学校以教学为中心，托儿所、幼儿园等托幼机构则是以保育和教育工作为中心。这是托幼机构的性质和任务所决定的，同时也反映出幼儿园管理工作的特点和规律。

幼儿园的一切工作都应围绕保教工作这个中心进行。幼儿园管理工作是保证保教质量、保证幼儿全面发展的前提。幼儿园的教育教学、卫生保健、总务后勤、师资建设等各项工作，作为一个有机联系的整体都很重要，是为

完成教育目标，组织好育人活动所必需的，因而必须围绕保教工作这个中心，制定相应的工作制度，采取适宜的途径和方法，注意处理好其他各方面工作与保教中心工作的关系，处理好局部与整体的关系，为保教工作创造良好的条件，最终保证促进幼儿发展这一保教目标的实现。如图 5-1 所示。

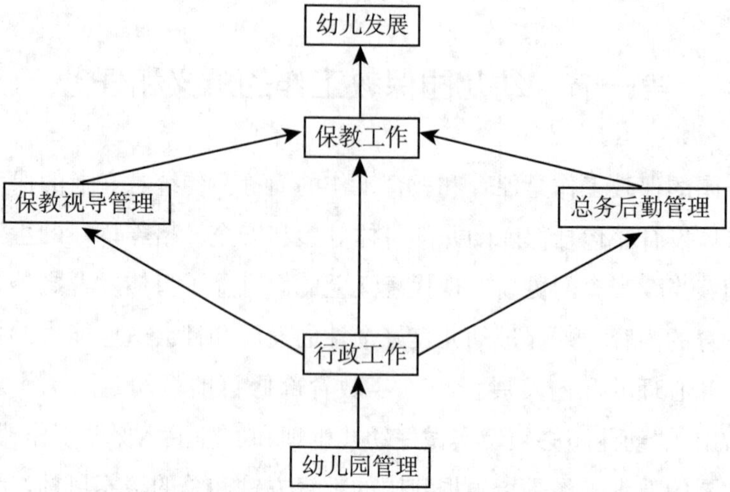

图 5-1　幼儿园保教工作在幼儿园管理工作中的地位

二、保教工作的基本原则

苏联著名教育家苏霍姆林斯基说过："领导学校，首先是教育思想的领导，其次才是行政的领导。"这表明，幼儿园保教工作的领导和管理，尤应以教育思想的领导为重。

近年不断有媒体报道，现今孩子的压力过大，这种压力甚至漫延到了幼儿园。很多孩子出现生理上的问题，如遗尿、夜惊等，原因都是负担过重，包括家长的过高期望和幼儿园或学校给予孩子的要求不适当。

幼儿园坚持正确的教育观念，就要坚持保教结合的原则，并把之作为指导幼儿园教育工作的根本原则，这样才能很好地完成保教双重任务。保教结合原则是根据教育的对象即幼儿的特点提出的，体现了幼儿阶段教育的特点和规律。保教结合是我国幼儿园一贯坚持的原则，已经成为我国幼儿园的优良传统，是我国幼儿教育的一大特色。

我国幼儿园管理的重要法规《幼儿园管理条例》明确提出，保教结合是幼儿园教育的根本原则。文件特别强调，“幼儿园应当贯彻保育和教育相结合的原则，创设与幼儿的教育和发展相适应的和谐环境”“促进幼儿身心和谐发展”。

1. 保教结合原则的含义

保教结合的原则在当前科技发展的时代，特别是人类对自身研究日益深入的今天，有着更为深刻而广泛的内涵。

一方面，保教结合是整体的概念，体现教育对个体发展的整体性影响。幼儿是身心发展的统一整体，教育也是整体性的，要对幼儿的身心全面和谐发展起到促进作用。

所谓教育教学，通常是指有目的、有计划、有系统地影响幼儿身心发展的活动。如，合理安排幼儿的生活、锻炼，培养良好的生活卫生习惯，丰富知识经验，发展智力、语言能力，促进良好的社会适应性，培养积极情感和个性品质等体智德美全面发展的教育。幼儿园的教育具有不同于中小学的特殊性，要从幼儿的年龄特点和能力需要出发，加以组织安排。

幼儿园的保育，指的是保护幼儿健康，为增强具体质，促进生长发育而进行的各种活动。其中既包含体育的成分，又涉及有关营养、生活环境、预防疾病和事故、建立科学作息制度、保健卫生制度和体格锻炼等方面的内容。当前健康的含义不仅指生理健康，还包括心理健康。

可见，一方面保育和教育在概念上，二者虽有各自独立的含义，但并不是截然分离的，而是有着相互交叉包含的关系。

另一方面，保与教在实践中往往相互包含、渗透，构成充分的有机联系，教中有保，保中有教。

教中有保，即教育中有着保育的内容。教育因素渗透到健康领域，对幼儿心理健康具有重要意义。教育部 1996 年正式颁布的《幼儿园工作规程》专门增加了一条即第 6 条：“尊重、爱护幼儿，严禁虐待、歧视、体罚和变相体罚、侮辱幼儿人格等损害幼儿身心健康的行为。”2016 年修订的《幼儿园工作规程》重申了这一要求。教师在教养过程中要注重创设宽松的教育氛围，教师与幼儿之间应形成良好的人际心理环境，这实际上是深层次的保育。

保中有教，即保育中包含着教育的因素。在当前的新时期，保教结合的含义还包括积极的保育观。以往幼儿园的保育侧重于保护幼儿的机体健康和身体发育，存在单纯地就保育谈保育，缺乏教育性的现象，而且较多是从消极防范保护的角度而言，保育的对象即幼儿处于被动接受的地位。

当前的保育被赋予了积极的含义，强调保护和增进儿童的健康，注重激发幼儿的积极主动性。保育的过程不是把幼儿放在被动接受的地位，而是强调激发幼儿的积极主动性，以活动促发展，体现了教育观念的转变。比如户外活动要注重培养活动兴趣，增强幼儿的生活能力、活动能力与安全意识、自我保护意识。保中有教，可以较好地适合幼儿在生活中学习的特点，使教育更接近幼儿实际，更好地结合他们的生活经验。

幼儿园的教育工作实践中，教与保是在同一过程中得以实现，而不是分别孤立进行的。正如联合国教科文组织推荐的《发展中国家儿童保育和教育计划》一书中所作的形象比喻：“尤其是对幼儿，保育和教育就像纬线和经线一样紧密交织在一起。”

2. 实施保教结合原则在管理上需要注意的问题

（1）幼儿园的管理者和领导者要引导教师在思想上充分认识保教结合的含义，并且要把保教结合的原则作为指导保教工作的根本原则。

（2）在工作安排、人员配备上要做到教中有保、保中有教，二者紧密结合、相互渗透，而不是机械并列。这就要求管理上要注重在一日生活的各项活动、各个环节中，自始至终贯穿保育与教育相结合的原则。班级的教师和保育员在工作中要密切配合协调，共同担负起对幼儿的教育责任，对全班幼儿全面负责。幼儿园的班级中通常配备教师和保育员，他们各自职责分工有所不同，工作内容各有侧重，但应做到分工不分家，要在统一的班级工作目标和总体考虑安排下，在工作过程中密切协调合作，共同完成对幼儿进行保教结合、全面发展的教育任务。

（3）发挥管理的导向作用。在管理上要注意纠正偏差，托儿所的要求不能仅限于对婴幼儿进行养护，幼儿园对教养工作的要求和检查不能仅限于正规教学，园长和保教主任应对一日活动的整体效益进行检查评定。要注重发挥管理的导向作用，使这一原则真正得到贯彻执行，从而促进幼儿身心全面和谐发展。

三、保教管理工作的首要任务

（一）选择教育模式的必要性

幼儿园作为一个专门的教育机构，必须要在遵循国家相关法律法规要求的前提下，根据本地区、本幼儿园的条件和人员特点，选择或制定适合自己的教育模式或课程模式。近年来，随着幼儿教育理念的更新，幼儿园课程改革也逐步深入，课程管理作为一个新的概念被提出。课程管理是指在一定政策法规背景下，管理者对幼儿园课程建设和课程实施过程进行的组织规划、制约规范和引导支持。课程管理是保教工作管理的重要组成部分，因此，保教工作管理的首要任务，就是要根据幼儿园的实际和教师水平，选择适合自己的课程模式。因为无论管理者、教育者是否意识到，在教育模式采用的背后，往往隐含着一定的哲学理念，即价值观。如果管理者、教育者能够有意识地加以选择，明确和澄清教育理念，就能够增强教育行为的理性自觉，不断提高教育实践即课程实施的效果。

不管采用什么教育模式，幼儿园教育都应当贯彻以下原则和要求：

1. 德、智、体、美等方面的教育应当互相渗透，有机结合；

2. 教育内容包含健康、语言、社会、科学、艺术几个领域，渗透于幼儿一日生活的各项活动中，应充分发挥各种教育手段的交互作用；

3. 遵循幼儿身心发展规律，符合幼儿年龄特点，注重个体差异，因人施教，促进幼儿个性的健康发展；

4. 以游戏为基本活动，寓教育于各项活动之中。

（二）在选择教育模式的同时，澄清教育价值观

幼儿园教育模式的确立要基于管理者和教师的儿童观、教育观，根据教育哲学提供的思想基础，确立有关儿童发展的教育目标和适宜性课程，进而设计并实施具体的教育活动。采用什么样的教育模式，往往会在课程内容、教学方法、环境布置和教师角色与行为，乃至各种行政措施及评价等方面体现出来，并且有可能形成一定的特色。

有人提出，教育模式主要包含四个要素：

1. 哲学理论基础；

2. 教育目标和各方面发展的任务；

3. 课程内容的组织、师生关系与教师角色、教学方法；

4. 评价标准和方法。

这四大要素之间的关系可以用下图来表示（图 5-2）：

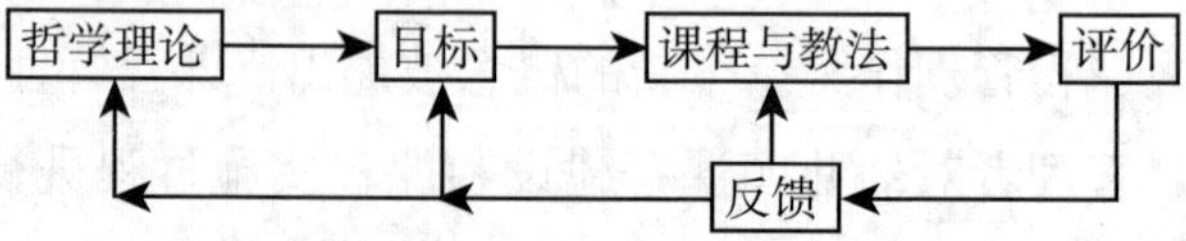

图 5-2 教育模式的要素及其关系

每一所幼儿教育机构的管理实践背后都有一定的哲学价值观作支持，各个园的教育发展规划也不尽相同。幼儿园确立教育目标和选择课程模式的过程，就是澄清自己的儿童观、教育观的过程。

幼儿园管理者和教育者可以借助对如下几个问题的认真思考，明确自己的教育观：

幼儿园应该教给幼儿什么，什么是幼儿应该学的？在各个发展领域中，什么最重要？什么是幼儿教育的侧重点？

——幼儿在各种不同的教学方式中是如何学习的？如，游戏学习或教师主导、个别活动或集体活动、教师安排的有组织的活动或自由选择的活动等，幼儿各是如何学习的？

——教师对幼儿的学习效果如何作出判断？幼儿是否学到了？如何来评价幼儿的学习？

以上虽然讨论了幼儿园教育模式的诸多问题，但需要澄清的是，在幼儿园教育中，教育模式只是形式，要促进幼儿的全面健康发展，关键是教育内容和方法。作为幼儿园管理者，必须做好教育内容或教材的选择和制定，必须重视教育方法的磨炼和提高。

第二节 保教工作的组织与资源支持

一、幼儿园保教工作的组织结构与班级人员的配备

保教工作的组织体系在不同规模或实施不同教育模式的幼儿园有所不同。一般地，6个班级或以上规模的幼儿园，需要配备专职的保教主任，保教主任作为中层管理人员，要在园长领导下，主管机构的保教工作，负责指导各个班级教育教学的实施。

目前，幼儿园在班级人员配备上普遍采用的形式主要有下面几种：

每班两名教养员、一名保育员；

每班安排两名教养员；

每班两名教养员，另外两三个班级共用一名保育员或生活卫生人员；

通常在班级保教人员中，有一人为主要负责人或班长。

有的幼儿园还根据规模和服务形式，形成不同的教育研究小组，如年级教研组或专题教研组，定期针对实践中的问题，开展教育研究活动，推动教育质量的提高和教师的专业成长。

由此，构成了幼儿园保教工作的组织结构体系。

另外，在每班只有一名教师的情况下，可以采用代理制度。有的幼儿园如日本提供全日制保育教育的保育所，每班安排一名教师，同时采用非常勤工作人员即临时工，在必要的时段担任替班。此外，还有的机构依据特定的教育模式需要，安排任课教师，担负不同的课程，也要采用代理制。代理制要求临时任课或替班的教师事先要熟悉班级的环境和幼儿的情况，还必须做

好记录和交接。

可以安排兼职人员或专人照顾班级中的残障儿童。有的国家幼儿教育实施全纳教育融合保教，残障儿童进入普通幼教机构学习和生活，需要安排专人或有人兼职照顾这些特殊儿童。

二、幼儿园的编班形式和保教活动安排

（一）幼儿园的编班形式

关于幼儿园的编班形式，主要有按年龄分班和混龄编班两大类别。

1. 按年龄编班

幼儿园通常以幼儿的年龄作为编班的依据，将3～4岁、4～5岁、5～6岁的幼儿分别编为小班、中班和大班。这种形式最便利易行，也是在人口比较集中的地区如城市或城镇，最常用的幼儿园编班方式。教师要根据各班幼儿的年龄特点，确定不同的教材，实施不同的教法。这种编班方式基于的理念是：同一年龄的孩子具有同样的能力。然而事实上，同一年龄的孩子不见得具有相同的能力，而且还可能在发展上有着比较大的差异。为此，有的按年龄分班的幼儿园，会采取一些弥补措施，如：

在一周或一日的课程中，排出一段时间实施按能力分组教学；

在教育活动中设置和安排学习区角，让幼儿有个别学习的机会；

全园性的或部分混龄的联谊性活动，如生日会、远足或大型庆祝活动等，为不同年龄、能力的儿童提供一定的相互交往机会。

2. 混龄编班

这是一种多年龄、家庭式的编班方式，一个班级就如同一个小社会。教师依据儿童的能力来计划和组织教学，并促进儿童之间的互动。这种编班方式所依据的理念是，幼儿园等托幼机构就是给孩子们一个像家一样的地方，孩子们可以有比较多的如同家庭中兄弟姐妹交往的机会，能够相互照料、学习和影响。小型幼儿园多采用混龄编班形式，以营造家庭般的氛围。

在采用混龄编班方式实施教育时，为了适合各种能力的孩子，可以对课

程设计作如下调整：

一是提供比较长时间的个别活动，如开展活动区活动，为不同年龄儿童提供同伴交往的机会。

二是可以安排一些时段设计不同能力的小组教学活动，特别是对某些特殊科目采取分年龄的教学，而不宜用大量时间进行集体教学。

混龄与分龄的教学方式各有短长，最重要的是，教学实施中要结合幼儿园目标及各方面的条件，尽可能发挥各自的长处，避免或减少不足。

（二）幼儿园保教活动安排

不同教育服务类型如全日制与半日制机构在活动时间安排和作息上也会有不同的特点。但无论如何，幼儿园良好的活动时间安排，应当具有这样一些共同的特征：

——愉快的开始和美好的结束。

——满足幼儿的基本生活需要。

——活动安排注意动静结合，包括室内活动与室外活动的平衡。

——提供多样化的活动形式，既有集体活动，又能够安排一定的小组活动和个人自由活动的时间。每周的作息和活动内容也要有所变化，如安排每周一次远足，或是运动会、戏剧表演等。

——计划要有适当的弹性或灵活性，可以根据情况的变化作适当调整，或是允许有一些变通。

一般地，不同教育模式下的幼儿园的作息安排即日常例行活动会有所不同。

全日制幼儿园和学前班是中国城乡幼教机构的主要形式。

1. 幼儿园（全日制）的作息安排

我国城市幼儿园绝大多数实施全日制教育，即家长一早把孩子送到幼儿园，晚上下班接孩子回家，通常幼儿在园里生活一整天。这种全日制收托形式不仅满足了家长的育儿之需，也极大地解放了家长，使他们可以安心上班。以下是幼儿一日作息时间表和一日活动时间分配表举例（表5-1，表5-2）。

表 5-1 幼儿一日活动作息时间表

	时间	活动内容
上午	7：30—8：00	入园接待，晨检，晨间活动
	8：00—8：45	早餐及餐后游戏
	8：45—9：20	中、大班教育活动
	（9：00—9：20）	（小班教育活动）
	9：20—10：00	室内自选游戏（冬季）
	（9：20—10：20）	户外活动（春、夏、秋三季）
	10：00—10：15	喝水
	10：15—11：15	户外活动（冬季）
	11：15—11：30	安静活动、餐前准备，如盥洗等
	11：30—12：00	午餐
	12：00—12：10	散步或安静活动
中午	12：10—14：15	午睡
下午	14：15—15：00	起床，午检及盥洗，午点
	15：00—16：00	户外活动（冬季）
	（15：00—15：45）	室内自选游戏（春、夏、秋三季）
	16：00—16：45	室内自选游戏（冬季）
	（15：45—16：45）	户外活动（春、夏、秋三季）
	16：45—17：00	安静活动及餐前准备，如盥洗
	17：00—17：30	晚餐
	17：30—18：00	餐后游戏，离园

表 5-2 幼儿园一日活动时间分配统计表

活动名称	时间	占全部在园时间的 %
餐点		
午睡		
清洁活动		
户外活动		
有组织的集体教育		
分散的或小组活动		
自由活动		
入园离园		
环节过渡		

2. 学前班的作息安排

在农村，小学附设的学前班是我国农村幼儿教育的一种重要形式。学前班通常附设在小学，因此，往往采取幼儿上下午来班游戏和学习、中午回家午餐的做法。以下是学前班一日生活安排表举例（表 5-3）。

表 5-3 学前班一日生活安排表

时间	环节与活动安排	
	第一学期	第二学期
7：50—	幼儿来班、简单劳动、交谈、观察、阅读及安静游戏	（同左）
8：10	早操及户外分散游戏	集中教育活动（如数学）
8：40	集中教育活动（语言或数学活动）	早操及户外分散游戏
9：10	课间休息、饮水、点心等	（同左）
9：30	户外体育活动（集体与分散）	集中教育活动（如语言）
10：00	休息	课间准备
10：10	室内小组游戏或自选游戏	户外体育活动
11：00	阅读或谈话、智力游戏、兴趣活动、户外散步等	自选游戏活动或兴趣活动
11：15—11：30	离班	离班
午休		
14：00	集中教育活动（综合活动或分科活动）	集中教育活动（综合活动等）
14：30		自选活动或小组活动
15：00	户外体育活动	（同左）
15：45	休息	（同左）

续表

时间	环节与活动安排	
	第一学期	第二学期
16：00	自选游戏或观察、散步、劳动	智力游戏、阅读、谈话
16：30	智力游戏、阅读、谈话等	观察、散步、班级劳动或分散活动
17：00	离班	（同左）

《学前班一日生活安排表》使用说明：

①上下学期活动安排应体现渐进性，逐渐提高要求，加大难度，在一个学期中，也应考虑学期初、中、末的安排有所不同。如学习时间渐增，集体教育时间逐渐延长；逐渐减少游戏与分散自由活动所占的比例。

②每周课时安排可由第一学期的每周10～15课时增至第二学期的每周15～20课时。每天由2节加至3节，每节课由原来的30分钟延长至35～40分钟。第一学期初，每课时还可适当短一些，如25～30分钟。另外，也可采取长短课相间或在长课中穿插10分钟课间活动等。

③集中教学活动可以尝试从较贴近幼儿生活的综合性活动过渡到专题教育的方式，如进行专门的语言教育或数学教育活动。大班第二学期可以考虑以语言和数学为主，每周固定安排各5～6节，其他活动以综合教育为辅，并可依实际情况灵活决定。

④户外体育活动每日上、下午均应安排，时间大约共计2小时，其中包括体育课，即正规的有组织、有计划的体育活动，体育课可以每周安排三次。户外体育活动应注重开展活动性游戏，可采取集体活动与自由活动相结合的方式。

⑤一日活动安排须根据季节作适当调整。如夏天的户外体育活动安排在相对凉快的早上和下午晚些时候；冬季则调整为上午10时左右和下午3时左右。

⑥活动安排在按计划进行的同时，要有一定的灵活性。有些活动如美工、音乐等参与性较强，在幼儿较有兴趣时，就不一定严格限制时间，可适当延长。同时还应注意随时抓住教育契机，给予适宜指导。

其他课程模式下的幼儿园日常作息安排

综合主题式课程的作息

一些实施综合主题式课程的幼儿园，通常很少有细致的作息点划分，只划分出几个大的基本作息时间段。每周计划也具有弹性，每天只列出一些大致要做的事项，并不预先细致规划作息时间表。如下表示例（表5-4，表5-5）。

表 5-4 主题式教学作息示例

07：00—09：00	到校、早餐、自由活动 （想睡觉者也可给予一个安静休息的空间）
09：00—09：30	团体分享时间
09：30—11：45	学习主题展开活动
11：45—12：00	收拾、准备午餐
12：00—13：00	午餐时间
13：00—15：00	看故事书、午睡或安静的活动
15：00—16：00	延伸活动或特别活动
16：00	准备放学

表 5-5 主题式教学周计划示例

<table>
<tr><th>焦点</th><th>星期一</th><th>星期二</th><th>星期三</th><th>星期四</th></tr>
<tr><td>彼此认识</td><td colspan="2">•假如我在透明的玻璃上作手指画，一位朋友在玻璃的另一边观看？
•假如我们将浮石和水混合在一起？
•假如在我们的太空船上悬挂星星和行星？……
•假如我们为自己的朋友和动物做名牌？</td><td colspan="2">•假如我们一起分享一大团黏土？
•假如我们写太空船的书？
•假如我们在玻璃上画画时透过玻璃的洞口彼此交谈？</td></tr>
<tr><td>表达的艺术</td><td>演出飞向月亮：月亮晚安</td><td>演出善待动物：和我玩</td><td>我想写太空船的书：它是难的？是容易的？</td><td>读故事书：野东西在哪里？</td></tr>
</table>

注：表中“……”表示该项游戏逐日延续。

（资料来源：黄瑞琴著《幼稚园的游戏课程》，台北：心理出版社，1995）

田野式课程的作息

华德福（Waldorf）课程主要采用田野式的教学，通常一周 1～2 次去附近公园或户外场地活动，接触大自然。一般每天都有一项主题活动。其作息安排如下表（表 5-6）。

表 5-6　华德福幼儿园作息表

<table>
<tr><th>时间</th><th>星期一</th><th>星期二</th><th>星期三</th><th>星期四</th><th>星期五</th><th>星期六</th></tr>
<tr><td>8：00</td><td colspan="6">欢迎小朋友</td></tr>
<tr><td>9：30—9：40</td><td colspan="6">晨颂</td></tr>
<tr><td>9：40—10：00</td><td colspan="5">早点心</td><td>烹饪</td></tr>
<tr><td>10：00—11：30</td><td>水彩画与
创意游戏</td><td>蜡捏塑与
创意游戏</td><td>日文与
创意游戏</td><td>手工与
创意游戏</td><td>英文与
创意游戏</td><td>创意
游戏</td></tr>
<tr><td>11：30—11：40</td><td colspan="6">送玩具回家</td></tr>
<tr><td>11：40—12：00</td><td colspan="6">团聚/故事</td></tr>
<tr><td>12：00—15：00</td><td colspan="6">午餐与午睡</td></tr>
<tr><td>15：00—15：30</td><td colspan="6">午点心</td></tr>
<tr><td>15：30—16：00</td><td colspan="2">大班戏剧 / 混龄班故事</td><td>布偶戏</td><td>大班数学 / 故事</td><td>布偶戏</td><td></td></tr>
<tr><td>16：00</td><td colspan="6">放学</td></tr>
</table>

蒙氏课程的作息

有很多幼儿园实施蒙台梭利课程，幼儿的工作时间往往占一天中比较重的分量。其作息时间安排一般如下（表 5-7）。

表 5-7　蒙氏幼儿园作息表

时间	活动
8：30—11：20	上午工作时间
11：20—11：30	集体活动时间*1、半天班放学
11：30—14：00	午餐、刷牙、中午休息时间*2
14：00—14：50	集体活动时间、下午工作时间
14：50—15：00	放学

*1：集体活动时间由教师视当天情形或课程需要来进行，或是在放学前进行。

*2：中午休息时间并不是像别的学校一样的午觉时间，而是幼儿可以玩非蒙氏的玩具，也可以做蒙氏的工作。

我国一些城市幼儿园引入蒙氏课程，通常是在部分班级实施，作息上通常根据需要调整为全日制的，而不是实行半日制。

三、教学资源系统的建立

幼儿园有必要建立教学资源系统。教学资源系统的建立可以为教师的教学提供援助和支持，否则“巧妇难为无米之炊”。一套教学资源系统包括教材、教具的分类整理，常用教学主题的资源，可应用的社会资源人士名单，可参观、旅游的地方，提供相关教学信息等。

（一）教材、教具的分类整理

要将幼儿园拥有的教材、教具归类整理，按类收放。如果不做分类整理工作，很多东西可能用了一次就不知去向，掉了零件、有了缺失也没人管，造成东西东一堆西一堆、毫无秩序的局面。致使尽管有大量的教材教具，但无法很好地发挥作用。

（二）常用的教学主题资源

教师每天和幼儿在一起，工作琐碎繁杂，幼儿园提供有关教学主题的各项资源，协助其提升教学品质很有必要。教学主题资源通常包括以下几种。

1. 相关图片

可从一些不用的报纸杂志上剪下与教学主题相关的图片，用资料夹分门别类收放并标示。教师可依其教学需要取用。

2. 与教学主题有关的儿歌图卡

可以将与教学主题有关的儿歌，根据需要绘制在大张的图卡上，对教师的教学而言，将是一大帮助。有的教师为开展主题活动而准备较有质量的活动材料、教具挂图等，可以分别做好标记，放置妥当，以便再次使用。

3. 教材教具

通常，教材教具的整理是根据其种类或功能加以分类。由于实际教学中，同一份教具可在不同的单元主题内使用，因此在分类整理教材教具时，除了原有的类别外，再多一道工序，以单元主题为分类依据，下面标明有关教材教具代号，这样可以方便教师使用时迅速查找。

4. 视听媒体

有些教学内容不易在现实生活中观察到，如稻米的成长、收割、动物的生活习性等，可以准备相关的教学影片或幻灯片等资料，这样既方便教师使用，还可以扩充幼儿的生活经验。

（三）其他可利用的社会资源

幼儿园的社会资源最大的来源是家长。可以在新生入学时，让家长自愿填写其职业专长或可以参与及提供的服务，并分类整理以方便使用。此外，可以将平时常会用到的社会资源人士，如水电工程老板、杂货店老板、特约医院医师、护士、律师等的电话和地址进行整理，必要时几个电话、一个访问就可把问题解决。

幼儿园还可将方便参观、旅游的地方列表，提供给教师在教学安排上做参考。也可将适合参观旅游的地方及能够应用的社会资源人士同列一个表格，方便使用。

一般便于参观、旅游的地方包括：火车站、飞机场、面包店、商店、超级市场、美容院、洗衣店、钟表店、银行、医院、小学、图书馆、动物园、百货公司、报社、公园、农场、电影公司、博物馆等。

（四）专业教学资料的提供

教师做教学设计时，往往需要借助一些专业教学资料提供启示或激发灵感，幼儿园如果能提供这方面的资料和信息，会对教师的教育教学有不少帮助。幼儿园可以提供的专业教学资料如下：

幼儿教育或相关的专业杂志、通讯；

幼儿园课程与教学资源的参考书籍；

有关婴幼儿的专业书籍或视听器材；

婴幼儿保育或教育的最新信息；

设备器材、教材教具的分类目录；

可利用社会资源的地方及人士目录。

有了良好的教学资源系统，才能方便教师的教学，并且相应地要求教师运用资源提高教学质量和提升个人的教学品质。

第三节　保教计划的制订与实施

一、保教计划的制订

幼儿园的保教工作计划是指在一定的时间段内，为了实现幼儿园的目标和任务，对各项保教工作的内容、措施等进行合理安排和设计，进而达到目标的具体行动方案。幼儿园的保教工作管理一定要抓住制订计划、组织实施、检查指导和总结提高等几个基本环节，将保教过程纳入科学运行轨道，不断将其推向前进。

保教计划是园务计划的重要内容，也是全园教职工行动的指引。制订保教工作计划重点要贯彻落实国家在相应时期内对幼儿园教育管理的重要文件精神或要求，如当前的《幼儿园工作规程》《幼儿园教育指导纲要（试行）》《3—6 岁儿童学习与发展指南》等。另外，还要研究本园幼儿的实际情况以及师资水平、本地本园在某一阶段的主要发展任务等。具体的程序和方法如下。

1. 深入了解国家和地方教育行政管理部门制定的相关政策和法规。

2. 评估和分析全园幼儿的发展状况，目前本园保教工作已取得的成绩和存在的问题，保教人员的工作水平，然后有针对性地、连续性地制订新的保教工作计划。

3. 参考市、区等上级行政管理部门对本园的考核、督导或评估结果的反馈信息。

4. 参考对教师、家长以及社会其他部门的调查或分析结果，确定幼儿园保教工作的重点任务。

5. 在全园工作计划的基础上，重点展开保教部分的内容，包括幼儿发展、教师发展、保教工作日常管理、家园社区的联系或配合、教研等，分解出近期的重点任务和目标，制定具体措施。

6. 列出逐月工作安排。按确定好的日常工作和重点工作，列出每个月的工作任务和完成措施，甚至可以将一些目标和内容细分到每一周里，层层落实目标。

为了看起来更清楚明白，全园保教计划的各内容要点、注意事项等，也可以用表格的形式呈现，如下表所示（表 5-8）①。

表 5-8 __××__幼儿园学期保教计划（××年第×学期）

计划结构	内容要点	注意事项
保教工作现状分析	1. 优势：结合上学期的保教工作情况，分析保教工作现状（对全园保教质量的全面分析和评估，具有哪些优势，取得了哪些成绩） 2. 问题：分析本园保教工作中的问题及原因	1. 幼儿发展水平分析 分析幼儿园中各年龄段幼儿在各方面的发展水平，同时注重对个别幼儿和有特殊需要的幼儿进行分析和研究，找出幼儿发展中的共性问题和个性问题，以便采取具有针对性的教育措施 2. 保教质量分析 结合《幼儿园教育指导纲要》中的内容对幼儿园的保教质量进行比较细致的分析，明确幼儿园的教育是为全体在园幼儿的健康成长服务，这是幼儿园各项工作的出发点和归宿。每一名幼儿是否富有个性的得到了发展；幼儿园创设的教育环境是否适宜；一日生活和游戏安排是否科学合理；教师是否有目的、有计划地组织了系列的教育活动；保教结合是否真正做到；与家庭、社区的合作如何；教研是否在日常教育实践中起到了作用，解决了教育实践中的什么问题，是否达到了提高教育质量的目的；等等。这些都是衡量幼儿园保教质量的具体内容。业务管理者要对以上有关保教质量的诸多具体内容作具体调查、分析，并在此基础上制订保教计划 3. 教师专业水平分析 对本园教师的现状进行具体分析，教师的主要困惑、问题和需求。结合以上分析，找出教师队伍建设中的重点任务，制定本学期教师队伍建设的目标 4. 常规工作的管理、评价和分析 日常保教工作在管理过程中有哪些优势，存在哪些问题，什么样的问题导致日常管理工作不到位，影响日常保教工

① 资料来源于豆丁网。

续表

计划结构	内容要点	注意事项
保教工作现状分析		作质量的提高。应该结合管理中出现的问题，进行调查、分析，改进管理，增加或调整评价内容，改善管理方式，加强管理力度，注意管理过程，使日常保教工作管理更加顺畅，真正为提高保教质量服务 5. 保教重点工作情况分析 现阶段保教工作的完成情况和进展情况：已完成的任务有哪些，取得了什么成绩，经验是什么；未完成的任务有哪些，原因是什么；完成到哪一个环节，下一步需要怎样做 保教工作中存在的问题分析：业务管理者在分析以上保教工作现状的基础上，找出日常保教工作中存在的问题。问题可能很多，要对问题作具体的、详细的分析，找出主要的和亟待解决的问题，作为本学期的重点任务
保教工作目标及重点任务	保教工作中的各项内容要结合分析的情况制定出具体的、可达成的分目标，如： （1）幼儿发展 （2）教师发展 （3）常规工作的管理、评价 （4）家园共育、社区教育 （5）教育教学研究 目标的确定，给近期幼儿教育的发展指明了方向，有了明确的目标以	业务园长在制订保教计划时，首先要在调查分析保教质量现状的基础上，确定各项保教工作近期可达成的目标。要树立明确的近期目标意识。学期计划中的目标要符合本园保教工作实际，并能在一学期或一学年内完成，要真正把这些目标落实到幼儿园的日常保教工作中 1. 幼儿发展 从幼儿的发展现状出发，依据《纲要》中五大领域的教育内容，对全园幼儿进行全面分析，对各个年龄段幼儿的发展现状、特点等运用多种评估方式，承认和关注幼儿的个体差异，了解幼儿真正的现有发展水平，找出本园幼儿发展中的优势与不足，共性和个性的问题，制定出促进幼儿全面发展的目标 例如：大班教师在实施幼小衔接的教育教学活动时，比较注重幼儿知识方面的衔接，让幼儿学习加减法和汉语拼音的时间长，认为掌握了这些知识，幼儿就可以很好地升入小学，忽略了对幼儿自理能力的培养和心理方面的衔接教育。幼儿的发展表现为知识方面积累较多，其他方面的能力较弱，这样会影响幼儿顺利地升入小学。业务管理者依据分析的现状，重新确定下学期幼儿入学准备教育的发展目标，引导教师们关注幼儿上学前的心理准备、能力习惯等方面的问题，并改进以往教育教学工作中的不足。结合《纲要》重新认识入学准备教育的真正内涵，扩展幼小衔接的教育内容，关注多方面能力的培养，使

续表

计划结构	内容要点	注意事项
保教工作目标及重点任务	后，保教人员就可以有目的、有计划地组织、安排各种保教工作，选择适宜教育的内容、方法和组织形式，保证教育质量的提高。它使得幼儿园教育中的各个要素和环节都围绕近期的共同目标来发挥作用	教育更适宜、更完善，使幼儿更加顺利地升入小学 2. 教师发展 业务管理者要经常深入教育教学实践，通过多种途径（座谈会、访谈等）准确把握本园教师们的发展现状、工作现状、成长需求等，在分析现状的基础上对教师作出比较全面的评估，找出教育观念、专业水平和教育教学实践中遇到的困惑、问题和需求，确定教师队伍建设的近期目标 例如：幼儿园日常工作中明显缺少养成教育，尤其是年轻教师们，在日常的一日生活中比较忽视对幼儿良好的卫生习惯、生活习惯培养。重教育轻保育，日常教育中没有做到保教并重，教师们对此也有困惑。根据这种情况，幼儿园的计划中把提高养成教育的能力和丰富养成教育的内容，作为本学期保教工作的重点任务，并制定出了相应的教师发展目标 3. 日常工作的管理、评价 家园共育、社区教育、教育教学研究等几项保教工作目标的确定方法与前面两项基本一样，都是要在调查、分析的基础上，确定本学期的工作可达成的目标。制定保教工作目标时要关注以下两点：首先，要了解全园工作目标，使保教工作目标与全园目标一致，从而使工作更好的落实；其次，在分析本园各方面保教工作情况的基础上制定切实可行的各项保教工作目标
具体措施	指围绕保教工作目标和重点任务，提出具体可行的措施。措施的选择要有针对性，措施与目标和重点任务有密切的联系，几项措施之间要具有关联性，以保证目标的层层深入、逐步落实。措施还	保教工作是幼儿园全面贯彻《规程》《纲要》，促进幼儿和教师发展，开展教育科研、家长、社区工作等多项工作完成的核心点与重要途径。措施的提出要考虑三点：首先是可操作性——措施是为了完成保教工作目标和重点任务提出的，必须要具有可操作性，否则会使目标无法落实。其次是联系性——几项任务要相互联系，保教工作、师资队伍建设、教育科研、家长工作、社区协作等各方面都很重要，任务的提出要以完成上述各项目标为出发点，以利于促进幼儿园整体保教工作质量的提高。各项保教工作的重点任务都不是一次活动、一项措施就能完成的，几项具体措施之间要紧密联系，共同为完成目标服务。再次是针对性——针对要解决的具体问题而提出具体的措施 1. 幼儿发展 经常分阶段地分析幼儿的发展现状，通过保教工作不断促

续表

计划结构	内容要点	注意事项
具体措施	应该灵活多样 1. 幼儿发展：依据《纲要》中的育人目标制定 2. 教师发展：依据《纲要》中的第三部分“组织与实施”中的内容，在分析教师发展现状的基础上确定促进教师发展的具体措施 3. 常规工作管理、评价：关注保教工作的过程。管理与评价的目的是了解教育的适宜性、有效性，是为了更好地调整和改进工作，促进每一名幼儿和教师发展，提高教育质量 4. 家园共育、社区教育：家庭是幼儿园重要的合作伙伴，社区是幼儿成长的重要环境，幼儿园应把家园共育、	进幼儿发展，提高教育教学水平。例如：分析幼儿园的教育活动中存在着幼儿动手制作的内容多，能力较强，但是语言表达能力相对弱的现象。为此，幼儿园在保教计划中重点制定了幼儿语言发展方面的目标，各年龄班开展了多项活动，有玩具介绍展览、每日新闻播报、讲故事等，为幼儿创设了发展语言的机会，同时注重了将语言学习渗透在一日生活之中，让幼儿随时想说话就开口，不断提高叙述、表述能力 2. 教师发展 保教人员的专业化程度、能力水平，直接影响到幼儿园教育质量的高低，保教计划中要把保教人员的培养作为工作重点，每学期、每学年依据管理部门提出的培训任务，依据各种考核及日常教育实践观摩、研讨等，准确分析教师现状，了解教师的水平，体察教师的困惑，尊重教师之间的差异及多样化的个性，从教师能力、教学技能、师幼互动等方面考虑，提出学习提高的培养任务，促进教师的专业发展。例如：围绕幼儿养成教育，学习《3—6岁儿童学习与发展指南》中健康领域的幼儿发展目标。建立养成教育的工作流程，从早上入园晨检开始，到晚上离园的幼儿卫生情况检查和衣帽的穿戴等，都要有明确的要求。在日常生活中随时注重观察幼儿，培养幼儿的良好习惯，把养成教育渗透在幼儿的一日生活之中，关注幼儿的生活，关注幼儿生活中的点滴需求。从关注幼儿生活中的小事做起，保证幼儿一日生活顺畅，提高养成教育的质量 3. 日常工作管理、评价 提高教师日常保教工作能力是管理工作的核心。保教常规工作管理主要是针对保教工作的过程及教育教学工作的过程，结合保教工作的评价管理现状，制定各项工作评价指标（幼儿发展、观摩活动、教育环境创设、幼儿作息安排等诸多动态的评价指标），这些保教工作评价指标，可以根据实际情况不断修正，同时根据本学期的目标和重点任务制定新的评价指标。例如：根据幼儿养成教育的内容制定促进幼儿健康发展和培养幼儿良好的生活、卫生习惯的评价指标，使保教工作管理不断完善，更加科学合理（注意：需要修正的和新制定的评价指标在计划中写出，其余的不用每学期都写出） 4. 家园共育、社区教育

续表

计划结构	内容要点	注意事项
具体措施	社区教育纳入本园的保教工作计划中，根据本园的家长状况和社区环境，制定具体工作措施 5. 教育研究：教育科研工作要依据本园幼儿的发展、保教工作现状以及教师的能力水平来开展，立足教育实践，注重解决实践中的问题，以达到教研促教育质量提高的目的	分析幼儿园内部及外部的教育环境，有针对性地开展系列家园共育活动；与社区联系，利用社区资源开展教育教学活动，扩大幼儿眼界，丰富学习内容，同时开设亲子园和进社区送教等活动。例如：通过家长会、家园联系册、网站等，使家长了解幼儿园对幼儿在养成教育方面的培养目标，在平时也同样注重幼儿的健康教育和良好行为习惯以及卫生习惯的养成，避免家庭教育的缺失 社区是幼儿成长的重要环境，蕴含着丰富的教育资源，幼儿园应充分利用社区中的教育资源，丰富并深化教育内容。同时也应利用自身的教育资源，面向社区学前儿童和家长开展多种形式的教育活动。此项内容措施的选择应是灵活多样的，达到完成家园共育和开展社区教育活动的目的 5. 教育研究 开展教育科研时要注重理论与实践相结合，根据园所中存在的问题展开系列研究，使科研为教育实践服务，为幼儿及教师的发展服务，为园所全面提高保教质量服务 各园需要研究的内容很多，但是要紧紧抓住当前教育中的重点问题开展研究。比如，围绕新《纲要》如何在实践中落实，如何实施《快乐与发展》课程等。教育科研任务的确定要注重两点：首先，在分析本园情况的基础上，找出影响保教质量的问题，展开系列教研活动，在研究中促进幼儿园的发展；其次，制订教研计划的题目不应太大、范围不应太广 保教计划的教研部分可以略写，详细的教研内容见本园的教育科研计划
逐月安排时间，调整内容和形式	依据保教工作中的重点任务，把具体措施逐步分解到每月中，以保证目标层层落实，措施要具体、清楚	1. 根据重点任务，把完成保教工作任务的措施安排在逐月工作中，做到层层落实，不能缺失。月度工作安排要体现学期的重点任务 2. 月度工作安排要包含两方面：一方面是常规工作，幼儿园每学年、每学期都要做的事，可以略写，与以往常规工作不同的地方需要详细写出来；另一方面是重点任务（专项工作），需要详写，列出完成任务的开始月份和结束月份，体现一个任务完成的周期。每个月围绕内容和措施来进行，最终随着时间的推移，在完成每月工作内容的基础上达到完成全园保教工作任务的目的

资料 5-1

上半年保教工作计划

一、情况分析

上学期通过园本教研活动，绝大多数教师的教育观念有了新突破，表现在能够用实践工作体现“大自然、大社会是幼儿的活教材”的理念，能够从关注课程本身，转变到关注幼儿的变化，并对幼儿给予积极的回应。

家长工作有了新尝试、新突破，引导家长参与教研，在家长沙龙中以典型经验引导家长去深入思考共同关注的问题，并积极寻求解决办法，进一步提高家园共育工作的有效性。

不足：教师培训存在大一统现象，针对性不强；在教育过程中幼儿的主动性发挥不够。

二、指导思想

认真贯彻落实军队及市区教育主管部门的工作要求，以提升教育质量为核心，加强教育管理；以幼儿发展为本，深化教育改革，关注幼儿；注重传统文化传承，深化健康领域教育特色，不断学习领会新观念，解决教学实际问题，树立以幼儿发展为本的教育理念。注重教师梯队建设，分层次培训，促进不同水平教师专业能力的提升。

三、队伍建设

1. 理论学习

采取集体学习与自学交流相结合的学习方式。学习内容为幼儿一日生活常规、健康领域核心经验，以及陈鹤琴教育思想与实践运用交流活动。

2. 分层培训

注重教师梯队建设，工作求质量。注重每个教师的教育潜能最大化，采取分层培训形式，点面兼顾，面向全体教师，通过丰富多彩的园本培训和继续教育，提高教育实践技能；面向市、区、园、军队骨干教师进行“三多培训”，即多压担子，多示范，多学习，发挥榜样作用，其中对工作有特色、有想法、有干劲的教师，鼓励她们形成“学科教学工作坊”，以学科带头人的身份，在艺术教育、科学教育、家长工作等方面独树一帜；开展面向青年教师的基础素质培训，设立“青年新秀”奖，鼓励青年教师多学多练；面对保育员开展一日工作流程、工作标准及要求的培训。使每一名幼儿园教师都能获得助其成长的培训。

3. 建立园级学科带头人制度

制定园级学科带头人标准，明确工作职责、权利和义务，并做好选拔，评出 2 名园级体育、艺术领域的学科带头人，做好学期工作计划，探索工作方法，做好学期工作总结。

四、教育管理

1. 严格常规管理

按标准，抓规范，根据区里《一日活动常规要求》中的新内容，在保健区指导下规范工作程序。明确保教工作的一日流程，尤其对新调整的环节内容、时间、要求，要严格执行，每月定期检查，每周不定期抽查，以促进教师良好保教工作常规和幼儿良好习惯的形成，做到优点及时表扬，问题及时改正。

2. 落实发展目标

教学副园长按《纲要》细则细化丰富“幼儿学期发展目标”，保教干事负责调整月目标，教师逐层分解制定周目标、一日目标，使每日活动找到目标和依据，日计划具体明确，月、周、日目标环环相扣，避免目标与活动内容脱节的现象。

3. 丰富教育环境

一是观察了解幼儿的发展需求，围绕教育目标创设班级环境，突出幼儿参与性，提供多样的材料和动态的环境。二是加强废旧材料及自然物的巧妙利用。三是挖掘民族元素中的典型性，创设楼道公共环境，使其具有艺术性、教育性，成为幼儿学习、欣赏和了解民族文化的场所。

4. 强化安全责任

一是自上而下层层签定《安全责任书》，落实安全层级负责制。二是安全工作常态化，把安全工作作为基础工作，层层把关，横向到边，纵向到底，让班级的每一样物品都有人负责。幼儿一日生活全过程、全方位管理，不留死角。进行安全隐患工作挂账，做好文字记录，不好解决的必须争取力量，在规定期限内解决安全隐患。三是做好安全检查工作记录、交接班记录、紫外线灯使用记录、未来园幼儿追访记录等。

五、阳光体育

深入贯彻落实市教委开展“阳光体育”的要求，进一步加强对此项工作的管理与研究，以促进幼儿身体素质的提高。

1. 更新体育设备，发挥幼儿自主性

进一步丰富户外区域活动内容，实践“如何在区域开展体育活动”。根据示范园大中型体育玩具的配备要求，有计划地投入和更新运动器械，添置低结构运动材料，更新小型玩具，引导幼儿大胆探索新材料的玩法，每个教学班根据幼儿运动需求自制两种体育玩具，要求耐用、有趣，以满足幼儿各种运动及运动安全的需求。

2. 上好集体体育课，增强幼儿运动能力

根据幼儿运动发展的特点，有计划地将幼儿的动作发展列入每周至少一次的集体体育教学活动中。在准备工作、组织实施等各环节加强游戏性，将基本动作学习如往返跑、双脚连续跳、投掷、立定跳远等融入游戏，并加强上肢的运动，促进幼儿体能的协调发展。

3. 继续开展丰富多样的户外体育活动

保证幼儿每天2小时的活动时间，坚持每周四次户外区域体育运动，增强幼儿的自主性和交往能力。坚持每天开展两个集体体育游戏，每位幼儿熟练掌握一种民族体育游戏，会玩一种民族体育玩具，达到人人爱玩，人人会玩，提高幼儿的运动兴趣与运动水平。

4. 开展阳光体育节活动

将以往体育节由成人策划的方式，改为由幼儿策划主体活动。以“我运动，我作主”为主题，把活动的主动权一开始就交给幼儿，将活动策划、场地选择、参与人员、物品准备等内容均交给幼儿，让幼儿成为活动的主人。

六、教育研究

1. 做好体育课题成果的总结和运用

总结优秀户外区域活动及游戏案例，并在运用过程中查找不足，为进一步丰富户外体育活动内容作好准备。

2. 深入开展市级球类课题研究

创编室外球类游戏活动，丰富幼儿球类游戏内容。探索小班和中班拍球、大班运球活动的方法，增强幼儿身体的灵活性和对球类活动的兴趣。

3. 开展园本数学活动研究

通过观察，引导幼儿了解生活中的数学，探索数学游戏在教育活动中的运用，开展教育实践研究，进一步挖掘内容，创新活动，争取专家的指导，总结好的经验方法并用于实践，让幼儿感受到数学的有趣和有用。

七、家长工作

继续发挥家委会的作用，开展形式多样的活动，使家长了解幼儿在园的情况。注重语言沟通，丰富与家长的沟通技巧，使家园形成合力。

高度重视、认真对待家长提出的意见和建议。如：不动员孩子在园里过生日、带蛋糕；不当着孩子的面谈论与孩子无关的事情；不当着孩子的面吃东西；不躺孩子的床等。

积极参加早教连片活动，按要求完成各项工作。

八、日常工作

1. 做好“六一”庆祝活动，小班亲子运动会、中班文艺汇演、大班迎“六一”爱心跳蚤市场。

2. 积极参加市区及军队系统组织的各种活动。

3. 发挥示范作用，积极参加支教活动，搞好各种观摩接待。

分月安排

二月

1. 组织教师业务学习。《幼儿一日生活》新常规必学内容，学习传统文化。

2. 总结工作，布置计划，表彰先进。

3. 做好开学前的准备工作（如环境卫生及玩具检查）。

三月

1. 巩固常规，月底抽查。

2. 完成《体育教学案例》初稿，并进行活动尝试。（第三周）

3. 户外体育活动全面检查，准备接待全国户外体育活动观摩。（第四周，25 日）

4. 教育环境检查。（第四周，30 日）

5. 开展以往返跑、双脚连续跳为主要内容的集体体育活动。

6. 学科带头人和教师完成个人成长发展规划，含学历、工作目标等。（第 3 周）

7. 利用班会自学：本年龄段“幼儿一日生活常规”“午睡规范化要求”“教学班室内规范化内容”。

8. 研究购买、增补大中型体育玩具；统计自制玩具数量。

四月

1. 种植活动。

2. 开展骨干教师示范活动，一级教师、青年教师约课活动。

3. 探索球类活动。

4. 开展数学游戏园本研究。

5. 配合指导幼儿完成大查体。

6. 家长会、家长沙龙。

五月

1. 开展“阳光体育节”活动，融入民族体育和球类游戏。

2. 筹备庆“六一”各项活动。

六月

1. 教师球类游戏创编交流和案例总结。

2. 室内区域活动环境观摩与交流

3. 幼儿体能测查。

4. 大班毕业典礼。

5. 保教班招聘。

七月

1. 幼儿发展评价。

2. 各项资料收集整理。

3. 班组工作总结。

4. 骨干教师培养工作总结。

（资料提供：原总后六一幼儿园）

二、保教工作视导与质量监控

计划制订的目的在于实行，为了促进保教计划的落实，必须加强教育督导或视导。

（一）保教计划——教育活动方案的审查

保教计划的审查是保教视导工作的一项重要内容。计划的审查要形成制度，做到规范化。园长或保教主任应认真审查各班教育工作计划，通过审查，给予具体指导和帮助。

审查班级教育工作或课程计划应该注意以下几方面。

1. 计划是否体现了我国教育方针和正确的教育思想，体现保教结合，不断改革与创新，提高保教质量。

2. 计划是否贯彻了全园计划的精神与要求。

3. 计划是否能注意到上一阶段的不足之处，并据此提出本阶段的任务要求，体现出连续性和渐进发展性。

4. 计划是否分析了本班幼儿的具体情况，所提目标是否符合其年龄特点和实际需要。

5. 计划是否包括了一日生活的各项活动，规定每月或每周的重点培养要求，以及有关个别教育的内容，考虑到与家庭的联系和配合。

6. 计划是否指出了完成任务的具体措施和方法，并对所采取的活动形式及完成计划的日期作出规定。

（二）保教计划实施过程的视导

要保证教育计划的贯彻实施，园领导必须深入班级，指导计划的执行，监控质量。同时，还应注意引导保教人员对计划的实施及效果进行自我检查。

幼儿园管理者对保教活动或课程实施过程的视察和指导很重要，这是对保教过程质量监控的重要一环。要通过检查，了解班级教育计划的执行情况，掌握工作进展。管理者要深入保教实践第一线的班级，督促、指导、帮助教师在保教实践中端正教育思想，改进教育方法，发现问题并及时解决。园领导检查保教工作，要注意有目的、有计划、有准备地看班，并尽可能详细地观察和记录教师实施计划、组织活动的情况。注意在看班的基础上作出分析和评价，加强检查中的指导，使被检查者明了优点与不足，促使工作不断改进。检查要注意多种形式的综合运用，定期检查与经常性检查结合，全面检查与重点检查结合。通过检查与记录，可以积累事实资料和典型事例，为总结工作奠定基础。检查中要注意随时发现好人好事，推广优秀经验，促进班级保教人员之间的相互学习和交流。

园长或保教主任的检查不应是走马观花，而是通过认真细致的观察，了解教师组织教育活动的情况和工作状况。在教育活动的现场作观察，要着重了解以下一些信息。

1. 班级环境状况，包括材料准备、教育环境的创设、卫生条件等。

2. 活动设计程序安排是否合理，活动时间是否符合作息制度要求，动静交替、室内外结合的情况，团体与个别活动，教师安排的活动与幼儿自选的活动是否平衡，时间的利用是否充分。

3. 观察中应特别注意教师与幼儿相互作用的情况。

——在整个活动过程中，教师如何引起幼儿注意，提出活动任务和指导方法，活动程序如何进行，如何激发幼儿的兴趣，促进其积极主动的活动、操作；

——有无根据幼儿个人特点给予引导，幼儿的行为表现如何；

——教师与幼儿说了什么、做了什么。

4. 教师如何依据计划实施教育，并注意随机教育；在场的其他保教人员如何配合等。

管理者或视导人员要在掌握这些具体情况的基础上，作出有说服力的分析，给予教师有针对性的指导和帮助。

领导检查记录的内容一般包括：被检查教师的姓名、班级、日期与具体时间，活动内容记录，分析与评价，以及改进工作的建议等。可以根据需要设计不同的记录格式。

领导或管理者除了常规性地对一日活动的组织或某一教育活动作检查外，也可以专门就某一方面工作如作息执行情况作检查。具体内容参见下面两个表格（表 5-9，表 5-10）。

表 5-9　教育活动检查记录表

日期：________　　班级：________　　教师：____________

活动名称：____

<table>
<tr><th>时间（时、分）</th><th>教师行为</th><th>幼儿行为</th><th>评析</th></tr>
<tr><td></td><td></td><td></td><td></td></tr>
<tr><td colspan="4">建议：</td></tr>
</table>

检查人：________

表 5-10　幼儿作息时间执行情况检查表

班级：________　　带班教师：____________

<table>
<tr><th rowspan="2">日期</th><th rowspan="2">教育活动开始和结束时间</th><th colspan="3">进餐时间</th><th rowspan="2">儿童午睡入睡情况</th><th rowspan="2">午睡起床时间</th><th colspan="5">户外活动时间</th><th rowspan="2">检查人</th></tr>
<tr><th>早饭</th><th>午饭</th><th>晚饭</th><th>晨间</th><th>早操</th><th>课后</th><th>午休后</th><th>总计时间</th></tr>
<tr><td></td><td></td><td></td><td></td><td></td><td></td><td></td><td></td><td></td><td></td><td></td><td></td><td></td></tr>
<tr><td></td><td></td><td></td><td></td><td></td><td></td><td></td><td></td><td></td><td></td><td></td><td></td><td></td></tr>
<tr><td></td><td></td><td></td><td></td><td></td><td></td><td></td><td></td><td></td><td></td><td></td><td></td><td></td></tr>
</table>

组织教育教学活动主要是教师的职责，幼儿园管理者或行政人员可以与教师商讨，制订教学活动记录表，用于帮助教师改进教学工作。教师是教育活动或课程建设与实施的主体，对教师的指导和帮助必须以尊重教师本人意愿为前提。

（三）注重对评价总结的指导

要切实保证教育过程顺利进行，不断提高工作水平，吸取经验教训，探索保教规律，就应要求教师按期对保教工作进行总结评价。评价和总结也是保教工作视导的重要内容。一般地，每学期应进行一次较全面的总结，在各个阶段如月度、季度结束时也要适当小结。要对班级的全面工作作总结，某些重点单项工作也可以作专题总结。在每个学期或学年结束时，应要求教师作个人总结，认真回顾工作情况。

管理者可以从以下几方面对保教工作总结予以指导和要求。

1. 加强对总结的指导。如提出总结要求，帮助教师发现先进经验和工作中的创造性因素、特色等，引导具体题目的确立或要点的总结。

2. 注意在平时检查工作的基础上进行总结，将日常收集积累的实施材料加以汇总。包括幼儿作品，保教记录中对幼儿行为或进步情况的描述，以及反映保教质量、效果的典型事例记录等。用真实和生动具体的事实、例证说明问题。

3. 在总结中引导教师对理论文献的学习，并对照工作状况作分析，探索取得成绩或造成失误的原因，寻找规律，以便指导日后的工作。将一些被实践证明富有成效、符合教育规律的经验，纳入常规工作管理。

4. 将总结与交流评比结合，促进相互学习，推广先进经验，在全园形成追求进取、创造、互助的良好风气。

（四）指导教师日常的保教工作记录与自我反馈

计划是行动的纲领，具有指导工作的作用。园领导在深入班级、指导计划的执行和进行质量监控的同时，还应引导保教人员对保教计划或课程计划的实施及效果进行自我检查。

教师对计划的执行情况及工作效果做记录，做教育日志，有助于提高其根据计划指导实施工作的自觉性，改进工作质量，提升专业水平。

保教工作记录或课程实施记录是教师在日常工作中自查反馈教育效果的有效途径。通过自我反馈，检查工作效果，找出存在的问题和不足，并分析原因，提出改进建议，为下一周期计划的制订提供依据。坚持做保教工作记录还有助于资料的积累，便于日后整理和总结，从而不断提高保教质量和工作水平。在此过程中，教师自身也不断提高教育技能和能力，逐步实现专业成长。

记录可以附在计划特别是周/逐日教育活动安排之后，便于直接对照。这种记录方式也有利于系统积累资料。也可以采取灵活的方式进行保教工作记录，如“保教工作日记”“教育笔记”等。教师可以将教育实践中和计划实施过程中出现的有意义的事件及时以日记的方式记录在案，也可以分类进行描述记录。

有人提出，“教育日志是教师专业成长的同行伴侣”。教师是教育工作主体，要将教育笔记或日志作为自身工作的内容之一，养成做日志和反思的习惯。不仅记录行为，还要试着分析背后支配行为的观念，长此以往，不仅有助于教育质量的改进，日志或教育笔记也在见证教师的成长。苏霍姆林斯基曾经说过：“任何人如果不能自我教育，就不可能教育别人。”教师要把工作的过程作为学习、研究的过程，进行自我教育，反求诸己。这部分内容的学习还可以参考第七章有关教职工队伍建设的相关内容。

下面附幼儿园教学日志一份，供参考（表 5-11）。

表 5-11 幼儿园教学日志

<table>
<tr><td rowspan="3">教学要点</td><td rowspan="3" colspan="3"></td><td colspan="2">偶发事件
处　　理</td><td colspan="3"></td></tr>
<tr><td colspan="2">建议事项</td><td colspan="3"></td></tr>
<tr><td colspan="2">教学反思</td><td colspan="3"></td></tr>
<tr><td>教学单元</td><td colspan="3"></td><td colspan="2">进行日次</td><td colspan="3">第　　天</td></tr>
<tr><td rowspan="2">在籍人数</td><td rowspan="2">____人</td><td rowspan="2">请假人数</td><td rowspan="2" colspan="4">事假__人
病假__人　其他__人　共计__人</td><td>出席人数</td><td></td></tr>
<tr><td>教师签章</td><td></td></tr>
<tr><td>日期</td><td colspan="3">年　月　日　星期</td><td>天气</td><td colspan="2"></td><td>园长签章</td><td></td></tr>
</table>

说明：这里所提的教学评量不是教师如何评估幼儿的学习成果，而是指园方行政人员或教师自己如何通过简易的教学评估方法达到改进教学的目的。

（以上表格选自蔡春美等编著《幼教机构行政管理》，台北：心理出版社，2003 年版，第 213-214 页）

第四节 保教常规管理

一、保教常规管理的含义和意义

（一）保教常规管理的含义

幼儿在幼儿园生活的一定之规通称为“常规”，幼儿的生活和活动有规范，相应地幼儿园也需要建立工作规范和程序，即保教常规。保教常规管理就是对保教工作的时间、程序和内容要求加以规范。

（二）实行保教常规管理的意义

实行保教常规管理，能在增强保教人员对幼儿全面负责的意识、加深对保教结合的理解的同时，通过将保教人员岗位责任制与幼儿生活制度及生活常规培养结合起来，对保教人员在一日生活各个环节应做的工作进行具体分析，使岗位责任制规定的具体工作内容和要求落实到人，落实到时间与地点，并规定出完成程度与工作质量。同时，进一步明确教师与保育员工作的相互联系，使保教人员一日工作程序化、规范化。

保教人员一日工作程序化的作用：

——可以确保幼儿生活制度和常规得到贯彻，并有益于良好保教工作秩序的建立，建立和谐有序的环境气氛；

——有助于班级保教人员在工作中明确各自的职责，既分工又协调配合，提高工作效率；

——充分发挥常规作为教育手段的作用，在工作过程中真正将教与保、保与教相互联系、结合和渗透，发挥教育的整体效益，切实提高保教质量。

二、保教常规管理的内容

保教常规既包括幼儿一日活动的常规，也包括保教人员工作的常规。保教人员工作的常规包括以下几方面的内容。

1. 岗位常规

岗位常规指幼儿园的各岗位责任制，有的幼儿园会贴在墙上明示。

2. 计划常规

计划常规是保教工作的重要依据和工具，它提出保教目标，规定保教内容，确定了保教环节。

抓计划的落实包括：

（1）制订班级保教计划；

（2）制定严格的审核机制，具体落实、定期检查，并形成评估体系。

3. 组织常规

园长必须依据组织来进行管理，必须健全组织体系，依据组织的权威性和组织性促进保教任务的完成，而且能充分发挥每一个教职工的积极性，要建立幼儿园的组织网络。如下所示。

园长{业务副园长—教研组长—班长—教师
　　{后勤副园长—后勤组长—炊事员、保育员、清洁工、门卫

4. 质量检测评估常规

（1）自我评估；

（2）实地考核评估（针对幼儿掌握的知识、能力和行为习惯进行评估）；

（3）定期评估。比如：开校第一月的班级常规检查评估，包括安全环境创设、卫生、幼儿行为习惯、家长反馈意见；各项活动评估，包括十月诗歌朗诵会、歌咏比赛、“六一”文娱节目、秋季运动会、幼儿故事会等；期末教学工作检查评估。

下面用一份表格来具体展示幼儿一日生活常规以及对应的保教人员工作职责（表 5-12）。

表 5-12 幼儿一日生活常规及保教人员工作职责

生活环节与活动内容	时间	幼儿常规	教养员职责	保育员职责
1. 入园及晨间活动	7：30—8：00	1. 衣着整洁，愉快来园，接受晨检，带手绢 2. 有礼貌地向老师、小朋友问好，向家长再见 3. 将外衣、帽子等叠整齐，放在固定地方 4. 用盐水漱口 5. 进行简单劳动，如擦个人桌椅 6. 自制玩具等游戏 7. 值日生清洁餐桌，分发餐具 8. 听从教师口令，认真做操，动作到位	1. 做好室内外清洁工作及室内通风 2. 接待家长，做好交接手续 3. 晨间检查 4. 提醒幼儿做简单劳动 5. 组织晨间游戏活动 6. 组织幼儿早操（冬天例外），精神饱满地与幼儿共同锻炼	1. 预先为幼儿盛好盐水 2. 指导值日生工作，做好餐前准备 3. 做好盥洗准备，发放毛巾、肥皂等
2. 早餐（餐前盥洗、进餐）	8：00—8：20	1. 认真洗手，方法正确 2. 能排队轮流，不拥挤 3. 不玩水，节约用水 4. 安静进餐，坐姿良好 5. 正确使用餐具 6. 文明进餐 7. 干稀搭配吃，菜与饭就着吃 8. 餐后自己放餐具，擦嘴漱口	1. 组织幼儿洗手，提醒幼儿正确的洗手方法（冬季洗手后要让幼儿擦油） 2. 组织幼儿进餐 3. 让幼儿随洗随吃，提醒正确姿势 4. 注意照顾个别幼儿 5. 创造愉快安静的进餐气氛，餐前、餐中不处理问题	1. 分发饭菜等 2. 同教师 3. 向幼儿介绍饭菜，激起食欲 4. 根据幼儿饭量随时添饭，不催食

续表

生活环节与活动内容	时间	幼儿常规	教养员职责	保育员职责
3. 餐后游戏	8：20—8：45	1. 吃完饭自由游戏 2. 可在指定范围内自选游戏玩具	1. 餐后安排轻松安静的活动，如室内游戏、散步 2. 与幼儿个别谈话等	收拾餐具、餐桌，清理地面、卫生消毒等
4. 教育活动（中大班30分钟，小班15分钟）	8：45—9：15	1. 听从教师要求，积极参加活动 2. 坐姿自然端正 3. 学习看书、握笔的正确姿势 4. 举手发言 5. 说话、走路、拿放东西三轻	1. 做好活动前的准备（包括活动内容、场地、材料） 2. 组织教育活动 3. 以游戏形式引起幼儿兴趣 4. 选材符合本班幼儿年龄特点，容量适当 5. 为幼儿提供较充分的动手、动脑、动口的机会 6. 集体活动与小组活动结合，使幼儿相互影响 7. 注意卫生保健要求	1. 协助教师进行作业准备，可指导值日生协助做事 2. 配合教育活动，给幼儿以必要的个别指导等
5. 游戏（户外活动与室内自选游戏）	9：15—10：15 10：15—11：15	1. 情绪愉快，能积极参加集体游戏，又能自选游戏活动 2. 遵守游戏规则 3. 会正确使用玩具，能爱护玩具，学习整理玩具 4. 与同伴之间友好交往 5. 遇事能积极思考，学习自己解决问题，学习处理同伴之间的问题	1. 组织户外活动及室内游戏 2. 预先做好活动准备，可组织指导中大班幼儿帮助准备 3. 保证充足的游戏活动时间 4. 注意卫生、安全方面的教育 5. 户外活动前提醒幼儿如厕，并检查着装	1. 协助做好活动准备 2. 配合户外活动，协助指导游戏 3. 注意对体弱儿童的个别照顾 4. 其他同教师

续表

生活环节与活动内容	时间	幼儿常规	教养员职责	保育员职责
5. 游戏（户外活动与室内自选游戏）		6. 学习自理自律，如能依冷热增减衣服，不离开集体，学习自我防范，不做危险动作	6. 尊重幼儿意愿，开展游戏活动 7. 注意观察幼儿，参与幼儿的游戏，积极引导 8. 激发幼儿共同游戏 9. 掌握活动量 10. 引导幼儿评价游戏	
6. 如厕、喝水（上、下午各安排一次固定时间，一般在教育活动与游戏活动之间）		1. 养成定时大小便的习惯 2. 学习自己擦屁股，穿好衣裤 3. 便后洗手 4. 需要时能随时如厕 5. 用自己的水杯按时喝水 6. 活动或口渴时随时喝水 7. 自己排队接水，不拥挤 8. 不浪费水 9. 将水杯放在固定位置	1. 饭前、外出、集体活动前及入睡前安排、提醒幼儿如厕 2. 允许幼儿按需要随时大小便 3. 掌握幼儿蹲坑时间 4. 提醒幼儿便后洗手 5. 指导、提醒幼儿用自己的水杯接水，不浪费水 6. 检查幼儿的饮水量	1. 准备好手纸等 2. 提前消毒水杯，每人一杯 3. 随时准备温水，供幼儿饮用 4. 其他同教师
7. 午餐、盥洗、餐前安静游戏 进餐	11：15—11：30 11：30—12：00	同早餐 餐后散步，或安静活动	1. 提醒幼儿如厕 2. 组织、照顾幼儿盥洗 3. 安排安静的游戏，如听音乐，做动作、语言、手指游戏 4. 组织幼儿进餐 5. 适当关照餐后活动 （上、下午班教师做好交接工作）	1. 拿碗，做好餐前准备，指导值日生，同早餐 2. 同教师 3. 餐后整理、搞卫生 （洗毛巾，整理盥洗室，搞公共卫生）

续表

生活环节与活动内容	时间	幼儿常规	教养员职责	保育员职责
8. 午睡	12：00—14：15	1. 安静进入寝室 2. 按顺序脱衣服、鞋，折叠好放在固定位置 3. 铺好被子，安静入睡 4. 不带小玩物上床 5. 养成良好的睡姿与习惯	1. 预先拉上窗帘，使寝室保持一定温度 2. 指导或帮助幼儿脱衣，提醒正确的顺序、方法 3. 检查盖被情况，纠正不良睡姿 4. 随时检查睡眠情况，值班人员不得离岗	1. 照顾幼儿入睡等 2. 其他同教师
9. 起床、午检、盥洗、午点	14：15—14：45	1. 按时起床掀被 2. 正确穿衣、穿鞋 3. 学习整理床铺、叠被 4. 接受午检 5. 如厕 6. 盥洗 7. 喝水 8. 安静午点	1. 做好起床准备 2. 指导或帮助幼儿穿衣、整理床铺 3. 检查幼儿着装，可组织幼儿互相检查着装 4. 提醒幼儿如厕，照顾幼儿洗手、喝水 5. 照顾幼儿午点	1. 预先领好午点 2. 配合教师工作 3. 整理被褥，整理睡眠室
10.（下午活动同上午）教育活动、游戏（室内游戏、户外游戏）、盥洗、餐前准备	14：45—15：15 15：15—16：00 16：00—16：45 16：45—17：00	（同上午）	（同上午）	（同上午）

续表

生活环节与活动内容	时间	幼儿常规	教养员职责	保育员职责
11. 晚餐	17：00—17：30			餐后整理、搞卫生（整理活动室、盥洗室，洗毛巾等）
12. 餐后活动与离园		1. 安静进行自选游戏 2. 收拾整理好玩具 3. 穿戴衣帽 4. 向家长问好，和老师、小朋友再见	1. 安排幼儿自选玩具、图书，安静活动 2. 提醒幼儿收放玩具 3. 检查幼儿的穿戴 4. 提醒值日生第二天的工作 5. 与家长简单交流，有计划地与家长谈话，做家长工作	同教师

三、建立幼儿生活制度与保教人员岗位责任制需要考虑的因素

1. 幼儿的年龄和季节特点

生活作息与常规要求要根据幼儿年龄而有所差异，并依季节的变化做适当调整。

2. 幼儿园的实际情况

要根据当地实际和幼儿园自身实际建立，如幼儿园规模、当地教育行政部门对班级保教人员配备的要求、幼儿园提供服务的情况及生活环节的多寡。三餐三点、两餐一点、一餐一点或不设餐点的园或班，所需人员情况有所不同；半日制与全日制或寄宿制又有不同。此外，还要考虑幼儿园的地理环境条件、设备等方面的差异。

3. 结合保教人员上、下班的时间制订工作程序

管理上要将保教人员一日工作程序化作为幼儿园管理的途径和手段，管理者要定期或不定期地检查督促，并引导保教人员对照工作规范与职责进行自我评价，促进保教常规的落实，使保教工作顺利开展并取得应有效果。

幼儿园除了每日的例行活动，在某些特定的日子里，往往会安排一些特殊活动如出游或联欢，对于丰富幼儿的生活、开阔视野以及增进身心健康是非常有益的。在多数情况下，大型活动会以全园参与的形式或年级组的方式来开展，这就需要进行专门考虑，妥善安排。举办特殊活动应事先考虑到可能发生的多种状况，可以做两三套计划，提供备选方案，并预先确定几位机动人员，以便应对情况的变化。

资料 5-2 提供了这方面比较详尽的信息，可以作为参考。

资料 5-2

特殊活动——全园性大型活动的规划安排①

托幼机构安排一些特殊活动，一方面可以为幼儿提供更多、更丰富的生活经验和体验，同时也可以作为园方与家长的沟通桥梁。节庆活动往往是中华文化和民族特性的最佳表现方式。对托幼机构而言，特殊活动的规划安排也是展现幼儿园特色的最佳机会。一般地，特殊活动往往是全园性大型活动，活动的开展需要耗费比较多的人力、物力。问题的关键还在于，对活动现场的掌握、人员的组织都需要有丰富的经验和较强的应变能力。如何办成“愉快”的而不是增加“困扰”的特殊活动，取决于教学计划的设计和落实。

大型活动的规划

托幼机构特别是幼儿园通常会在一些节日或有特别意义的日子举办特殊活动，如开学日、园庆日、幼儿的集体生日、圣诞节、新年、儿童节、母亲节、毕业典礼等。

此外，还有一些适合全园开展的活动形式，如游艺或表演活动、运动会、亲子联欢会、远足、交换礼物或卡片、同乐会、参观旅行、化装舞会、烛光晚会等。举办特殊活动需要行政与教学的大力配合，并发动全体教职员工一起讨论作出决定。预先需要考虑如下问题：

——为什么要举办这次特殊活动？对幼儿、家长或园方的意义何在？

——什么样的庆祝活动比较适合或有利于幼儿园的教育目标？哪些节日要举办庆祝活动？幼儿的生日要不要庆祝？

——可能的经费预算如何？需要多少人力方面的支援？

——什么时候举办比较合适？能否做到既不影响正常作息又能与正常教学活动相关联？既让幼儿尽兴而又不过于疲惫？如果需要家长参与，

① 蔡春美，等．幼教机构行政管理［M］．台北：心理出版社，2003：201-206.

什么时间对于大部分家长而言比较方便？

——可以利用的场地怎样？是否会受到天气变化的影响？需要租用大型场地吗？

——可能会出现怎样的突发状况？有无应变措施？如何预防及处理？

举办特殊活动前要对以上问题事先加以考虑，做到心中有数，准备充分才能有好的活动效果。当然有时不一定有准确的答案，有些问题也可以请全体教职员工讨论，提供意见后再做决定。

活动程序的安排

无论举办什么形式的特别庆祝活动，都需要做特殊的规划安排，教师要在活动的设计和准备上花费一番心思，幼儿园行政方面也要配合。另外，可能还有许多需要加以联络、协调的地方。幼儿园举办一项特殊活动通常有如下必要事项。

1. 召开特别活动的行政会议

(1) 活动目的：要不要举办？举办的意义何在？是否有利或有违园方教育目标？

(2) 活动形式：采用何种活动方式呈现？有无表演活动？要不要交换礼物或卡片？家长是否参与？活动如何设计？

(3) 活动日期、时段：在日常作息时间内，可用来做特殊活动的是哪个时段？如果需要占用半天或一天，安排在哪一天比较适当？如何做到既不影响正常教学又能与教学活动相联系？

(4) 活动场地：决定使用的场地情况，讨论遇到天气变化如何应变？

(5) 推举活动主持人：可以让园内所有教师轮流担任特殊活动的主要策划人，于开学时提前安排，或是每次推举。

(6) 制订出工作流程及工作分配。这一步骤可以在会议中取得初步共识，再由活动主要策划人安排详细计划。

2. 准备、联络与协调

有了计划后，接着就是活动准备事宜。尽管安排了主持人，但所有教师都要分担工作。另外，许多有关联络、协调的事宜需要行政人员来处理。如：向参观访问机构发放邀请函；与有关机构洽商票价、旅游时间、方式；租借场地；道具、服装、礼品的制作与采购；寄发活动通知；聘请演讲学者或专家；邀请与会贵宾、特别人士；临时的人员调度等。

3. 工作进度的视导

对于行政人员除了上述准备、联络与协调工作之外，很重要的就是要督导工作进度，了解工作分配状况，安排临时人员的调度，并处理各种偶发状况。

特别活动——某幼儿园毕业典礼规划实例：

△主要价值：让幼儿了解一个阶段的结束，正是另一阶段的开始。要珍惜曾拥有的好朋友和曾经共聚的好时光，但长大的意义就是要再去交更多新朋友，学习更多新知识。

△活动形式：上午办简单的毕业典礼仪式，活动一结束，大班幼儿马上出发，开始三天两夜的毕业旅游活动。

△工作分配准备事项：请见表1。

△活动流程：请见表2。

表1　毕业典礼准备事项示例

项目	内容	负责人	相关人员
布景	金字——利用开会时剪字 绒布 盆栽 情境 场地——桌椅	孙老师 赵老师 钱老师 李老师 赵老师	全体老师
音响	麦克风、音乐录音带（《骊歌》、颁奖音乐《爸妈盼我归》）	王老师	赵老师

续表

项目	内容	负责人	相关人员
签到处	签到本、桌椅、签字笔	谢老师	赵老师
表演活动（每班一项，以各班平日所教的律动、歌曲、戏剧为主）	幼幼班：蝴蝶真美丽（歌唱） 柔柔班：快乐天堂（律动） 乐乐班：即兴迪斯科舞 洋洋班：三只小猪（戏剧表演） 安安班：西北雨（律动）	各班老师	全体老师
毕业物品	毕业证书 毕业纪念册 毕业生奖品 毕业服 毕业照（6/6）、白鞋、白袜	李主任 主任 孙老师 老师 主任 主任	赵老师 乐乐班 阳阳班 安安班 李老师 赵老师 全体师生
胸花 捧花	当天准备鲜花、别针、包装纸	白老师	全体老师
桌上插花	吴妈妈 柔柔班家长	白主任 柔柔班 老师	赵老师
毕业歌	小虎队——骊歌 欢送歌——爸妈盼我归	各班老师	全体师生
茶水 点心	桌椅、茶桶、卫生杯	陈妈妈 林妈妈	机动人员
邀请卡		孙老师 白老师	
儿童致词	毕业生 在校生	安安班 洋洋班	
场地整理		各班老师	全体人员
备注	1. 以上教师姓氏均属化名。 2. 毕业旅游准备事宜由毕业班老师安排，必要时自行找人协助，相关的详细工作事项暂略		

表 2　毕业典礼流程示例

时间	项目	内容	相关人员
8：00	准备	场地、布景、盆栽、胸花、签到处、茶水	全体老师
8：30	报到	签到处 毕业生佩戴胸花、检视衣着 幼儿安全、秩序维护	谢老师 毕业班老师 李老师 钱老师
9：30	就座	幼儿、家长就座	司仪——孙老师
9：40	毕业生进场	音效——骊歌 毕业生进场（每人手持烛台）	林老师 毕业班老师
9：50	毕业典礼开始 颁发证书 颁奖	主席就位 毕业证书、纪念册 奖品	主任 白老师——传递物品
10：00	致谢词、答词	毕业生致谢词 在校生致答词	
10：20	献花	在校生献给毕业生	李老师 钱老师
10：40	主任致词 家长致词 来宾致词		主任
11：00	唱毕业歌	毕业生起立，音效——骊歌	全体师生
11：05	礼成	毕业生出场、游园（洋洋・乐乐・安安）	毕业班老师
11：10	典礼结束	家长、在校生退场 领取点心	陈妈妈 林妈妈
	场地整理	桌椅归位、拆金字等	全体人员

思考与练习

1. 保教工作在幼儿园具有怎样的地位？

2. 为什么说“保教结合原则”是幼儿园工作的基本原则？实施这一原则在管理上需要注意什么？

3. 对一份幼儿园的作息时间安排表加以分析，并尝试分析其背后的教育理念。

4. 拜访一所幼儿园，了解该园是如何制订全园保教工作计划的，分析园内的年度或学期保教计划实例。

5. 保教常规管理的含义是什么？什么是保教人员的一日工作程序化？其作用如何？

案例分析

案例5.1　规范制度，杜绝“赶鸭子”现象

按某幼儿园的规定，教师应该在下午6：00下班，但在实际工作中，由于园长体谅教师工作辛苦，灵活调整为幼儿全部离班、卫生收尾工作完成后即可下班。久而久之，在5：15—6：00孩子离园这段时间内，绝大部分家长在5：30就把孩子接走了。班组人员就可以提前下班。

偶尔有家长来得稍晚，就会匆匆忙忙，十分抱歉，教师也勉强面带微笑。

园长对这一现象作了反思和分析：第一，园长的同情心不可取，容易留下空子，使管理不严谨，节奏的加速势必影响到其他正常活动。其次，如何使教职工出满勤干满活，工作需要合理安排。为此，完善制度中的有关规定十分必要。具体是：增加下班前的工

作，把准备第二天的教具、活动区的材料等工作合理地安排进来，使第二天的工作准备不仓促，从而提高教育质量；另一方面，不到点不下班。

教师心里踏实了，晚饭、离园环节不再“赶鸭子”，合理安排好幼儿的饭后活动，耐心等待家长，服务质量也同时得到了提高。

（案例编写：张澜）

分析与思考

1. 晚餐、离园环节“赶鸭子”会有怎样的后果？案例中通过规范制度，问题看似得到了解决，还有没有值得进一步思考和改进之处？

2. 谈谈你对幼儿园管理必须坚持以正确教育思想为指导、摆正主次关系的看法。

案例 5.2 抢孩子

某园是一所民办园，其兴办的“特色”有钢琴、爵士鼓、舞蹈、国画等，每个“特色”实际上是由孩子自愿报名组成的兴趣班。

12 月初，园里决定在元旦期间组织一场演出，向家长作学期汇报。李老师带的是中班，班上的孩子有一半都被抽走了。孩子的集体舞是必演的节目，每个孩子都有份；有七八个孩子参加园里的舞蹈，其中还有一个女孩子是排练独舞的；3 个是爵士鼓手；还有 2 个是钢琴小组的；另外有七八个孩子练习国画。但是班级人数是一定的，时间是一定的，节目也是一定的，必须上。于是很多孩子就成了各特色小组争抢的对象。每当李老师每天组织必要的游戏活动时，就不时有各小组的负责老师拿着点名册前来叫人。有的时候，孩子刚从琴房回来，又被舞蹈组的老师叫走了。要不就是爵士鼓的孩子刚回来，国画组的孩子又走了。整个一天的教育活动，孩子没有多少时间是全在的，活动本身也被这台演出割裂得不成样子，孩子一个个累得够呛。

李老师向主任反映了这个问题。主任说：“每年都是这样，过了这几天就好了。”还有“六一”“十一”呢！李老师看着经常空荡荡的活动室和孩子们忙碌的身影，心里很不是滋味。

（案例编写：周轶群）

分析与思考

当下，很多幼儿园都注重形成自己的“特色”，但是并没有认真思考究竟什么是特色。幼儿园创办特色的目的是什么？创办特色与正常的教育计划是什么关系？请谈谈你对这些问题的看法。

第六章

幼儿园班级管理

内容提要

幼儿园的班级是幼儿园的基层组织，作为幼儿最贴近的环境和最真实的生活场所，班级对幼儿的发展具有最直接的影响。幼儿的健康成长与幼儿园工作目标的实现，直接取决于班级保教工作的成效。班级保教过程也是管理过程，二者统一于实现教育培养目标。

幼儿园教育目标要通过班级教师组织幼儿的生活和学习活动加以实现。班级保教人员是幼儿园工作的主体和实施教育的主体，担负着对全班幼儿实施全面发展教育影响的职责。

本章首先介绍了幼儿园的班级和班级管理的含义，分析了班级保教工作的特点，阐述了班级日常生活管理的意义和基本内容，在对幼儿行为管理进行探讨的基础上，分析了常用的对幼儿不适当行为的管教策略，并探讨了特殊需要儿童的行为与管理问题。

学习目标

1. 掌握幼儿园班级和班级管理的含义。

2. 明确幼儿园班级保教工作的特点。

3. 知道教师怎样为班级幼儿创造支持性的学习环境。

4. 知道班级日常生活管理的意义和内容。

5. 了解幼儿不适当行为的类型和产生的原因，以及如何采取适宜的干预策略。

关键词

班级　班级保教工作管理　班级日常生活管理　幼儿行为管理

第一节　幼儿园的班级和班级管理

一、班级和班级管理

（一）幼儿园班级的含义

班级是教育机构的基层组织，是实施教育过程、实现教育目标的基本单位。

班级是由学生和教师共同组成的学习集体。班级的构成要素包括：学生、教师和班级学习环境，包括物质环境和精神环境。这里对幼儿园班级不同于学校的特殊性试作如下分析。

1. 幼儿园班级是幼儿重要的生活和学习场所，是幼儿的另一个家

幼儿园教育强调以生活为主来组织活动，生活既是重要的教育内容，也是实现教育的手段，而班级则是幼儿重要的生活场所和学习场所。教师要注重幼儿的生活能力和习惯养成。鉴于幼小儿童的年龄特点和差异化的需要，相对于学校中的班级，幼儿园班级的组织化、制度化程度略低，不宜过多强调整齐划一，环境条件和教育要求相对而言，更加自由宽松；班级要让幼儿有“家”的感觉，给孩子温暖和安全感，保教人员要多一些耐心与宽容，在与孩子的共同生活中，要以情感呵护为主。

2. 幼儿园班级是集体教养幼儿的组织，是保育教育的基本单位

班级是集体教养幼儿的组织，把来自不同家庭的孩子组合在一起，共同游戏、生活和学习。幼儿在日常的生活接触中，与老师、伙伴交往，体验分享、竞争、助人、合作等行为，学习基本的社会生活规范，奠定良好个性和社会性的基础，为日后的社会生活作好准备。

班级是保育教育的基本单位。幼儿园要根据社会的要求对儿童实施有目

的、有计划的保育和教育。班级教师要在照顾好幼儿一日生活的基础上，针对本班幼儿发展的实际情况，开展适宜的教育活动，促进幼儿身心各方面健康和谐的发展。

班级作为幼儿所处的最切近的环境和最真实的生活场所，对幼儿发展具有最直接的影响。幼儿的健康成长与幼儿园工作目标的实现，都直接取决于班级保教工作的成效。

（二）班级管理

班级管理包括园长对各班级的管理和教师对本班保教工作的管理，但主要指的是教师对本班保教工作的管理。班级保教工作管理包含了保育工作和教育工作，二者同步进行，这就是说，班级保教过程也是管理过程，二者统一于实现教育培养目标。通过班级管理，保教人员可以把班级环境中各种教育因素和条件综合组织，发挥主导作用，有效促进幼儿在班级的生活和学习中成长，较好地实现预期的教育培养目标。

幼儿园的教育是有目的、有组织、有计划地对幼儿实施影响的过程，幼儿园教育目标最终需要通过班级的保育教育工作得以实现，换言之，幼儿园教育目标要通过班级教师组织幼儿的生活和学习活动加以实现。班级的保教人员是幼儿园工作的主体和实施教育的主体，担负着对全班幼儿实施全面发展教育影响的职责。

有人曾经提出这样一种观念：教育目标描述了一种终极状态，班级教师的作用就体现在这种终级状态的实现过程中。

二、班级保教工作的特点

班级保教工作涉及保教幼儿的一切活动，以及对这些活动的组织管理。首先，需要创设良好的适合并促进幼儿发展的环境，包括支持性的学习环境，同时，还要注重实施幼儿的生活管理，保教结合，全面安排幼儿的生活和活动。班级保教工作必须和家庭密切联系、配合，共同促进幼儿的发展。

班务工作也是班级管理不可或缺的重要内容，涉及班级常规工作管理，科学合理地组织保教过程，建立规范的日常保教工作制度，对儿童行为的管理，以及班级物品的保管维护等。

班级保教工作包含了保教工作和管理工作，二者同步进行，统一在教育目标的实现上。

（一）班级保教工作具有更直接的目的性、教育性

首先，班级保教工作具有更直接的针对性。它是按照社会的要求，以国家的教育方针、教育目标为依据，结合幼儿园的教育任务和工作目标，同时针对本班幼儿实际，将目标具体化，从而实现教育目标。

同时，班级的一切工作、一切教育与管理手段都具有教育性，例如，生活制度的制定与执行、常规的建立、活动安排、环境的创设与利用等，对幼儿都具有教育影响作用。

班级保教人员的言行举止对幼儿也具有示范性，在潜移默化中感染影响着幼儿。因此，幼儿园管理者应注重引导班级保教人员端正教育指导思想，提高素质修养，增强教育意识，这样才能更好地贯彻教育方针，保证教育目标的实现。

（二）班级保教工作具有全面整体性

幼儿园的教育目标是促进幼儿全面发展。保教工作并非仅限于丰富知识技能、发展智力，还需注重培养良好的品德行为，促进幼儿身体与心理健康发育，即体智德美的全面和谐发展。班级保教人员面对的是身心发展稚弱、缺乏独立行为能力的幼儿，不仅要教育好他们，还应给予细致的养护和照顾，培养其对外界环境的适应性和自我保护能力。

从幼儿园教育的目标和特点分析，幼儿园教育本身就包括生活活动、游戏、学习活动等，使幼儿身心全面和谐发展。班级保教人员应树立综合整体的教育观念，在教育过程中，注意途径与手段的全面性，注意多种教育内容的有机结合，发挥教育的整体效能。在班级保教过程中，教师还应面向全体，要能照顾到全班整体水平，提出基本要求，同时又能针对每个幼儿的不同特点加以引导，注意处理好统一与多样的关系，使全班每个幼儿都能在其

原有基础上得到尽可能充分的发展。

班级保教人员要对全班幼儿全面负责，要将幼儿全面发展的教育贯穿在各种活动之中。

（三）班级保教工作具有集体性

班级保教工作是一种班集体的保教方式，教师应注意创造良好的集体保教秩序。

班级教师要注意发挥儿童群体和集体的影响力，以及幼儿之间的相互作用、相互影响，使幼儿在集体环境中学习社会生活所必须的知识和技能，培养幼儿正确对待自己、他人和集体的态度与行为，培养良好的社会适应能力。

班级保教人员是一个工作集体，他们作为统一的整体对幼儿施加影响，才能取得较好的教育效果。教师要共同制订班级教育计划、目标，在教养过程中，密切协调配合，分工不分家，注意对幼儿教育的一致性和一贯性，共同实现保教任务，保证班级保教质量。

（四）班级保教工作具有主导性

班级保教人员是保教活动的主体，教师既是教育者，又是班级教养工作的组织者和管理者，在保教过程中起主导作用。教师肩负着为国家和社会培养下一代的重任，教师应以国家教育方针为导向，对幼儿进行全面发展的教育。教师要清楚地意识到自己的身份和社会地位，义不容辞地担负起教育幼儿的责任。班级教养工作的控制性即教师的主导作用只能加强不能削弱。教师应增强教育目的意识，自觉地引导幼儿向社会要求的方向较好的发展。

具体来说，教师的主导作用体现在以下两方面。

一方面，教师要组织和控制整个教育过程，包括确定目标、选择内容、设计方法、安排时间和步骤，使保教过程科学合理地有序运转和推进，不断接近教育总目标。教师要积极创设和利用有利条件，注意消除和减弱不利因素，如创设适合于教育与发展的班级环境，主动引导家庭教育等，使幼儿按预定目标得到发展。在具体的教育活动中，在教师与幼儿的双边相互作用的过程中，教师作为矛盾的主要方面，应注意引导幼儿的发展方向，激发幼儿的积极能动性，在与周围环境的相互作用中发展身心。

另一方面，儿童的发展不会是自发的，其自主行为的能力要通过教育培养实现。特别是对于身体和心理仍不成熟，正处于迅速发展过程中的幼儿，周围环境和成人的影响作用更大，因而教师的主导作用更为重要。教师要在认真观察、充分了解幼儿的基础上，选择适宜的教育内容与方法，通过直接与间接的指导方式，对他们进行良好的启蒙教育，将幼儿的发展需要与社会要求很好地统一起来。教师要注意通过多种适合幼儿年龄特点的教育方式，为幼儿提供大量参与活动、操作实践的机会，激发活动兴趣，调动其个体内在的活动动机，促进幼儿主动发展。

（五）班级保教工作具有创造性

儿童发展有着自身的规律，幼儿教育也应遵循一定的规律和原则。然而，教育的规律并非僵化的教条或固定的模式、套路，教师要将教育规律和原理的学习与自身工作实际结合起来，其中有一个领会理解、融入自身原有个体经验和发挥创造性的过程。规律原理不是教条，对他人好的、富有成效的经验和做法也不能照搬，而要融会贯通，在领会实质的基础上，创造性地结合具体实际加以运用。在班级保教实践中，教师要根据当地的不同环境条件，考虑本班实际及班上每个孩子的特点，创造性地制订本班计划，选择和设计适合于本班幼儿的教育内容和方法。《幼儿园教育指导纲要（试行）》指出，“教育活动的组织与实施过程是教师创造性地开展工作的过程”。

幼儿园保育教育的形式不限于单一的教学活动，而是涉及幼儿生活、游戏、观察、教学、劳动等多种形式，非正式教学的比重更大。也就是说，对于幼儿园而言，大量的教育是在一日生活和游戏中进行的，不同于中小学要完成硬性规定的教学内容。因而幼儿园的教育工作难度更大，更富有挑战性。在教育过程中，教师需要针对幼儿身心发展的特点，更多地结合幼儿生活经验来组织教育活动，为他们提供充分感知、操作、活动实践的机会，获取大量直接经验，增长知识和能力。创造良好的、适于发展的教育环境具有重要意义。教师要注意研究和分析并发掘一日生活中各种活动的多方面教育功能，加以合理组织，发挥整体效益。教师还应重视在一日教养活动中，创造性地处理各种问题，随时抓住教育契机，发挥教育机智，因势利导，把教育工作的计划性与灵活性很好地结合起来。

教师要充分发挥自身的积极能动性，根据本班幼儿的实际和特点，在保教实践中，不断探索教育活动的组织、方法的运用、活动材料和内容的选择、教育环境的创设等，结合实际掌握和运用教育规律，科学育儿，逐步提高保教质量。在此过程中，不断探索和创造适合于本地实际和本人教育风格的教法，使幼儿教育不仅成为一门科学，更成为一门艺术，追求“教无定法、是为至法”的境地。

（六）班级保教工作具有开放性

班级保教工作要取得预期效果，必须与幼儿家庭、家长密切联系。教师应了解家庭教育的意义与特点，主动做家长工作，指导家庭教育。教师要与家长经常联系，沟通情况，交换意见，相互学习和交流，对幼儿进行配合一致的教育，不断改进工作，提高教养质量。同时，要注意通过家长工作，加强与所在社区的联系，取得更广泛的支持与协助，有效利用家庭及社区资源，开展好班级保教工作。这样，也有助于家、园、社会一体化教育环境的形成，更好地实现教育培养目标。

总之，幼儿园的教育培养目标最终需要通过班级对幼儿进行的直接保教工作来实现，因而班级教养质量至关重要。班级教养质量的提高也是整个幼儿园管理活动成效的体现。

三、支持性班级学习环境的营造

有一种观点认为，幼儿教育的重要特点就是通过环境来进行教育。

2001年颁布实施的《幼儿园教育指导纲要（试行）》以大教育观来界定幼儿园环境，文件的第三部分关于“幼儿园教育的组织实施”中，还对环境做了专门论述：“环境是重要的教育资源，应通过环境的创设和利用，有效地促进幼儿的发展。”“幼儿园的空间、设施、活动材料和常规要求等应有利于引发、支持幼儿的游戏和各种探索活动，有利于引发、支持幼儿与周围环境之间积极的相互作用。”

环境可以分为物质环境和精神环境，或是静态环境与动态环境、硬环境与软环境。本书将“幼儿园环境”单独列为一章（第四章），主要是从幼儿园应提供的基本物质条件出发，探讨幼儿教育的硬件设施问题。然而，幼儿园的物质环境和硬件设施能否发挥作用，主要取决于班级教师这一关键因素。本书第四章介绍的幼儿园环境主要指静态的物质环境，这里着重探讨人际动态环境的创设及其作用的发挥。

教师是教育环境中最具能动性的因素，要使物质材料有利于引发、支持儿童主动获得经验，教师就要为班级的幼儿创设支持性的学习环境，发挥环境对幼儿行为的积极影响作用，使幼儿在与环境材料的相互作用中学习和成长。

（一）玩具材料的提供要将儿童置于活动主体的地位

幼儿园的教师要为儿童提供丰富并且恰当的玩具和操作材料。材料的提供一定要将儿童置于活动主体的地位，应有利于引发和支持幼儿通过与材料的相互作用，主动获取有益经验。这里衡量评价的标准并非是高档化，并非花钱买来的才是好的。农村有得天独厚的自然条件，幼儿园可以根据当地实际，使用大量乡土材料和玩具，如卵石、竹枝等自然材料，各种废旧半成品材料。再有，农村幼儿园周边就有丰富的自然环境，教师可以带领幼儿到田间地头去认识动植物的生长，未必要模仿城市幼儿园在室内搞自然角。城市幼儿园也应多为儿童提供半成品材料，便于幼儿主动操作和探究，创造性地加以使用。

教师在为幼儿创设支持性的学习环境、发挥物质材料的作用时，需要注意以下三点：

——材料应能体现教育意图，是教育目标、内容的客体化；

——材料应能激发幼儿的探索兴趣，满足其不断增长的需要；

——幼儿可以自主选择使用，与材料发生积极的相互作用。

（二）注意活动空间的合理结构和有效利用

在幼儿园里，幼儿的活动场地、空间要在满足当地基本要求的基础上，尽可能充分发挥作用。这里也有一个因地制宜的问题，即结构合理，因需调整，从而最大限度地发挥空间、场地的使用效益，而不是多多益善。相互攀比、搞超大规模，是不符合可持续发展思路的。

（三）活动室墙壁的布置

教师还要注意利用活动室的墙壁，可以将墙壁布置作为一种教育活动来开展，而不宜为布置而布置。有的教师将墙壁作为表达幼儿的经验、想法的空间，不断与幼儿进行“对话”，这不失为发挥静态环境的动态效能的良好经验。

在物质材料提供和空间利用上，人是最关键的因素。教师要对教育资源有正确的理解，发挥自身的积极能动性、创造性，在教育实践中认真分析、探索，注意发现和发掘周边教育资源，发挥环境中各种教育因素的作用，提供有益的学习机会，使儿童在与环境的充分互动中活动和发展。

（四）活动室环境设置的具体要求

教师在进行活动室环境布置时，可以考虑以下几个问题：

1. 活动室环境的规划和设计要以安全性为第一要务；
2. 活动室要通道畅通，便于走动，并且尽可能腾出比较大的空间；
3. 活动室布置及活动的安排要能使教师关注到每个幼儿；
4. 空间和活动区的设计要能够提示和激发相应的学习行为；
5. 教师呈现学习材料时要让每个幼儿都能清楚地看到和听到；
6. 玩具、活动材料和教学器材要容易取放；
7. 活动室环境要能够引起幼儿及成人的兴趣，使他们感到愉悦；
8. 要让幼儿参与布置活动室和创设学习环境。

环境的创设取决于教师的儿童观、教育观。教师要在实践中不断反思和调整自己的教育观，创设有益于儿童发展的班级学习环境。

再有，幼儿生活和学习的班级环境，不仅指物质的环境，还包括心理环境，或称之为软环境，这主要是靠班级保教人员通过与幼儿之间的人际互动来营造的。关于班级教育教学管理方面的内容已在本书第五章进行了比较详尽的讨论和分析，此处不再赘述。

第二节　班级保教工作管理

幼儿园的教育理念和具体的保教工作目标需要通过全园各个班级来实现。因此，必须要通过班级保教计划的制订、指导、实施和检查来达到幼儿园保教质量管理的目的。

一、班级保教工作计划的类型

为了加强幼儿园保教工作的目的性，必须提前组织制订全园的保教工作计划。包括一学年或一学期的全园保教计划，分年级保教计划。同年龄的各班还可以根据本班幼儿的情况拟出班级保教计划。

（一）班级保教计划内容

常用的班级教育计划主要有三类：学期计划、月计划、周计划和逐日教育计划。

1. 学期班务计划

制订班级学期计划（通常指班务计划），必须充分了解国家的教育方针政策及幼儿园的目标任务，领会或理解精神实质，学习了解国家的教育大纲或课程标准。如新颁发的《幼儿园教育指导纲要（试行）》的要求与内容，以及本园的课程模式。根据不同年龄幼儿发展的一般特点并结合本班幼儿实际，提出本学期班级总的教育目标，对保教内容的各个方面提出要求和措施，为促进幼儿身心发展创造条件。通常在学期计划中要规定出每月应完成的任务，长计划、短安排。

学期班务计划的制订如同园务计划，大致可以分为这样几个部分：

（1）班况分析。如本班幼儿目前的发展状况、各方面的能力表现等。应当在总结上学期班级教育和工作的基础上，分析已经取得的成绩和存在的问题。

（2）提出本学期工作总的任务、目标。

（3）将总目标分解为各方面工作的具体内容和要求，列出实施措施。

（4）本学期的重要工作安排。

2. 月教育工作计划

根据学期教育工作计划，逐月制订班级工作计划。每月计划的制订要注意在总结上月计划执行情况的基础上，提出下月工作重点及具体要求与措施，使每月教育工作成为实现学期目标计划的一个实际步骤。

3. 周计划和逐日教育计划

月计划要通过每周保教工作得到落实。教师应制订出每周完成月计划的进度，进一步明确工作要求、内容和措施。在制订周计划时，应根据工作的轻重缓急和先后主次，提出一两项主要工作或教育重点，注意将常规性工作与重点工作结合起来。

周计划还可进一步具体化为逐日教育活动安排，明确从周一到周五的活动内容。一般地，可以根据全天保教的时间程序，自幼儿入园至离园，对每天的具体活动做出大致的规定。以下是班级一周活动安排表的参考范例（表 6-1）。

表 6-1　班级一周活动安排表

第　周　　月　日—　月　日　　　　　　　　　　　　班级：

项目		星期					
		一	二	三	四	五	双休日
来园							
晨间活动							
早操							
教育活动							
游戏	上午						
	下午						
午餐、午睡							
户外活动							
一周工作重点：							

4. 每周/逐日教育计划的内容与格式

教育计划的制订体现着教育者的儿童观、教育观。有人曾对幼儿园教育工作计划的制订情况进行调查，发现目前存在的弊端是：计划的内容重上课、轻游戏和生活；计划种类繁多，但相互关联少，缺乏整体观念，存在着“各自为政”的现象；计划的制订有一定的主观随意性。

针对这种状况，我们认为在教育计划特别是周/逐日教育活动安排的写法上，应提供体现幼儿教育改革新思路的教育技术策略，从而引导教师教育观念的转变。教育计划的制订应由教案（作业）式的计划，转变为一日活动的整体安排。计划的格式如下表（表6-2）。

表6-2　第__周/逐日教育工作计划

班级__________　　教师__________　　日期：　月　日—　月　日

<table>
<tr><td colspan="5">本周教育工作重点：</td></tr>
<tr><td>星期</td><td>教育活动</td><td>游戏活动
（室内、户外）</td><td>生活环节</td><td>备注</td></tr>
<tr><td rowspan="2">一
（×月×日）</td><td>△活动名称
△目的要求
△材料准备
△方法步骤</td><td></td><td></td><td></td></tr>
<tr><td colspan="4">执行情况及效果记录：</td></tr>
<tr><td>二
（×月×日）</td><td colspan="4"></td></tr>
<tr><td>↓
……</td><td colspan="4"></td></tr>
</table>

以上计划的格式，可以体现在统一的教育目标下，各种教育内容、手段相互联系和渗透，日常生活与教育活动相结合。关于环境创设的要求和对个别幼儿的教育，以及需要家长配合的内容可附在备注中。教师在制订计划时，应意识到幼儿是发展的主体，应根据本班幼儿的年龄特点和具体生活经验，认真观察，充分了解，进行整体化教育。在每日教育活动计划下留出空格，教师可以对当日计划执行情况进行效果检验，明了是否达到目标，分析存在的问题，及时提出调整或改进建议。

（二）保教计划体系与执行流程

班级教育目标一般要按照时间序列，建立与教育目标整合一致的保教计划体系，长计划，短安排，分层次，系列化，逐层加以落实。如图 6-1 所示。

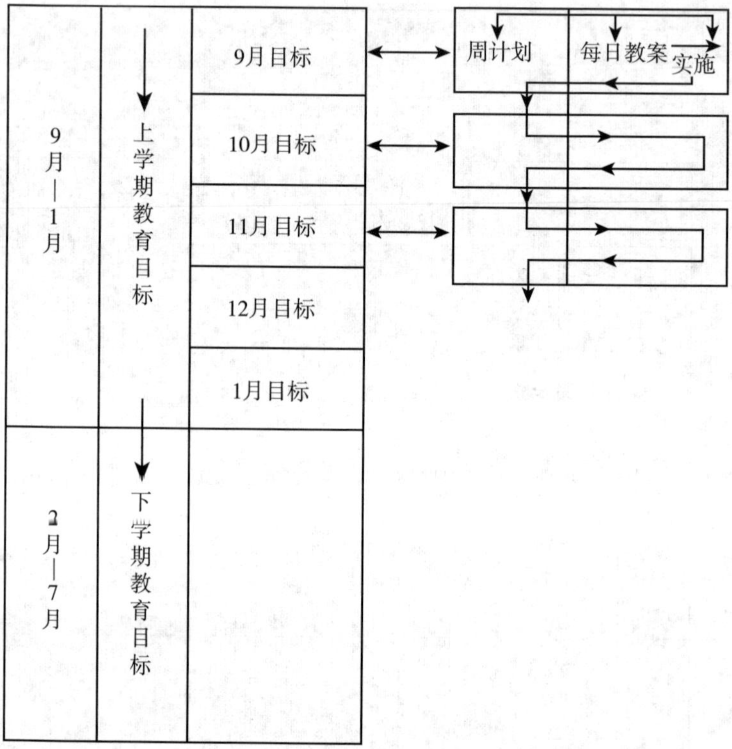

图 6-1　计划执行流程图

二、班级保教工作组织与实施的基本要求

（一）合理安排幼儿的一日生活

班级工作的组织与实施最终要通过幼儿的一日生活来体现，即我们要合理安排幼儿的一日生活，提高幼儿一日生活的质量。

1. 根据幼儿的年龄特点安排作息时间

安排幼儿活动时要考虑幼儿的发展特点，如小班幼儿注意力集中时间短暂，每次集体活动的时间安排不宜太长，午睡、餐点、上厕所等生活活动的时间可适当延长；相反地，大班幼儿的教学活动时间则要延长，其他活动时间可缩短。另外，如果班上活泼好动的幼儿特别多，可适当增加动态活动时间。

2. 活动的安排要动静结合

幼儿活泼好动，但身体包括神经系统的发育还不完善，容易疲劳，在一日活动安排中要动态活动与静态活动结合起来。动态活动如户外活动、律动、游戏等，静态活动如讲故事、午睡、点心、阅读等，两种活动应相互交替进行，如进行运动量大的活动后安排安静的活动。活动性质和形式的变化，本身就是一种休息的方式，变化不同性质的活动还能激发幼儿的兴趣。对于幼儿来说，要加大动态活动的比重，让孩子们多在户外充分活动身体，有益于他们身体的发育和心理的健康发展。

3. 室内外活动要交替进行

室内活动和户外活动应交替开展。幼儿身心发展不完善，不宜长时间在室内活动，而需要在户外活动中呼吸新鲜空气，舒展身体，消耗多余的精力等。同时幼儿又很容易疲劳，户外活动不宜运动量过大、运动时间过长，要与室内活动交替进行。幼儿园要保证孩子们充足的户外活动时间和运动量，每天不得少于 2 小时的户外活动。根据冬夏温度及日晒时间长短等的变化，可以适当调整室内外活动时间。

4. 教师主导的活动与幼儿自选的活动要平衡

教师应注重幼儿的个体差异及发展的自主性，教师主导或集体进行的活

动不宜过多。要让幼儿有依据自己的兴趣选择活动类型以及伙伴的机会，户外活动、分组教学、区域游戏等应占到一定比重。幼儿自选活动时自然地结成一定的兴趣小组，可以培养其自主判断及独立做决定的能力。教师主导的活动如集体教学、盥洗、午睡等，这类活动通常要求幼儿遵照成人的指示统一行动，带有一定的强制性意味。理想的状态是两种活动要取得平衡。

（二）注重教育的游戏性和整体性

“幼儿园以游戏为基本活动”是《幼儿园教育指导纲要（试行）》和《3—6岁儿童学习与发展指南》等国家文件都强调的基本原则。游戏是幼儿园课程的重要组成部分，也是区分幼儿园教育和小学教育的重要标准。小学生拥有系统的教材作为学习的材料，而幼儿由于神经系统发育的不成熟和不稳定，以及具体形象的思维特征，教师必须根据幼儿的特点和兴趣，将教育游戏化，一日活动中以游戏为基本活动。

幼儿的游戏就是学习，幼儿园的教学活动也应是游戏化的活动。苏联心理学家维果茨基认为，游戏创造了儿童的“最近发展区”。对于幼儿来说，游戏是一种符合儿童需要的“学习”活动，游戏是否能促进儿童的发展，要看游戏是否与儿童的发展需要相吻合。只有当游戏与幼儿心理发展的需要相吻合时，这种活动才是有意义和有价值的。

在组织幼儿活动时，教师应注重教育的整体性，即不仅要合理安排幼儿的一日生活，注重游戏性，还要注重教育的整体性。例如：教育与环境的关系，为幼儿创设有准备的、支持性的环境，引导幼儿在与环境的相互作用中学习；发动家长参与到班级的教育教学工作中来，形成教育合力，共同培养我们的孩子。

（三）教师之间的分工与合作是保证计划得以实施的关键

班级有两位或两位以上教师的，要注意教师之间的分工与合作。计划制订以后，是否能够达到预期的效果，关键要靠班级里教师之间的分工与合作来完成。具体到每一天的工作，班上几位教师之间的分工与合作显得尤为重要。它关系到幼儿在园的安全，关系到幼儿教育的质量。

三、对班级保教工作进行检查和总结

（一）检查是推动班级保教工作有效开展的重要措施

保教工作是有计划、有目的的管理过程，包括制订计划、组织实施、检查、总结四个环节。计划是管理工作的起点，组织实施是管理的中心环节，其组织实施的效果需要进行全面检查和评价，及时总结分析，发现成绩和缺点，总结经验和教训，提出下一步努力的方向和改进的内容。

检查贯穿管理的全过程，是实行阶段的必然发展，也是总结阶段工作的前提和依据。检查是为了促进工作计划的执行，可以掌握工作的进展，及时发现解决问题，总结推广经验，促进各方面工作的有效进行。通过检查，还可以督促和指导教师的工作，评价其工作情况，促进相互学习，取长补短。比如组织班级教师之间互相看课、观摩半日活动等，帮助教师进行自我检查和相互评价，以更好地发现自己的问题，更好地反思、总结，检验教育效果。

检查是推动班级保教工作顺利开展的重要措施，是保教工作计划获得预期成果的保证。班级管理者应注意通过检查这一环节，把握计划实施的真实情况，及时解决执行中的偏差和问题。要根据实际需要，采取多种检查的方式，多方面了解情况，掌握全局。比如定期检查和经常性检查相结合，园内检查和自我检查、组织机构外部（家长、社会公众、专家团队等）的检查和评价相结合等。

在对保教计划进行检查时，要注意以保教目标为依据，及时收集准确可靠的信息，检查方式多样，并分析检查中发现的经验，对发现的问题进行指导。检查本身不是目的，而是一种管理手段，目的在于推动计划的实施，促进工作的改进。要通过检查，发现问题，订出切实可行的措施，帮助被检查者或自己改进工作，以便实现任务目标。

（二）班级工作总结的内容

一般地，执行计划就需要做相应的总结。班级工作应通过适时的周期性总结，推动管理过程不断运转，促使教育和管理走向科学化。班级工作总结的主要内容应该包括以下几点。

1. 班级工作计划的完成情况

在进行班级工作总结时，我们应该对照学期初的工作计划，逐项进行评价，各项工作是否在规定时间内完成或基本完成。如果没有在规定时间内完成的话，教师就应该实事求是地分析、寻找原因，总结教训。如果完成得很好，我们也可以分析和总结经验，为以后制订新的工作计划提供参考。

2. 班级工作质量的评估

班级工作的质量，主要在于班级保教工作的质量，由以下几个方面组成。

（1）儿童健康和发展状况。包括儿童每月和学期的出勤率、发病率和身高、体重、血色素的达标情况、生活习惯和行为习惯等。

（2）教育工作状况。包括各领域教学计划和目标完成的情况。班级工作的质量从孩子各方面的发展、班级氛围等方面进行总结和评估。

（3）家长工作情况。包括与家长配合情况、家园沟通情况、家长反映的问题及改进措施和效果等。

3. 班级教师的工作状态

除了总结教育教学、幼儿发展和家长工作等情况之外，教师的工作状态也是总结的一个方面，并且是班级管理的重要内容。因为教师的工作状态在班级管理中起着决定性的作用。我们可以将一学期以来，班级教师如何做好本职工作，发挥自己的优势对班级工作作贡献，教师之间是如何团结一致克服困难的，克服了什么困难，沟通不及时带来了哪些问题等进行总结，以促进今后工作的开展。教师不是作为个人在工作，班级管理重要的是促进教师之间的协作。在对班级教师的工作状态进行检查、关注教师个体的情况时，也需要关注教师之间的全局意识和团结协作的工作状态。教师之间从幼儿发展出发进行分工与合作，共同承担班级工作，遇到问题时大家共同来面对，建立命运共同体。营造良好的班级人际氛围，教师工作起来会更有效、更愉快。

（三）班级工作总结时应注意的问题

班级工作总结是管理过程螺旋式上升的关键一环，具有承上启下的作用。所以，我们每学期都应该认真对待总结工作。

1. 总结是对班级工作的评价和反思

总结应注意以目标和计划为依据，以实施过程中的检查为结果，判断工作的成绩与差距。总结还要以平时的阶段小结为基础，注意掌握丰富的事实材料。这就要求教师平时要多观察和收集幼儿的信息，撰写幼儿个案等。总结的内容应全面，应对管理工作的全貌有较为充分的了解，这样才能明了工作成绩、问题及原因。

2. 总结应是一种班级集体行为，具有激励教育作用

总结应动员班级教师都参加讨论。总结是对工作全过程的回顾。回顾过去是为了展望未来，将总结找出的问题或不足作为下一次制订计划的重要参考依据，积极改进工作，确立新的奋斗目标，增强班级集体成员的信心。

3. 总结应注意探讨规律

总结不是流水账，单纯罗列现象是没有任何意义的。总结应注意分析、探讨规律，将实践中的感性认识提高到理性阶段；再将实践证实的带有规律性的经验充实、完善到管理工作中，使之制度化、规范化，用以指导今后的实践，从而促进工作质量的提高。

总之，幼儿园班级管理涉及计划、实施、检查、总结四个环节。这四个环节是紧密联系、环环相扣的，任何一个环节的松懈都会影响班级管理的效果。其中，计划是统率整个班级管理过程的重要环节；实施是计划落实的中心环节，是工作的主体；检查是对计划的检验，是对实行的督促、保证环节；总结是管理过程的最终环节，是对计划、实施、检查的总评价，起到承上启下的作用，是制订下一个周期计划的依据。在总结的基础上，确立新的目标，制订新的工作计划，使管理活动顺利进入下一个新的周期。在这个过程中，教师也在不断地成长，并逐步看到成效。

第三节　班级日常生活管理

幼儿生活管理是由班级保教人员和保建医生、伙食人员等共同承担的。班级是幼儿园的基层组织、基本单位，也是幼儿真实具体的生活场所，因而需要着重探讨教师对班级幼儿的日常生活管理问题。

一、幼儿生活管理的意义和要点

幼儿的生活管理与指导是班级日常性卫生保健工作，其重要意义在于，可以使幼儿在每日的生活活动中得到细致的照顾和科学的健康教育，同时引导幼儿在生活中学习。幼儿生活管理也是班级管理的重要内容。

当前学前教育改革的一个重要课题就是幼儿教育生活化。幼儿生活管理实际上体现了幼儿教育不同于其他阶段教育的一个重要特点。幼儿教育生活化体现出开放的教育观、课程观。幼儿教育要寓教育于生活之中，实现教育与生活的一体化。幼儿教育生活化强调丰富幼儿的生活体验，注重培养儿童对生活的态度、习惯和能力，这些都是素质教育的基础。生活中的教育能够使幼儿感到自然、亲切、开心，在生活中自然而然、潜移默化地学习。有人说："一个日子，一个孩子，就是教育。""善待每一个日子，呵护每一个孩子，就是教育的全部。"

幼儿教育生活化要求教师具有较强的教育意识和教育技能，能够在生活中随时启发诱导，培养幼儿良好的生活习惯和能力，要能够发掘、发现和有效组织生活中的多种教育因素，把握教育契机，因势利导，把计划性和灵活性结合起来。要使班级日常生活能够有序进行，就需要班级保教人员认真执行保教工作常规，安排好各项活动的时间，明确保教人员的职责，在一日活动中相互协调配合，为幼儿营造和谐健康的生活和学习环境。

班级日常生活管理有两大要点，即幼儿的身心养护和生活指导。幼儿的身心养护是实施教育的基本前提和基础。教师要注重在一日生活中把保育和教育结合起来，促进儿童生理心理的健康与和谐发展。生活指导指的是教师要对儿童的生活态度、生活方式、生活习惯和能力进行指导。有人提出，“幼儿园教育本来就应该以生活指导方式来进行。”教师要引导幼儿在生活中学习，突出一日生活中的养成教育，使他们能够健康积极的生活。

二、班级日常生活管理的内容

关于幼儿的日常生活管理，班级保教人员需要做好以下几方面工作。

（一）幼儿健康状况的观察和检查

班级保教人员要根据卫生保健制度的要求，每日坚持对幼儿进行晨间检查和全面观察。通常要求做到一摸二看三问四查。一摸，是指摸摸孩子的额头看有无发烧；二看，指看咽部、皮肤和精神情绪状态；三问，指了解幼儿的饮食、睡眠和大小便的状况；四查，是指检查有无携带不安全物品，发现问题及时处理。教师可以准备晨检卡，记录检查的内容及结果，如表 6-3 所示，以便能够全面观察、个别照顾。要在了解班级每个幼儿生长发育的基础上，对幼儿身体健康状况做出正确评价，在一日生活中给以相应的照顾。

表 6-3　晨间检查及全日观察异常情况记录表

日期	姓名	班级	晨检情况			全日观察情况		交班要点		
			体温、精神、口腔、皮肤等	家长代诉	处理	体温、精神、食欲、大便、小便、睡眠	处理	用药	其他	签名

说明：本表由保健员晨间检查后填写，交各班保育员观察，做好记录并签名，于下班前向保健员交班。

（上海市普陀区教育局幼教科提供）

（二）注重对幼儿的生活护理，培养良好的行为习惯

班级保教人员要认真执行生活制度，注重建立幼儿常规，加强对幼儿的生活护理，培养良好的生活卫生习惯。可以根据天气、幼儿体质的差异和户外体育活动前后等不同情况，及时增减衣服，避免着凉或受热。按时开饭，保证进餐的时间和进食量，指导幼儿文明进餐，讲究进餐的环境，吃饭前后不做剧烈运动。保证幼儿有充足的睡眠。保证幼儿的饮水量，除了安排饮水时间，可让幼儿随渴随喝水。允许幼儿随时如厕大小便，注意培养在清洁活动中的自理能力。提醒和帮助幼儿擦鼻涕、梳头、剪指甲等。

要在一日活动中培养良好的生活卫生习惯，如知道饭前便后、手脏时要洗手，学习正确的洗手方法；能独立进餐，养成不挑食、不剩饭菜等良好的进餐习惯；不乱丢果皮纸屑，知道保持物品、玩具的清洁，有环境卫生意识。

教师要在日常活动和一日生活的各个环节对幼儿进行常规教育和养成教育，帮助幼儿建立秩序感，培养良好的行为习惯，学习与人交往的行为方式，促进幼儿自主发展。

（三）创设良好的生活环境与和谐的人际心理氛围

班级保教人员要注重为幼儿创设良好的生活环境，营造班级良好的人际心理气氛。要保持室内空气流通，午睡时掌握关窗、开窗的时间。创设安静、舒适、清洁和安全的进餐、睡眠和活动环境。定时定期做好消毒工作，如被了毛巾消毒、玩具消毒，定期换晒被褥。注意不同性质活动的交替安排，户外活动时掌握好幼儿的活动量。不仅要创设良好的物质环境，还要建立和谐的师生关系，营造良好的人际心理环境。

要注意让幼儿在一日生活中情绪愉快、平稳，避免出现过度亢奋、浮躁不安或过于压抑的情绪。教师要调整与幼儿的相互作用方式，关注、倾听和接纳幼儿，避免从成人角度居高临下地对待幼儿，特别应注意不要将不良情绪带到教室中来。

环境中的人际心理氛围是在师幼相互关系中体现出来的心理环境，这种

环境对儿童的影响最为强烈。由师生关系所营造的人际心理氛围可以使儿童感知到教师的态度，直接影响着幼儿积极性的发挥，并制约幼儿的学习，决定了教育过程能否取得预期成效。教育环境中的人文情感因素具有感染性，这是与幼儿情绪情感因素作用强、易受环境影响的特点相一致的。

教师要注意营造对幼儿具有激励作用的良好人际环境，通过自己的言谈举止，与幼儿交往和调整相互作用的方式，深层次地尊重和满足幼儿对爱和安全感的需求、探究和认识周围世界的需求。如，教师要关注、倾听儿童，理解具体情境下儿童的行为特点，使幼儿感受到教师对自己的关注和爱。要把儿童放在活动主体的地位，创设支持性的人际环境和心理氛围，使每一个儿童都能在幼儿园愉快地生活、学习。教师要注意以良好的言行举止规范自己，作幼儿仿效的榜样，而不能将个人不良情绪带入教育环境中。

教师是教育环境的核心，教师对幼儿的态度和相互作用的方式影响着幼儿对外部世界的认识和理解，要站在孩子的视角，理解和接纳他们，尊重和满足幼儿探究和认识周围世界的需要。为此，就要注意避免对幼儿的误解，耐心和宽容地对待幼儿的错误，不使用同一尺度衡量孩子，把尊重个别差异落实到行动中。

营造班级良好的人际心理氛围，要求教师在实践中不断反思，在正确的教育观念指导下，调整自身的态度与行为，真正使幼儿能够“在快乐的童年生活中获得有益于身心发展的经验”①。

（四）确保户外活动时间，开展经常性的体育运动

体格锻炼对幼儿的发展很重要，班级教师应该有目的、有组织地开展经常性的体育活动。要注意利用自然因素，保证足够的户外活动时间，增强幼儿体质，减少发病率，增强他们对外界环境变化的适应性，增进健康，同时通过体育活动促进幼儿动作和活动能力的发展，能够动作协调、反应灵敏。教师还要注意在活动中培养幼儿活泼愉快的情绪和勇敢坚强的性格。

①《幼儿园教育指导纲要》（试行）总则中提出，幼儿园教育要使幼儿“在快乐的童年生活中获得有益于身心发展的经验”。

幼儿体格锻炼一定要遵照循序渐进的原则，有步骤有计划地进行。教师要注意掌握运动量，锻炼强度由小至大逐步加强，持续时间由短至长逐步增加，并根据幼儿的活动情况，进行生活护理，如调整着装。开展户外体育活动要坚持一贯性，持之以恒，还要注意激发幼儿热爱活动、产生对活动的兴趣。

（五）密切教师和家长的联系与配合

保教人员在对幼儿的生活管理方面，应注意经常与家长联系沟通，交流有关幼儿在园和在家生活的信息情况，了解个别差异，以便及时和有针对性地采取相应措施，家园相互配合，共同做好幼儿的身心养护和生活指导工作。

保教人员特别要做好新入园幼儿的工作。幼儿从家庭进入幼儿园，是他们社会化的一个环节，是人生的一个重要转变。幼儿来到一个陌生环境，与家长分离，必然会产生入园焦虑。班级保教人员要以关切的态度，采取必要的措施，帮助幼儿和家长实现入园适应。教师要通过与家长积极互动，密切合作，减缓孩子的分离焦虑，帮助他们尽快适应幼儿园生活。良好的生活起步，对于儿童逐步独立和日后走向社会，有着重要意义。

在幼儿的生活照料、养成教育和安全管理等方面，都需要教师与家长积极沟通，密切配合协作，在技能方法上给予引导和帮助，分享经验，相互学习。

（六）班级用品的保管和维护

活动室中准备一些家具设施和班级物品是进行保教工作的基本物质条件。班级保教人员在对幼儿进行日常生活管理和指导的同时，还要做好班级用品的保管和维护工作。

要本着勤俭节约、物尽其用的精神，关注家具、设备设施的使用情况，配合相关人员，及时维护整修，以方便使用，确保安全和延长使用寿命。

三、日常生活中的安全管理和教育

教师要能结合一日生活和体育活动的开展，对幼儿进行安全管理和教育。

（一）维护幼儿安全的原则

1. 防患于未然，加强预见性

首先应该事先预料可能发生的危险，如对户外活动场地或设施能意识并发现是否存在不安全隐患，并采取必要的防范措施，防患于未然。这是维护幼儿安全的首要原则。

2. 组织有序，稳定幼儿情绪

幼儿情绪浮躁，往往是因为活动组织不力，活动安排不适宜，导致秩序混乱，这也是一种不安全因素。教师应注意建立符合幼儿身心特点的生活制度与常规，教育活动内容适当充实，组织活动有条理、有节奏，形成和谐有序的环境氛围。

3. 提供充分的活动时间和空间

教师应注意为幼儿提供较充分的活动时间和足够的活动空间，避免幼儿因为过于拥挤而发生危险，造成意外伤害。

4. 教育和信任并重，处理好“管”与“放”的关系

教师应注意使幼儿了解行为规范，加强管理与指导，同时又不过分限制幼儿身心发展的需求。要以活动促发展，促进运动能力和协调行为能力的提高，在此过程中使幼儿掌握安全活动规范，培养自我保护能力和安全意识，而不是硬性限制，或单纯禁止幼儿的自由活动。“因噎废食”是安全之大忌。教师要避免焦虑心态，这不仅于事无补，反而会影响幼儿的情绪。

班级教育与管理上应从消极防范转变为积极促进。教师要在各项活动中进行具体引导，注意培养幼儿的适宜行为，增强其自主行为的能力，使教育活动的组织达到收放自如。

（二）幼儿安全管理与教育的内容方法

教师要在日常生活中增强幼儿对活动安全的认识，并且要有明确而具体的行为要求。

1. 关于活动安全的教育和管理

幼儿活动安全涉及室内和户外。室内活动安全方面，比如使用剪刀等危

险性工具时，要注意教幼儿掌握操作技能、要领。剪刀用毕要合好。不能拿着剪刀乱跑。除非特别规定，不准幼儿玩弄电源插座、插头、电线，不能玩火柴、打火机等。不吞食非食物的东西，比如玻璃球、钱币等。

要建立户外活动的规则，如使用户外活动器械要遵循正确的运动技能和方法，遵守活动规则，不得做任何危险的动作。走路奔跑要注意四周，不猛跑猛拐，防止相互碰撞。外出活动，要整理好衣服，提好裤子，系好扣子、鞋带。

要注意教导儿童在户外游戏或出游时不远离集体。

幼儿户外活动的设施、玩法、学习经验与常规的内容参见下表（表 6-4）。

表 6-4 户外活动的设备、设施、玩法与常规

设施材料	玩法	学习经验	游戏常规
秋千	•坐着或站着摇荡	•轮流、等待 •判断安全距离 •协调动作 •有节奏地运动	•保持稳定的摇荡，不用时应让它停止 •不玩秋千的幼儿应远离 •不得在秋千未停时往下跳
滑梯	•脚朝下坐着或躺着滑	•轮流、等候 •体验和了解重力 •能对彼此应保持的安全距离作判断	•不得带玩具等物品上滑梯 •在滑梯上不得彼此推挤 •要与前面幼儿保持适当的安全距离 •滑下后应立即站起来离开 •只能用简单安全的姿势下滑 •根据滑梯大小规定使用人数
跷跷板	•坐在上面升高或降低	•平衡感 •比较重量 •了解高低 •体验变化	•禁止站在上面 •要等双方都坐好后才开始玩，两手紧握扶手 •不可将板用力碰撞地面 •一个位置只能坐一名幼儿，板子中间不可以坐人 •接近地面时，注意手或脚不要放在板下 •从跷跷板上下来时，一定要跟对面的幼儿说 •不玩的幼儿应远离

续表

设施材料	玩法	学习经验	游戏常规
摇船（摇椅）	• 摇，边唱边摇	• 轮流、等待、分享 • 运动知觉 • 节奏性运动	• 依座位情况限定人数 • 在指定地点轮流等待 • 不玩的幼儿远离
攀登架	• 攀爬、追逐游戏	• 手脚动作协调 • 空间知觉 • 勇气、能顾及到别人 • 相互协调	• 攀爬时手上不可以拿东西 • 要特别留意不要妨碍到别人
爬绳（爬网）	• 攀爬、摇荡	• 空间知觉 • 动作协调 • 身体灵活 • 臂力、勇气 • 自信	• 手上不能拿东西 • 手抓紧绳索，两手交错向上攀爬 • 根据爬绳粗细限定人数 • 要特别留意不妨碍到一起玩的幼儿
爬杆	• 抓握、爬高、滑下	同上	• 每次只能1人玩 • 其他同上
单杠	• 用手或膝吊挂 • 杠上回转翻身下	• 臂肌力 • 动作协调 • 运动知觉	• 每次只能1人玩 • 回转翻身时，最好请老师在旁协助，掌握后再独立玩
带轮玩具，如手推车、三轮车、拉车	• 拖拉、推或踩踏着玩 • 搭乘着玩等	• 轮流、等待 • 臂肌力 • 协调动作 • 掌握方向	• 在指定区域玩 • 不能故意推车撞人或撞物 • 行进时保持适当速度 • 玩完后将车子送回预定停放处
躲藏的地方，如小木屋、水泥隧道	• 躲藏 • 独处 • 布置角色游戏	• 情绪的满足 • 分享、协作 • 想象、表达与表现 • 生活经验	• 根据场地大小限定人数

续表

设施材料	玩法	学习经验	游戏常规
拳击袋	•击打、推	•眼手协调 •力量 •准确性、敏捷性 •发泄情绪	•击打袋子时，不得故意去打别人 •每次最好只有2人玩
轮胎	•跳进、跳出 •沿轮胎边缘走、坐、滚动、踩踏等	•平衡感 •感知弹性、柔软性 •协调动作	•滚动时宜在空场地上，远离别人 •沿轮胎边缘走，只限1人
球	•传送、滚、丢、拍、弹跳、坐 •团体游戏	•轮流、分享 •视知觉与动作的协调 •灵敏性	•宜在指定区域玩 •禁止用球任意打人 •如果球掉落园外，要请成人帮忙拿回
木箱、木板梯子等建构器材	•自由建构（如火车、桥、隧道） •爬、跳、躲藏	•合作计划 •创造想象 •操作技巧 •平衡感、动作协调	•建构物不宜太高，以免倒塌 •与其他幼儿共同分享器材 •当别人不玩时，才可拆掉原来的构造
沙土	•自由构造 •挖、倒、装入容器 •堆叠、过筛、与水混合玩、雕塑	•触觉刺激 •感知沙土的可塑性 •容量、多少与深度的判断 •合作计划 •创造想象 •各种工具、容器的认识与使用	•不得推人或禁止别人玩 •沙土不可以朝着人扔或拿来吃 •与一起玩的伙伴分享容器、工具 •不可将沙土搬到别处 •不得将玻璃、碎纸等废物放入沙土中 •根据场地大小限定人数 •玩后，将玩具放回原处，把身上的沙土清理干净
木工设备	•锯、刨、自由构建 •涂上漆 •用砂纸磨	•眼手协调 •小肌肉动作能力 •计划、合作 •使用和保管工具 •自信、成就感	•正确安全地使用工具 •根据空间大小和设备多少限定人数 •将木块固定好后才可以锯 •玩后收放好工具

2. 关于交通安全的教育和管理

引导幼儿学习认识交通标志，遵守交通规则。乘车时，不可将头和手伸出窗外。在车上不得大声喧哗，不在车上玩耍和跑动，要扶好车把，不玩弄车窗和车门，以免发生危险。

要确保幼儿活动安全，教师一定要加强安全意识，注意安全防范，及时发现并清除安全隐患。教师还应随时关注本班幼儿情况，采取积极有效的措施，并与有关方面相互配合（如，幼儿园要把好门卫关，幼儿入园和离园时，要有值班人员守候；户外活动时，要关紧大门，不让幼儿单独离园，不让陌生人接走幼儿），共同搞好幼儿的安全教育和管理工作。

为做好幼儿生活护理和安全管理工作，班级教师还需要学习一些维护幼儿安全的知识以及紧急处理意外伤害的技能，必要时及时采取有效措施。为此，幼儿园的各个班级应当备有小保健箱，并准备一些常用药品（如外用药、防治常见病的中西成药）及一些简单医疗用具。保健箱及常用药品应妥善放置、保管与使用。了解并掌握一些常见意外事故，如摔伤，烫伤，烧伤，异物入口、耳、鼻，触电，溺水，交通事故等的紧急处理办法，以便及时予以救助，避免延误。还可了解如止血、骨折、食物中毒等的紧急处理和救助措施。

资料 6-1 介绍了一些幼儿常见事故的急救方法，供参考。

资料 6-1

幼儿常见事故的急救

鼻出血的处理

幼儿鼻出血时，一忌仰头，二忌捏鼻，这两种方式都会使流出来的血液反流入喉，形成反呛，有的甚至造成窒息。遇到鼻出血首先要稳定幼儿的情绪，安慰幼儿不要紧张、不要哭闹，提醒幼儿张口呼吸，并立即帮助幼儿采取以下方法进行止血。

1. 指压止血法

让幼儿保持正常直立或取坐位，身子和头要稍微前倾，用手指压住贴鼻骨的边缘，向鼻中隔方向压迫3～5分钟，哪边鼻腔出血就压哪边，并保持另一边鼻腔通畅。中间不要放松压力来查看流血是否停止，同时可以用湿毛巾冷敷前额、鼻部。

2. 压迫填塞法

如果出血量大，或用上述方法不能止住出血时，可采用压迫填塞法。具体方法是：用脱脂棉卷成如鼻孔粗细的条状，充填鼻腔。要填塞紧点才能止血。

鼻血止住后，让幼儿保持安静，不做剧烈的运动，更不要抠挖、摩擦鼻子，以免再次引发流血。

若经上述处理，鼻出血仍不止，应立即去医院处理。若从鼻孔流出的血已不多，但幼儿有频繁的吞咽动作，一定要让幼儿把“口水”吐出来。若吐出的为鲜血，说明仍在出血，要送医院处理。这是因为鼻后部出血很难用一般的止血方法止住，若大量出血，会十分危险。

止血

如果儿童受伤之后出现流血，就要及时止血，以防失血过多，危及健康。

出血的处理原则是压迫血管，阻断血流。

如果是小伤口，可用干净的纱布、手绢、毛巾扎紧出血处，即可止血。

如果伤口过大，出血过多，则须在伤口上加一层棉花、纱布之类的软垫，再用较长、较宽的布带子缠紧，可临时止血，然后及时送医院。

骨折处理

如果儿童跌摔之后，肢体失去原有功能，甚至出现变形，说明儿童骨折了。

骨折的急救原则：教师先进行清洗、消毒，并用宽绷带和木板等将骨折部位的关节暂时固定，切不可揉搓骨折部位，发现伤处流血时要采取相应部位的止血措施。

四肢骨折的处理：在断肢上垫些软物，用木板（竹片、硬纸板均可）将断肢及上下关节固定，再缠上绷带，及时送医院。木板或硬纸板的长度必须超过伤处的上下两个关节，将伤肢的两个关节都固定住，同时露出手指或脚趾，以便观察肢体的血液循环。

头部骨折的处理：用沙袋、衣物将头固定，使之不晃动。

凡怀疑伤及腰部者，严禁伤者走路、弯腰。应找硬木板或门板作担架，将患者固定在担架上。严禁背、抱伤者或用软担架抬送，这样容易使断骨刺伤骨髓，造成截瘫。

异物进入鼻孔、耳朵的处理：如果异物未造成鼻孔的赌塞，教师可用湿纸巾或干净的面巾纸捻成条伸入到幼儿的鼻孔中，轻轻转动，以刺激鼻黏膜，促使幼儿打喷嚏将异物喷出。小虫等异物进入耳中，可将耳朝向有光的方向，或用手电筒照射，诱使小虫爬出。如上述方法无效，则须尽快送医院。

食物中毒的紧急救助

儿童误食有毒物质，如及时发现，可通过洗胃减轻毒物的吸收。

方法：让中毒者喝下大量清水，用筷子、手指等刺激其舌根部位，引起呕吐，吐出毒物。反复进行。

如果进食毒物已超过 4 小时，毒物已入肠道，此时洗胃无效，要让病儿喝大量稠米汤、蛋清、牛奶，保护胃肠黏膜，立即送医院。

烫伤的处理

儿童发生烫伤之后，要立即用干净冷水冲洗创面，一般要持续冲洗 20 分钟。可冲下创伤面的脏物，并减轻疼痛，缩小红肿范围。对不易冲洗的部位，可用冷毛巾冷敷，然后在烫伤部位擦烫伤药膏，预防感染。

如伤面已起水疱，可用干净纱布盖好，使疱内积水慢慢吸收。不要挑破，否则易造成感染。

大面积的严重烧烫伤及头部烧烫伤，要立即送医院救治。

第四节　幼儿行为管理

一、幼儿行为管理的含义

（一）幼儿行为及其管理

班级管理特别是有关幼儿行为的管理，对于教师而言，是比较困难的工作，也是持续的挑战。无论教师的资历有多深，经验有多么丰富，都需要不断去面对不同班级的儿童以及新环境的差异带来的各种问题。很多年轻教师特别是新手教师，更是会对处理幼儿不当行为问题感到棘手和焦虑。这个问题事实上是与教师本人的教育理念和认识情况密切相关的。

幼儿不同于成人，他们的喜怒哀乐都表现于外，行为是幼儿的一面镜子。透过行为，可以了解他们的身心发展水平。因此，对幼儿的管理主要是对其行为的管理，准确地说，是对幼儿的“管教”。通过实施同步的管理和教育，引导并强化幼儿的积极正面行为，改变和调整幼儿的不适当行为，同时，帮助幼儿学习约束和管理自己的行为。

关于幼儿的行为管理，本章着重探讨不适当行为问题的教育和管理。

（二）正确认识幼儿的不适当行为

不适当行为是指在班级中某一特定时刻，幼儿的行为表现妨碍了他人或学习活动的进行。所谓不适当是指幼儿所表现的行为对自己、对别人或环境是不恰当的。幼儿的行为可能并无所谓对与错，只是在当时情景下是不恰当、不适宜的。

社会化是幼儿阶段儿童发展的重要任务和课题，通过教育和学习，儿童逐渐学会符合社会要求的行为。幼儿的不适当行为是与所谓“适当行为”相对应的。对不适当行为的认识和管理受到教师儿童观、教育观的影响。如，有的教师称之为“问题行为”，这是以成人为中心来界定的，关注幼儿行为对成人的干扰和影响。对幼儿的行为不宜从道德意义上加以判断。幼儿是正处于身心迅速发展的不成熟个体，他们的年龄特点包括充沛的精力和在认识上、经验上以及能力水平的不足，决定了他们往往不能很好地表现出成人所要求的行为，而不是有意要做出不良行为。

另外，还要认识到，不适当行为或“犯错误”对幼儿来说也是一种学习，是成长中的必然经历，正所谓“学校是可以犯错误的地方，孩子是允许犯错误的年龄”。重要的是要因势利导，帮助幼儿积累经验，学习解决问题的方式，而不是抓住错误不放，甚至做出有损其人格的批评、惩罚。

教师对幼儿不适当行为的管教和辅导是为了减少不适当行为的发生，不使再犯，最终目的是要形成良好的行为习惯，为养成健全人格奠定基础。

二、幼儿不适当行为的类型和产生的原因

班级中，常见的幼儿不适当行为通常有以下几种表现：

——不成熟行为：表现为好动、冲动、易分心、过度依赖、把想象当作现实等；

——缺乏安全感的行为：例如害怕、自卑、害羞、认死理等；

——不良习惯：如不良的卫生行为习惯、学习习惯等；

——与伙伴之间关系问题：例如攻击性行为；

——反社会行为，这是相对于亲社会行为而言的：例如，不服从、偷窃、说脏话、破坏、说谎等；

——行为偏差或不适当问题：例如，吸吮手指、睡眠困扰、口吃、饮食问题等；又如孤立、残酷等行为偏差，以及性别角色偏差等。

（一）不适当行为的类型

幼儿不适当行为可以有不同的类别划分。以下是从不同视角对幼儿不适当行为的分析，不乏借鉴和启示。

1. 从不适当行为的指向上分类

——攻击或反社会行为，着重在与人关系方面的不适当行为；

——违规行为；

——破坏行为，指对物的行为；

——情绪及依赖行为；

——参与社会或幼儿园活动方面的问题；

——饮食行为等。

2. 根据不适当行为的严重程度分类

对教室内发生的幼儿不适当行为可以根据其严重程度进行类别划分。

(1) 不是问题的行为。这类行为可能会短暂干扰学习活动，还不至于对教学的正常进行产生影响。如，幼儿行为表现出上课或活动时不专心。

(2) 轻微的问题。幼儿出现违规行为，但是并不经常发生或不太严重，只是干扰少数人。例如，在室内乱丢垃圾，玩了玩具不收拾。

(3) 范围和影响有限的问题行为。幼儿的行为会影响某些人的学习活动，有时比较严重，但是属于单独的违规事件，例如对人粗鲁或打人。

(4) 问题扩散或扩大。幼儿的行为已经对他人和集体造成威胁。如，在教室发脾气大声喧哗、不听从教师的教导、拒绝合作等。

教师要分析教室内行为问题发生的严重程度，决定介入的方式和采取适宜的对策。

3. 根据不适当行为发生的不同阶段分类

对幼儿的不适当行为也可以根据行为发生的不同阶段划分类别，如，问题刚开始时、问题仍然比较轻微时和问题严重时。教师对处于不同阶段的行为可以依事情的轻重缓急予以不同处理。当然，教师最好能够预见到问题的苗头，在问题发生之初就加以处理，而不是等到问题已经比较严重了才注意到，那样，处理起来就会比较棘手、复杂。

对于各种各样的行为问题，教师可以参考相关的管理原则，综合采用不同的方式，寻求最适合的解决策略。

（二）幼儿不适当行为产生的原因

不适当行为产生的原因，主要可以归结为幼儿本身和外部环境两个方面。

1. 幼儿身心特点和发展水平

从幼儿自身的角度来分析不适当行为产生的原因，主要是幼儿的身心发展特点决定的，有生理因素和心理因素。

精力充沛、活动性强、对外界充满兴趣和探究欲望是幼儿阶段儿童的普遍行为特点。由于认识和行为上的不成熟，以及情绪和情感方面的需要比较强烈，会导致行为不当。例如，幼儿因认识能力和经验有限，有时会不明白教师的要求、达不到教师的期望；渴望受到注意、关注，对教师组织的活动不感兴趣、觉得没意思；有时，幼儿会因为愿望没有得到满足而受到一些挫折，感到生气、怨恨，觉得无望和无助，因而出现一些不适当行为。

幼儿不适当行为的发生，往往也与他们先天的气质类型和身体的变化（包括生理化学变化）有着密切相关，表现出个别差异。

2. 外部环境的影响

环境对幼儿行为有重要影响。年龄越小，对环境的依赖程度越大，也就是说环境对他们的影响作用越大。幼儿教育可以看作是环境教育。外在环境的影响包括营养医疗、文化刺激、家庭教养、教师的引导示范以及伙伴之间的相互模仿等。这方面的例子随处可见，不胜枚举。外在环境因素从发生的场所看，主要有家庭因素、学校、幼儿园等教育机构因素以及社会环境因素的影响。

近年来，随着独生子女的增加，成人社会对幼儿的压力增大，引发比较多的不适当行为，有的幼儿甚至表现出近似病态的特殊行为，对他们的发展产生严重的负面影响。有资料①表明，儿童的行为问题有上升的趋势，2005年达到18.2%，比1993年提高了8个百分点。分析起来，原因大致有以下几个方面。

一是传统教育思想的影响，一方面成人对幼儿一味要求服从，或是由于独生子女家庭而对幼儿产生的过分溺爱。

二是近年来在应试教育的背景下，教育中的情感因素下降，更多强调教育的工具价值，注重学业，过分重视智力训练，以及不适当的市场导向及潜

① 上海市精神卫生中心公布的一份调查资料显示，1993年儿童行为问题患病率为10.9%，2005年则已经增加到18.2%。载于《新闻晨报》2005-5-19。

能开发的社会风气。

三是现代媒体的巨大影响，儿童过度沉湎于电视、电脑游戏或动画片甚至武打片中。

幼儿园和教师对于以上这些倾向，要给予特别的关注，并积极采取措施加以防范，发挥正规机构教育的主导和辐射影响作用。

另外，在班级的整个环境因素中，教师的影响是极为重要的。教师自身的行为特别是与幼儿之间的互动交往方式会直接影响幼儿的行为表现，包括和谐人际氛围的营造、课程与教材的适宜性、教学组织的有效性、教师对幼儿行为的管理方式等。如果教师过多地采用权威或专制的方式，对幼儿的行为表现反应过度，大量使用惩罚，批评、责备幼儿，不仅不利于问题的解决，还会产生负面的影响，甚至会引发问题行为。

近年来伴随经济的繁荣与物质的丰富，社会环境和人们生活方式的变化，也会产生不可预知的影响。例如过度使用杀虫剂、清洁剂，过度医疗和滥用抗生素，不良的饮食行为等，都可能会对幼儿的健康成长造成不利影响，引起生理和心理以及行为的异常反应等，需要引起关注。

三、幼儿行为管理的基本原则

教师处理幼儿不适当行为，需要遵循如下一些原则。

（一）坚持教育的一致性和一贯性原则

教师要清楚地说明对幼儿行为的期待，以正向的语言让幼儿了解什么行为是可以接受的，建立班级常规，为幼儿的行为设立限制。如“不能伤害他人”“不能破坏别人的物品”，并说明理由，使幼儿的行为能够有所约束，在限制之内发展自由的需求。对幼儿行为问题的处理要坚持教育的一致性和一贯性，包括采取的管教策略要与教育目标相一致而不是违背，坚持遵循必要的班级规则，保教人员的要求和采用方式的一致和一贯，同时要注意与家长取得联系，相互配合，帮助儿童预见行为或事件的因果关系。

（二）正面教育原则

正面教育原则是指教师要突出对正面行为的鼓励，避免对不当行为过多注意。例如，教师可以通过肯定和鼓励行为表现良好的儿童，引导大家的注意力，暗示和提供模仿的榜样。正面教育原则还意味着教师对正向行为给予强化，采用正增强策略，引导幼儿表现出合乎成人期待的行为。

教师如果经常对犯错幼儿长篇大论地说教，或是一对一的纠正，不但不能减少幼儿的不当行为，反而有助长的可能，这就是所谓的负强化。教师要避免被幼儿牵着走。对正向行为的鼓励和强调较之前者会更加有效。

幼儿处于学习文化和社会规范的阶段，教师作为环境中的重要他人，对幼儿行为有重要影响，是他们观察模仿的榜样。教师对所要教导的行为一定要身体力行，以身作则。如，用平静的语调而不是叫喊的方式对幼儿讲话。教师特别要注意避免无效的行为反应。有时，幼儿的不当行为会使教师感到很生气甚至发怒，这不是恰当的沟通方式，不但无效而且也会给幼儿提供不当的身教，甚至可能伤害到幼儿，挫伤幼儿的自尊心。如果教师面临失控的情形，最好暂时离开现场，做深呼吸调整情绪后，再回来处理问题。面对幼儿，新生代教师特别需要学习调控自己的情绪，在实践中与幼儿一起成长，使自己成熟起来。

（三）及时性和适度性原则

惩罚或处罚也是处理幼儿问题行为的一种对策和教育方式。对于幼儿，教师只能在不得已时使用。教师对幼儿不当行为的处理特别是惩罚的运用要注意及时和适度，应采取轻微处罚，不宜做出过度的反应。

对幼儿的轻微处罚要注意切中要点，针对幼儿所犯错误而不追查旧账；无论是罚站或隔离，都以有限时间如2～5分钟为宜；一旦罚过就给幼儿全新的机会，随时鼓励恰当的行为。

（四）宽严相济原则

教师要帮助幼儿发展行为的内在控制力，学习接受教师的指导，对幼儿的行为管理，重点在于激发适宜行为。教师可以采用忽略的策略。这是指当幼儿的不当行为比较轻微，不足以影响和破坏团体的活动时，教师可以假装没有看见。有时，“最好的行动是不要有行动”。

教室中不适当行为的发生，在相当程度上与教师组织教育活动的能力有关系。因此，不宜仅仅针对幼儿加以解决，而是需要提高和改进教师的教育技能和专业素质。为此，教师需要注意下面两方面的问题。

一是要认识发展差异在教育上的意义。幼儿之间，由于体质、气质类型以及家庭环境、教养方式和原有的生活经验、个性特点等等，相互之间会有比较大的差异，因而教师不宜过分强求一致，对幼儿提出整齐划一的要求。

二是要掌握促进幼儿发展的关键因素。教师与幼儿的互动交往应尽可能做到如下几点：

——满足幼儿对安全感的需要；

——给予幼儿适度的自我肯定；

——让幼儿体会生活的真实意义和价值；

——提供学习的榜样；

——与成人一起成长。

四、幼儿不适当行为的干预策略

班级中，不适当行为或问题行为常常发生在单个的幼儿身上，有时也会在幼儿与同伴的互动中产生。教师要对某些个别的、比较特殊的幼儿予以更多关注，进行有针对性的教育和辅导。

（一）教师介入的方式

根据幼儿不适当行为发生的阶段，教师可以采用轻度介入、中度介入及深度介入的方式。

1. 轻度介入

当幼儿刚刚要发生问题行为时，教师可以给予提醒、提示。

（1）用眼神接触、摇头等肢体语言加以制止；

（2）直接转入下面的环节，加强活动的流畅性，而不要紧盯着幼儿的不当行为不放；

(3) 走近幼儿并以非语言方式来阻止不当行为，如用手按一下幼儿的肩膀或头部，进行行为指导；

(4) 提供有关表现恰当或继续犯错的行为信息，告知各自的行为后果，提醒幼儿对自己的行为负责；

(5) 坚持要求、立场坚定，根据情况要求幼儿必须完成指定的或选择的工作、活动，没有商量的余地。

2. 中度介入

这是指在问题比较轻微时，教师可以采用一些让幼儿接受行为的负面效果的方式，促使幼儿练习行为自控和学习自我约束。比如：

(1) 暂时终止想要做的活动或剥夺特权；

(2) 转移他处或孤立，如隔离、不能参与活动；

(3) 轻微处罚，如让幼儿把没有做好的工作重新做一遍，再收拾一遍玩具，不能出去玩，而是留下来和教师谈话，在督促下做好应做的事情。

也有极少数的情况需要教师深度介入，这是当幼儿的行为问题比较严重，持续干扰和影响了他人或班级，而且不肯改进的时候，教师需要对特别违规行为进行专门处理。

(二) 适宜的干预策略

这里列举几种比较典型的行为问题，来探讨教师如何有针对性地进行辅导，以及如何采取适宜的干预策略。

1. 攻击性或侵略性行为

幼儿的攻击性行为有时是从周围环境中习得的，教师要尽可能了解其来源，加以消除。例如，提供比较充分的学习材料和活动空间，避免由于拥挤或资源欠缺而引发的侵略性行为。活动中要多鼓励幼儿与他人分享和合作，减少冲突的机会。更重要的是要引导幼儿学习尊重他人，学习与别人协商和取得妥协。要让幼儿明了，侵略性行为如打人是不被接受的。可以和幼儿讨论这种行为给别人造成的伤害，教幼儿学习控制愤怒情绪和侵略性，寻找其他替代的方法适当发泄。

2. 焦虑不安

幼儿由于缺乏安全感，或是常常受到批评，或当家长、教师对之的期望过高，都可能会使幼儿产生压力、担忧和焦虑的情绪。这种情况下，教师可以为之解疑释惑，帮助幼儿了解生活中各种现象的因果关系，协助他们运用自己的能力去解决问题。要让幼儿学习以积极的态度，轻松面对困难和不愉快，可以采用自我鼓励的方法，增强做事的信心，培养安全感。另外，提供成功的经验也很重要。

3. 乱发脾气

当幼儿毫无道理的发脾气时，最好的办法就是忽略。要让他知道乱发脾气甚至要挟成人是不能解决问题的。有时，幼儿会大发脾气，这时，可以将他带到别处，以免影响集体活动，等到幼儿平静下来，再加以解决，要帮助他寻找有效的沟通方式。教师要注意引导幼儿学习用语言进行自我表达，以便得到他人的理解。教师一方面应当坚持要求的一致性和一贯性，另一方面，也要为幼儿设定合理的规定，考虑到幼儿生理或情绪需求的情况及其极限，例如需要休息、饿了要吃等，以免因超过承受负荷而爆发脾气。

4. 拒绝服从

有时，幼儿为了表现独立会出现不服从的行为。针对这类问题，教师首先要对幼儿的心理发展水平、智力、情感和体力情况有所了解，放弃不合理、不必要的要求和期望。通过与幼儿建立良好的互动关系，用明确的语言给予清楚的行为指导，在他们有需要的时候提供适宜的帮助和鼓励，完成时对其做出的努力给予赞赏并表示感谢。如果幼儿对应做的事却不肯做，可以让他们接受相关的行为后果，或移走玩具、加以隔离等，使他们完成应做的事情。

5. 注意力不集中或多动

幼儿多动常常给教师带来很大困扰。其实，大部分幼儿好活动是由于好奇和精力旺盛，是他们的自然天性。真正的多动症（全名为注意缺陷多动障碍，英文简称 ADHD）的幼儿是极少数的，表现为坐不住、不能控制自己的行为、活动能力有限，不当行为的比率很高，常常会出现冲动和不可预见的行为。这种现象是环境和基因共同作用的结果。采用药物治疗可能会有一些效果，但是效果究竟如何也具有很大的不确定性，因为药物治疗并不能对造成幼儿不当行为的情境因素起作用，不能彻底解决问题。如果能够将恰当的药物治疗结合一个建构良好、有清楚规则和行为结果可遵循的学习环境，同时能给予适当的行为辅导，才是比较有效的解决办法。

（三）特殊需要儿童的行为与管理问题

班级中往往会有一些学习困难的儿童，另外，由于特殊的家庭环境以及其他情况，群体里也会出现个别受忽视的儿童，或是有情感问题和受虐待的儿童。对于这些处于弱势地位的儿童，幼儿园及其教师应当给予特别的关注，并且采取一定的措施，提供适当帮助。

近年来，融合保教或融入主流即全纳教育正在逐渐成为幼儿教育的发展方向。在幼儿园，差不多每个班上的教师都会接触到一些有特殊需要的幼儿。他们可能由于生理、心理的发展问题而产生了智能或学习方面的障碍，程度有轻度或中度的。有特殊需要的儿童在班级中尽管人数很少，但也会影响到班级的教育教学工作，甚至是教师的教育态度和教育行为。教师要在兼顾全班三十多个幼儿的同时，对其中一两个特殊需要儿童进行特别关照，的确会感到分身无术。如果任由他去，也会对整个班级的教育和管理产生负面影响。因此，教师迫切需要补充相关知识，在早期干预的理论和方法方面接受一些培训；为特殊需要的儿童进行特别的环境设计和课程安排也很有必要。幼儿园和教师要寻求专业人员的指导和帮助，至少幼儿园保健医生要接受一定的培训，以便提供指导。特殊需要儿童的问题往往各不相同，要求教师要在实践中进行观察和分析，如建立和撰写特殊儿童的个案，不断调整和改进教育的对策，与家长共同探索有效的解决办法。

在寻求专业人员支持、指导的同时，教师一定要有正确的认识和积极的态度：一方面，融合保教或融入主流教育正在逐渐成为幼儿教育的发展趋向；另一方面，特殊需要的儿童也有同等受教育的权利，同时这些“最脆弱、最娇嫩的鲜花”① 存在这样或那样的问题和困难，是幼儿自己解决不了的，需要教师给予特别的包容、关心、尊重和爱护，并拿出有针对性的具体措施。

特殊需要儿童的发展更需要爱来浇灌。其实，教育实践中不乏成功的事例，正是因为教师的爱，那些患有“自闭症”的幼儿或被视为行为异常、多动的幼儿，那些被遗忘、被排斥的幼儿渐渐地能学着自己的事情自己做，能渐渐学会使用日常用语……教师也收获了幼儿的进步和家长的谢意。教师应该把对特殊需要儿童的教育，当成是对自己教育能力的一种挑战，积极应对，伴随日常的教育实践，不断去思考和调整与特殊需要儿童的互动和沟通方式，并借助班级中幼儿同伴的相互学习和影响，去帮助这些特别的幼儿。

一些相关书籍对幼儿不当行为的管教方法做了归纳，如，语言指导法、榜样示范法、行为练习法、积极强化法、淡化忽视法、暂时终止法、情感迁移法、肢体接触法、目标转移法和游戏法等，可以提供参考。

应当明了，对幼儿不适当行为的管教，没有包治百病的灵丹妙药。适用于解决每一个幼儿问题的一套管理策略是不存在的。需要针对各种具体情境以及不同个体发展中的问题和需要，采用不同的方法。教师要注重在教育实践中，不断反思反馈，尝试各种有效的手段，并加以归纳总结。教师如果能够掌握行为管理的规律和艺术，就能更好的指导实践。

资料 6-2 从阶段和常规两个方面，展现了班级工作的具体内容，可以为教师提供参考。

① 苏霍姆林斯基曾说过：“这些孩子不是畸形儿，他们是人类无限多样化的花园里最脆弱、最娇嫩的鲜花。”

资料 6-2

班级事务一览表①

一、阶段性班级工作

（一）学年/学期开始的工作

1. 建立班级幼儿名册；

2. 家访并调查家庭环境；

3. 填写本班幼儿家庭情况记录表，明确联系方式；

4. 安排幼儿座位、个人用品安放位置，如毛巾钩、水杯格，可写上姓名或制作标记；

5. 初步布置活动室环境，摆放家具，装饰墙壁等；

6. 观察幼儿的活动并记录和分析；

7. 制订班务计划并调整、充实。

（二）学期末/学年末的工作

1. 整理教育计划及教育活动设计方案、笔记等；

2. 总结班务工作，检查计划、目标等的完成情况，明了取得的成绩与存在的问题等；

3. 填写本学期/学年工作情况汇总表；

4. 统计整个学期幼儿的出勤、缺勤情况；

5. 填写幼儿发展一览表和家长通讯录（或家园联系册）；

6. 根据需要召开家长会；

7. 整理活动室环境，清点物品；

8. 安排假期工作。

二、常规性班级工作

（一）每周工作

---

① 张燕. 学前教育管理学［M］. 北京师范大学出版社，1995：164-165.

1. 小结上一周计划执行情况及效果，制订本周计划，合理安排一周工作；

2. 选择确定本周教育内容及重点；

3. 准备教育活动材料；

4. 结合本周教育内容要求考虑活动室的布置；

5. 整理幼儿作品；

6. 观察幼儿行为，将其表现整理在记录本或家庭联系簿上；

7. 写教育笔记。

（二）每月工作

1. 统计上月出勤情况，填写本月出勤簿；

2. 总结上月班务工作，整理各项工作材料；

3. 制订本月工作计划，明确工作重点和项目安排；

4. 根据需要适当调整活动室安排，布置环境，更换部分玩具和活动材料等；

5. 召开班务会，研究布置班级教养、卫生及安全工作的具体内容、措施，协商人员分工与配合。

思考与练习

1. 如何理解幼儿园的班级和班级管理的含义？联系实际试分析班级保教工作的特点。

2. 为什么说教师是环境中的关键因素？请用实例说明教师对营造支持性班级学习环境的作用。

3. 为什么要重视幼儿生活管理？班级日常生活管理如何做到既保证幼儿能够充分活动又注意安全？

4. 如何认识幼儿的不适当行为？

5. 幼儿行为管理的原则是什么？请提供一个有关教师管理或辅导幼儿不当行为的事例，并作出分析。在小组讨论中分享你的观点。

6. 谈谈你对班级保教工作中必须密切教师和家长的联系与配合这一问题的看法。

案例分析

案例6.1 孩子升中班后为何不爱来园

明明的爸爸下午四点来接孩子，园长问："今天怎么这么早来接孩子?"明明的爸爸一边顺着窗口寻找儿子的身影一边说："我儿子在小班时挺爱来幼儿园的，有时我休息他也不肯留在家里。可是升中班后，这些日子天天磨我，不愿来幼儿园。"园长问："您问过孩子为什么吗?"家长答："我儿子说中班老师厉害，我也觉得中班老师没有小班老师有耐心。"

园长听后向家长介绍了班上三位教师的情况，并表示会向老师了解一下明明的情况，尽快帮助孩子转变现状。

园长找到了明明的老师了解情况。老师说："他动作太拖拉，我说过他。""他明明自已能完成的事却要老师帮助他，我要求他自己做，他就哭了。""上诗歌课我要求他正确发音，他就是不肯大声练习，还对小朋友说明天不来了。"园长听后，让老师认真地分析一下明明为什么这样做，并建议老师根据明明的发展水平逐步提高要求："从明明的特点出发，不要性急，耐心地帮助他适应中班生活。可以变换教育方式，让他能够接受老师的要求。"

事后，园长又找到家长，向他说明了孩子入中班后常有的一些情况，承认并道歉幼儿园没有做好衔接工作，并向家长承诺，一定会让明明再高高兴兴地上幼儿园。

（案例编写：张曼）

分析与思考

1. 案例中的老师对明明的做法有无不适当的地方？

2. 你认为这位园长对此问题的处理合适吗？幼儿园对幼儿升班时教师的交接工作应如何改进？

案例6.2 兴趣班带来的烦扰

一天，小一班的江老师急匆匆地跑到园长办公室，跟园长提出来说："今天下午我们班上英语课，要是××再吵，我就干脆让他退班了。我现在来跟您说，是担心到时候他家长来告状，所以先来通知一下您。"

园长一问才知道，原来××不愿意上英语兴趣班，所以上课的时候总是捣乱，江老师曾经跟家长提起过，要家长给××做工作。谁知道家长特别敏感，说："您是不是想让我们这孩子退班呀？"家长这么一说，江老师就不好说什么了，开始的时候是紧盯着××，不让他影响别的幼儿学习，但是现在××一上英语课就开始大叫，根本就上不了课。也想过请××不上课，出去玩算了，但是这样又不好跟家长交代。江老师觉得，孩子既然没有兴趣上英语兴趣班的课，家长就不要硬逼他去感受所谓的英语氛围，所以想直截了当地跟家长提出来让孩子退班，免得影响其他孩子。

园长听了江老师的想法，觉得孩子没兴趣，的确不应该再要求了。但是家长又这么敏感，还真的不好做工作。只好先稳定江老师的情绪说："今年，你就先别提退班，咱们再看看吧。我想想还有什么更好的办法来做好家长工作。"

可是，江老师一走，园长就犯难了，到底应该怎么处理呢？

（案例编写：罗佩珍）

分析与思考

1. 幼儿园开办兴趣班是基于怎样的考虑，故事中的兴趣班是孩子的兴趣吗？

2. 从现象上看，解决这个问题的关键是要做通家长工作，或许更为重要的是如何转变幼儿园工作的被动局面，你对此有什么看法？

案例6.3　王凯为什么一反常态①

4岁的王凯自入园以来一直表现不错。他长得虎头虎脑，忽闪着一双大眼睛，很招人喜欢。一天上午，王凯和马瑶因为争玩具打起来，王凯的脸被抓破了皮。下午，王凯母亲便来园找到马瑶狠狠地训斥了一番，吓得马瑶趴在地上不敢起来。

这以后，王凯一反常态，变得自私、执拗、蛮横无理。一段时间以来，他接连抓伤了好几个小朋友的脸，还咬红了欣欣的胳膊。他常抢别人的东西据为己有，老师批评他，他跳到桌子伤站着，掀翻桌子，拿起小椅子打老师。他要是想玩秋千，别人就得赶快让位。他要想骑木马了，就会把木马上的孩子掀翻在地。他还经常爬树，或爬到大滑梯顶部的横杆上坐着，谁喊也不下来。王凯一度成了幼儿园的“小霸王”，孩子们都躲着他，老师也拿他没办法。

王凯家族中有几个精神病患者，老师们担心他这些行为也属于病态，便找家长联系，希望能帮着找找原因。但是他母亲说孩子在家表现很好，没病。

园里还成立了以园长为首的专门小组负责王凯的管教工作。首

① 选自《山东教育》，1999年第5期。

先，老师们找王凯的邻居作调查。得到的信息是，王凯在家没什么反常表现，但有人反映其母在家常教育他说："在幼儿园不要怕，谁欺负你，你就狠揍他。"

原来是这样！老师把王凯的母亲找来，跟她讲明：既然王凯没病，我们就不能容忍他这样蛮横无理和自私霸道；长此下去，只会毁了孩子；作为家长一定要与园里老师配合，否则，我们的教育将难以奏效。王凯的母亲略有所悟，答应与我们合作。

同时，老师们也对王凯倾注了更多的关爱。慢慢地，王凯的情绪渐趋稳定，行为也得到了改善。

（案例编写：王清美　谢凤花）

分析与思考

1. 王凯由"表现不错"到成了行为异常的小霸王。案例中幼儿园积极主动地调查分析，解决了这一问题，事情是不是就到此为止了？

2. 幼儿园及教师作为专门的教育机构和专业人员，面对家长在教育观念上的偏颇认识及向孩子灌输的一些错误观念，应当如何发挥引导作用？请就该园事后还需要做的工作谈谈你的意见。

第七章

教职工队伍建设

内容提要

幼儿园管理要以人为本，以调动人的积极性为根本原则，建设一支高素质的教职工队伍。特别是在保教工作第一线的教师，他们是幼儿园工作的主体，是促进幼儿全面发展教育的实施者，对于幼儿园保教质量的提高起着关键作用。教师队伍建设对于幼儿园组织发展意义重大，因而成为幼儿园的任务和目标，同时也是衡量幼儿园领导管理水平高低的标志。

本章首先讨论了幼儿园教职工队伍建设的思路，分析了幼儿园两大任务的关系和选聘人员的原则，进而对幼儿园的教研活动或园本培训展开讨论，介绍了常用的反思性教学和教育视导方式，提出了学习型组织的建设以及相关的策略和途径，着重探讨了幼儿园如何为教师成长营造支持性环境，最后结合师德培养探讨了组织文化建设的问题。

学习目标

1. 明确幼儿园教职工队伍建设的思路。

2. 了解幼儿园教研活动的任务、内容以及教师业务培训的方式和途径。

3. 了解建立幼儿园学习型组织的管理策略。

4. 知道反思性教学的常用策略和方式。

关键词

教职工队伍建设　教师专业发展　教研活动　学习型组织　反思性教学　教育视导

第一节　人是管理的核心

一、明确幼儿园教职工队伍建设的思路

幼儿园的领导者在教职工队伍建设上，要坚持以下观点和思路。

（一）树立人是管理对象与主体统一的观点

人是管理的主体，又是管理的对象。从管理要素的角度讲，职工是管理的要素之一，是管理的对象；从命运共同体的角度讲，职工与组织共存亡，是企事业的主人。作为幼儿园的教职工，他们是从事幼儿园各项工作的主体，是进行教育活动的主体。从另一个侧面来看，幼儿园领导者与教职工事实上又是互为管理的主客体，在管理过程中，起着相互制约影响的作用，就是说，管理的主体与客体是相对的概念，在一定情况下相互转换。因此，幼儿园管理者在管理实践中一定要有清醒的认识，端正管理者与职工群众之间作为教育合作者的关系，要依据现代管理以人为本的思想原则，注重发挥管理对象的主体作用，激发组织成员的积极性，创造条件和机会让他们参与管理，关心组织的发展，而不是把组织成员仅作为被动接受管理的客体。

领导者应注意将幼儿园的发展前途与职工利益紧密联系在一起。可以在制定重大决策之前，采取各种方式启发组织成员主动提出各种建议，如开展“假如我是园长”等活动，动员群众为搞好幼儿园工作献计献策，化被动为主动，化消极为积极，相信依靠群众，实施民主管理。当然这并不意味着让群众牵着鼻子走，而是在坚持统一领导、协调行动的同时，发挥教职工群众的积极能动性和创造性，搞好工作。

（二）组织发展与教职工个人发展的一致性

组织目标可以从两个层次上讨论：一是组织的正式目标，二是组织成员的个人目标。一个人加入到一个组织中、在组织中工作，往往需要实现自己的个人目标，如为了谋生、发挥个人能力；为了在社会中立足和发展，组织也需要确立和实现自己的目标。

在以往的管理理论中，有重视一个方面而忽视另一个方面的倾向：或者是偏向组织目标，或者是偏向个人目标，或是把组织目标和个人目标对立起来，其结果往往无法调动组织成员为组织目标努力工作。目前在一些机构的管理实践中，仍然存在这样的现象，因而导致工作效率不高，组织目标不能很好地实现。

随着管理思想的发展，当代管理思想越来越强调二者的一致性。如，美国学者布莱克和莫顿提出的“管理方格理论”，是从领导者关心工作和关心人两个维度来评价管理者的风格，归纳了最典型的五种管理类型，分别是：1.1 型，贫乏管理；9.1 型，任务型管理；1.9 型，俱乐部式管理；5.5 型，中间型管理；9.9 型，战斗集体式管理。生产任务完成得好，职工关系协调，士气旺盛，职工利益与企业目标相结合，这是最理想的管理类型——领导者能同时做到既关心人又关心工作。目标管理理论也强调，领导者在确立组织的任务目标时，要注意使组织的任务目标成为把组织成员连接在一起的力量，成为组织存在并不断发展的基础，同时，也是成员实现自身发展的基础。

对于幼儿园来说，要实现有效管理，幼儿园领导者、管理者，应该站在各项工作的前列，一方面通过领导，使组织成员协同一致的工作，去实现组织的目标；同时，应设法尽可能满足组织成员的合理需要，帮助他们去实现个人的目标。事实上，组织的目标与其成员个人的目标应该是辨证统一，而不是对立的。领导者要将搞好工作与满足成员的需要结合起来，做到既关心工作又关心人，而不是顾此失彼。在完成组织目标的同时，最大限度发挥每个成员的能力；最大限度地发挥了人的力量，才有可能保证实现管理的目标和效益，正如法国的让·莫内曾经说过的："现代化要先化人、后化物。"

幼儿园管理从整体上来说也承担着两大任务：一是实现幼儿园的工作目标，即促进婴幼儿体智德美全面发展，为家长服好务；二是促进组织成员的发展，帮助保教人员在本单位取得较高成就，尽可能发展其职业能力。这两大任务从根本上说是方向一致、相辅相成的：组织兴旺靠人才，而个人的成长和发展又是以组织的壮大为前提的。幼儿园的领导者要把完成工作目标和培养人才，促进组织成员的发展作为基本的管理职责，并注意将这两个方面结合，付诸实施。幼儿园应该把培养优秀教师，建设高素质的教职工队伍作为幼儿园应当承担的社会责任。

二、遵循科学用人原则，使用和培养相结合

（一）科学选用人员的原则

人员的选用关系到能否提高管理效率，能否在幼儿园内部形成良好风气与和谐的人际关系，使全园教职工同心协力，实现共同的奋斗目标。

选用人员的根本要求是知人善任，使人才各得其所，各尽其能。然而，由于历史上遗留下来的小生产意识，加上"左"的思想影响，以及近年来伴随经济体制改革而出现的不正之风等负面效应，在人员的选用上存在着一些错误观念与倾向。如，任人唯全，希望选用没有缺点、各方面均较理想的人来担任一定的工作，还有因人择事、任人唯亲等倾向。这些倾向往往给工作带来不良后果，造成管理上的混乱和低效率。幼儿园的领导者在选用安排人员上要遵循现代管理的用人观，依据反映科学规律的用人原则。

1. 因事用人

以工作为重，人员安排服从工作的需要。管理者在用人之前，首先要作工作分析，根据幼儿园的规模和性质，考虑全园的工作任务和实际需要设立岗位及人员编制，进而对各个岗位的工作内容要求和任职者应具备的基本条件加以分析，同时结合对本园教职工实际情况的掌握，选聘任用适宜的人承担相应的工作。切忌因人设事，让工作迁就个人的需要。

2. 用人之长

用人贵在用其长，避其短。人无完人，管理上如能从长处着眼，则无不可用之人。由此，教职工的积极性才能充分调动起来，管理才有成效。当前在幼儿园进行体制改革，实行优化组合中，管理者应特别注意发挥每个教职工的优点、特长，才能凝聚起来，实现全园的工作目标，切忌求全责备，斤斤计较教职工的短处。

3. 用人唯贤，严格要求

对确有能力才干的人，应不论其资历如何均予以大胆任用，使之在相应的岗位上充分发挥作用，最大限度地施展其才能和潜力。同时，还要注意对所用人才既使用信任又严格要求，而不能姑息迁就其错误缺点，坚持德才标准，使之明了领导的期望，努力工作，不断取得成绩，并在工作中不断提高自己的素质。

4. 用人唯精，重视效绩

选用人才力求少而精，要选用精明强干既懂业务又有干劲的人，避免人浮于事，相互扯皮。同时注重以工作效绩即工作是否取得成绩为标准评价考核教职工。凡是在促进幼儿身心健康发展方面确有成效，在服务家长，改善办园条件上有贡献，或是在提高幼儿园精神面貌，改进幼儿园形象方面有促进作用的，都应当得到领导的肯定和群众的承认。注重效绩原则的运用有益于在职工中建立起公平感，激发全园职工努力进取，不断追求，使全园形成振奋的精神状态，树立良好园风，进而改进各方面的工作质量，促进整个保教队伍素质的提高。

5. 优势互补，合理结构

组织中的职工是一个群体概念。组织的效率如何，不仅在于其中每个个体的素质，还在于组织成员组合的科学性。园领导可以通过合理用人，为教职工提供锻炼和施展才华的机会，激发其成就动机，做好工作。

幼儿园管理上，需要根据全园教职工各个方面的不同情况，搭配组建班组，既发挥各人所长，又能优势互补，如此才能产生较好的工作效益。

如，以老带新，将有工作经验的职工和无经验的搭配组合，发挥老同志的传帮带作用；又如，根据工作人员的身体强弱、能力及个性特点等因素综合考虑，合理搭配，平衡力量，发挥互补作用，使工作顺利有效的开展，减少矛盾冲突。

（二）使用与培养结合

幼儿园领导者要能够了解每个教职工的思想状况、文化业务水平、工作态度与能力，以及个人的爱好特长、健康状况和家庭情况等，在全面掌握情况的基础上，妥善安排每个人的工作，做到用其长，避其短。在人才的使用上，使每个人的业务能力和特点专长得到尽可能的发挥。同时，又要根据幼儿园工作与事业发展的需要，考虑"定向使用""定向培养"，注意在工作中培养和提高，将使用与培养结合。

领导者还需要为教职工提供充分表现的机会，委以责任，在人员使用中强化激励机制。幼儿园等教育机构的教职工特别是教师，其文化素养和工作特点决定了他们对成就、自尊和知识的需要特别强烈，教师的个性特长及才能要求得到表现、发挥，并得到他人的承认。管理者要注意研究教师的这种需要，提供表现的机会，满足其工作需要，从而调动积极性、创造性，激发进取向上的精神，使教师努力排除各种困难，钻研探索，不断取得工作成绩。

例如，可以根据幼儿园实际和各阶段的中心工作，对教职员工委以责任，使他们在力所能及的范围内，承担多样化的工作；又如，可以向教职员工提出进行创造性活动的要求，给教师一定的自主权，使其在职责范围内自己选择恰当的方式去解决问题，激发其探索创新；再如，可以向教职员工提出挑战性的任务，创造幼儿园内部的竞争机制和环境。通过竞争，全园教职工能积极发挥各自的能动性，焕发旺盛的工作热情，人人争上先进，努力进取，形成生机勃勃的良好氛围，推动幼儿园各项工作的深入开展。

管理上要注重园本培训，特别是通过提供服务和营造支持性环境氛围，促使每个教职员工都能够立足实践和岗位得到最大程度的专业发展，建设一支优秀的教职工队伍。鉴于保教人员即教师工作在幼儿园的前勤第一线，且关于后勤人员的工作要求与培养在相关章节中已经有所涉及（参见第二章），因此，本章讨论幼儿园教职工队伍建设时，重点探讨教师等保育教育专业人员的成长。

第二节　为教师成长营造支持性环境

一、幼儿园要为教师成长营造支持性环境

教师发展既是教师个人的发展，又是和学校组织等教育机构的发展分不开的。教师所从教的学校或幼儿园的环境，是教师专业发展最基本的环境和外部条件。学校组织的发展与教师个体的专业发展应当是统一的，学校的发展需要以教师的发展为基础，教师的专业发展要以学校的发展为支撑和依托，两者是互为条件、相互促进的关系。一些个案表明，优秀教师的专业成长历程与所从教的环境密不可分，他们往往是从比较优质的学校或幼儿园中涌现出来的。资料 7-1 介绍了有关教师在岗学习培训的内容。

资料 7-1

以在岗学习研究为基础的新的教师培训模式①

最近，为适应教师发展需要，美国提出一种全新的教师培训模式。这一模式将组织和个体的发展联系在一起，教师要参与教学的研究和探索，注意研究一般及特殊的教育技能，学校则要组织对教师的培训，让教师参与到学习研究的氛围中来。这种新的培训模式主要以教师在岗学习研究为基础。例如，改革数学课程，学校考虑的是教师教学方法的变

① 选自《现代教育报》，2004-3-19。

化，这种变化可以在教师的日常授课中体现出来，加上学生的反应情况以及教师本人的自述基本上就可以判断了。

其次，学校在组织的过程中，一般会让教师给自己定位一个角色，根据自己的需要，而不是强迫。全体教师是否积极参与，是学校组织是否成功的关键。如果只是把决策者的意图强加给教师，这种学习研究必然失败。为此，学校领导必须为教师提供能够亲身感受的机会，从制订计划到实施过程，都要吸收教师参与，取得广泛支持，使教师不仅在心理上有充分准备，而且在实践过程中也能积极大胆地进行试验。当教师在自己的教学中真正体会到新教学确有成效时，就会以更大的热情投入到以后的教学研究当中，不断磨砺和提高自己的教学水平，并内化为自己的成长需要或目的。

为了真正把学校变成一个“学习化组织”和“协作化集体”，学校还激励教师相互之间的学习与合作，并为教师学习和协同工作提供时间，以便能更好的掌握他们所教的学科，通过研究，为学生设计出更有效的学习方法。美国学习教育协会指出：“应该为教师提供他们所需要的职业时间和机会，从价值上看，更多的时间要用于在职学习和协同工作上。”

在教师的学习研究过程中，教师会在学校变革中从事一种新的教学实践，通过对这种实践的认识和实施，再到对新实践的管理和改进等一系列过程，可以取得很大的进步。学校不会太强求教师要有像模像样的论文，而是强调教师整体水平的提高。

研究指出，现代学校应成为“教师专业发展学校”，这意味着学校不仅是儿童发展的场所，也是教师发展的场所。教师专业发展的需要和教师专业能力主要是在教学实践岗位上产生和逐步得到发展的，教师任职的学校是其专业成长的主要环境，因而学校、幼儿园应该也必须成为教师专业成长的重要基地。学校应当具有使教师获得持续有效的专业化发展的功能，要完善学校的内部结构，将教师的专业发展与学校发展有机结合，建立起发展的“共同体”，建设学习型组织，为教师的专业成长营造支持性环境。

校本培训或园本培训是以教师任职学校为主阵地，教师立足教学岗位和实践现场，教、学、研一体化的行动研究模式，采用多元化开放式培训方式，它是以教师为主体，强调实践，注重内涵发展，可以促进教师将学习内容转化、内化为教育素质与能力。校本培训强调有关各方共同参与、相互促进，有利于培训资源的优化组合，有利于实现教师作为一个群体的发展，使教师个人和学校均获得持续发展。

学校要具有教师发展的新功能，使所有参与学校教育过程的人都能得到发展，如此，学校才能获得持续发展的动力。

我国幼儿园结合保教业务工作普遍开展的教育研究活动，实际上就是园本培训。

二、开展幼儿园教研活动

教研工作是幼儿园保教工作的重要内容，也是对教师进行在职培训的重要手段。教师的工作任务是从事实际的保育教育儿童的工作。他们需要针对自己工作中遇到的实际问题，如教育内容、形式与方法等方面的问题，以及幼儿园与家庭联系方面的问题，幼儿园管理体制与保教工作结构改革等，进行研究探索找到解决问题的答案，使幼儿园工作特别是保教工作能够按科学规律进行，改变盲目教学和仅凭主观愿望办事的状况。幼儿园的教研活动主要是行动研究。行动研究具有非正规性特点，是以教师为研究主体，将行动与研究结合，目的主要不在于建立理论，而在于解决实际问题，改进教育实践，使研究能够为教育教学改革服务。

（一）幼儿园教研活动的任务和内容

幼儿园教研活动是直接针对教育实践中的问题或困难确定课题，通过研究改进工作效果，从而提高保教质量，更好地落实国家的教育方针，完成育人任务，并且进一步促进幼儿园的教育改革。

2016 年修订的《幼儿园工作规程》重申了幼儿园教师对本班工作全面

负责，同时将“参加业务学习和保育教育研究活动”作为教师的一项主要职责。教师、教育一线的实践工作者既作为教育工作的主体，同时又是研究的主体，应结合其工作实际，有意识地探索教育规律。教师要把工作过程作为研究过程，理论与实际结合，在改进实践的过程中，实现自身教育观念与态度的转变，促进职业能力的发展。

幼儿园教研活动的意义在于它是提高保教质量的一种经常性手段，也是培训教师的一条重要途径。对教研活动的开展需要加强领导即视导，帮助教师通过对实践中问题的共同研讨，掌握和加深理解相关理论知识，评价分析教育行为，不断改进教育技能和方法。可以组织教师在认真钻研教材，研究教育对象的基础上设计教育活动，必要时进行集体讨论，集体备课。对于缺乏教育经验的新教师要注意给予具体帮助。还应注重引导教师根据幼儿园教育改革的总体思路，结合本班教育实际，选择和确定重点课题，有针对性地通过研究探讨解决问题。应注意增强研究的组织性，采取集体与个人结合的方式开展研究，提高研究效果。

（二）教研组与教研活动制度建设

幼儿园要注重通过教研组的建立及活动的开展，将全体教师组织起来，调动其教育研究的积极性，在研究解决教育实践中问题的同时，提高整个教师队伍的素质和业务水平。

幼儿园教研组通常是按年龄班分组，即同年龄班组的教师组成一个教研组，教研组即为年级组，如大班教研组、中班教研组。教研组的类型与规模可以不拘一格。各园可以根据本园具体情况建立适宜的组织形式，如上午班组、下午班组、不同专题组等。规模小的幼儿园可以成立联网组、地区教研组等。

教研组按人员或规模设 1～2 名组长。教研组长应由本年级骨干教师担任，应具备较高的业务素养，有一定工作经验和组织能力。

要使幼儿园教研活动发挥实效，领导重视是关键。园里应有一名领导者依职责分工，主管教研工作，加强管理与指导。同时，还必须加强教研制度建设。如，建立教研计划的制订与执行制度；定期观摩研讨制度；结合教研活动，制订教育理论、政策的学习制度；教研成果的交流制度和教育教学研究成果评奖制度等。

（三）幼儿园教研活动是教师业务培训的方式

幼儿园的教研活动是一种行之有效的提高其职业能力的教师业务培训方式。教研活动的开展可以有如下一些具体方式。

1. 教育教学研讨活动

教研活动对于提高保教质量是一种有效而便利的方式，同时也是教师在职业务进修的重要手段。教研活动内容丰富，可以学习研讨教育的理论、方针政策，探讨教法，集体备课，相互交流经验和沟通信息等。例如，开展学习《幼儿园工作规程》的活动，加深认识理解，转变教育观念；或是以创设环境开展游戏为题进行交流研讨活动。

教研活动可以结合教育改革，鼓励教师直接针对班级教育实际中的问题确定课题，寻求适宜有效的解决策略、方法，在实践中研究，通过研究改进工作效果，自觉地根据规律施教，提高保教质量。应注重通过教研活动，转变教师的教育观念和态度，增强研究意识，促进职业能力的发展。

园内教研组可以以年级为单位或者分专题组建；幼儿园之间或区域内也可联合组建教研组，相互交流、学习和促进。

2. 观摩活动

保教人员之间相互看活动、听课，并进行质量分析，达到相互学习研讨和交流与促进。可以根据日常工作的进展，开展观摩；也可以进行专题性观摩。例如，就有关教师如何组织和开展自选游戏的问题进行观摩，结合一日生活各环节中如何实施保教结合，组织保育员进行相互观摩，之后就观摩的内容和效果展开讨论。对优秀教师或保教人员的观摩活动可以起到一定的榜样示范作用。幼儿园管理者要重视青年教师的观摩活动，把它作为一项技术练兵，通过观摩研讨，找出问题和差距，肯定优点，并进行原因分析，帮助教师不断调整和改进工作，提高业务水平。

3. 专题讲座

幼儿园可以针对工作中的实际问题和需要，聘请专家学者或本园学有专长、富有经验的人讲课。如，可以就有关如何发挥教师主导作用和处理好与幼儿的相互关系的问题，组织讲课或业务研讨，或是就如何寓教育于一日生活，或是如何做家长工作等举行专题讲座。也可以根据本园保教人员的普遍工作状况与需要，有计划、有系统地进行专业课的讲授与学习。

4. 以老带新

教师的工作需要有一定实践和经验的积累。一般而言，刚刚参加工作的新手教师往往不能独立带班，完成工作任务。由富有经验的老教师与之搭配组班，是一种传统师傅带徒弟的培训方式，至今仍有较强的生命力。在老教师的直接示范和言传身教下，可以使青年教师较快熟悉保教工作，了解基本的保教常规要求，减少摸索过程，尽快适应工作条件和环境，胜任教师工作。

5. 以读书会的形式开展教研

幼儿园还可以用读书会的形式开展教研。例如，可以组织教师共读一本书，理论联系实际，互相交流和探讨，形成对教育问题的共识；也可以分享各自阅读的经验体会，推荐所读书籍和相互交流读后感。应当认识到，教师不是进入了幼儿园教育岗位就理所当然的成为了教育者，而是需要持续不断地学习，合格的幼儿教师要树立终身学习的理念。不仅要向实践学习，还应阅读专业书籍进行理论武装，把实践、阅读和思考结合起来，在阅读中加深对问题的认识，在阅读中寻找行动的依据和支撑，在阅读中借鉴他人看问题的视角与经验。扩大范围的非专业阅读也是必不可少的，可以跳出以教育看教育的圈子，用更宽阔的视野来洞悉教育的本质，这是一种跨界学习的能力。“不读书何以为师?”要让阅读成为教师的职业底线。

此外，有计划地安排教师外出培训并鼓励个人自学进修也是教研的一种辅助形式。对于未受过专业培训的教师，幼儿园应有计划地安排他们外出培训，提供机会和条件，以拓展思路开拓视野，比较系统地学习有关教育理论、教育方法和技能。

幼儿园应当鼓励教师自学进修，不断汲取新知识，充实自己，以适应幼教实践和教改发展的新需要，从而在工作中不断进取创新。园领导可以从学习计划的制订和资料信息等方面提供指导和帮助，还应定期检查，激发持久的学习热情。在人员进修问题上，要注意分类要求，分层达标。还可以开展评比竞赛活动，促进教师之间的相互交流、学习，取长补短，起到肯定先进、激发进取向上精神的作用。有的幼儿园将观摩活动与评比竞赛结合，开展教育计划、笔记的展评，以及保教工作总结的展评活动，有助于引导保教人员在工作中不断提高业务水平。

业务档案建设也可以作为师资培训的一种辅助手段。管理者要引导教职工注意在日常的保教工作中，积累有关个人工作的文字材料，注意将工作实践中得来的经验认真加以总结，提炼上升为规律性的认识。另外，对业务培训资料如业务考核或评比记录、观摩教学教案及效果记录，班组或个人的计划与总结等应定期分类归档。发挥业务档案建设对于调动教职工学习业务、钻研技术的积极性，促进保教质量提高的重要作用。下面是教职工业务培训记录表的参考范例（表 7-1）。

表 7-1　教职工业务培训记录表

幼儿园名称________　　　　记录时间________
记录人________

学习时间
学习人员
学习地点
学习内容
考核评价
备注

幼儿园教研活动要得到很好的开展并取得成效，一定要加强针对性，要立足于本园实际，解决保教工作中的具体问题。通过教研，探索规律，指导实践，促进本园保教质量和教师业务水平的提高。

以上对幼儿园如何保证教研活动的条件，常态化开展教研培训的方式进行了阐述。教师是幼儿园实施教育的主体，也是自身专业发展的主人。教研和培训要取得成效，就需要唤醒教师的主体意识，激发他们在实践中不断反思自己的行为，分析教育活动的利弊得失，了解行为背后的思想观念，知其然且知其所以然，成为反思型教育者。

（四）“反思性策略”与教师的专业成长

1. 什么是反思

近年来教育发展和改革的一个重要趋势就是，教师要通过反思才能达到改进教学的目的，与此同时，教师自身也能在教育教学的实践中获得专业成长。研究表明，反思性教学无论是对于职前师资教育阶段正在进行教育实习的准教师，还是对于在职专业成长阶段的幼儿教师，都会产生积极效果。

2. 反思的意义

在教育实践中恰当地运用“反思性策略”，可以有效地促进教师的专业成长。

——引导教师反思教学的意义。教师由于日常教学工作极其繁杂，有时会忽视幼儿需求或教学中的问题，失去改进教学的契机。反思能够使教师停下脚步，去发现教学行为背后的意义。

——帮助教师开阔视野。促使教师在反思中学习，开拓教学的经验与视野，有助于为将来遇到类似情形提供借鉴。

——促使教师转变心态。有了反思的经验，教师可以体会到有必要接纳外界刺激，愿意与合作教师以开放的态度坦诚面对教学中的优缺点，分享并共商解决之道。

——帮助教师发现盲点。通过反思，可以使教师有机会对教学现场的事实进行重新检视与澄清；体会到可以从不同角度看待教学，帮助教师发现教学的盲点。

——促进经验的运用推广。教师可以从反思经验中得到帮助与启示，并应用于实践，同时可以学习和掌握适当的反思方法。

3. 反思的策略和方式

幼儿园教育视导工作要重视引导教师结合教育实践开展反思性教学，以便很好地发挥其改进教学和促进教师发展的作用。常用的策略和方式主要是教育反思日志、教学观察、个别访谈和视导会议等。

(1) 教育反思日志

撰写反思日志或教育笔记的目的是使教师通过对教学过程及成效加以反思，提高教育行为的自觉性。教师要养成每天记笔记或是写反思日志的习惯。

反思教学日志可以使教师记录每天的活动以及师幼互动的过程和结果，成为教师自己再省思或日后教学的参考。教学日志的内容和写法没有固定的格式要求，写什么、怎样写，都是由教师自行决定的。

教师的教学日志是教师与自己进行专业对话的一种形式。相对地，教学日志是比较个人化的记录和资料，如果能够将日志中的一些事件写成教育案例，就可以在教师中分享，也可以由其他的督导人员阅读并予以回应，如此就能发挥同行之间“专业对话”的作用。教学日志可以由园长或非园方督导人员阅读，并且在相互信任的基础上，进行平等、坦诚的交流，或是拿到园所教研会上，与其他教师分享讨论。

教师通过记录教育日志，进行自我反省与批判，不断将理论与实践进行对照，不仅有助于教师改进自己的教学，更有益于增强教师的专业自主性，作自身专业发展的主人，持续地提升自己的专业素养。

(2) 对教学观察和现场教学录音或录像进行分析

这里的教学观察是指由当事人之外的人进行的观察。可以由班级未当班的另一位教师，或其他资深教师，或理论与实务兼具的教研人员担当观察者。首先，要根据教师的实际需要确定观察项目。通常观察重点包括：整体教室气氛、师幼互动状况、教师秩序维持技巧、幼儿反应、教师辅导策略运用……同时根据观察目的决定观察时间。如，可安排在早上个别活动时间、实际教学情境、衔接活动、用餐、自由活动等各种时段。如果能在记录的同时配合录音、录像，将有利于记录的完整性。观察时应尽可能做详尽的描述记录，再加以分析、整理，事后与当事人个别讨论或在小组会议中提出。

教师可以录制自己的教学实况，重听后写下反思记录。也可以放给其他教师或督导人员听，并就问题的个别性与共性，进行个别交流或小组讨论。也可以自行摄录教学实况，便于课后反省和分析讨论。摄录其他教师的课例必须事先征得教师本人的同意。在公开讨论录像的内容时，要注意对事不对人，最好先指出优点，给予正面建议；针对问题进行分析时，要讲究方式方法，注意不能伤及教师的自尊。

(3) 小组讨论、个别访谈和视导会议

小组讨论可以先由个人提出在整个教育过程或辅导幼儿时自己认为的优点，找出不足，通过教师之间的共同讨论分享彼此的经验，交换意见，增进教育教学或行为辅导的知识和能力。小组会议重在分享彼此的感受，而不是一言堂。教研或视导人员扮演提问题与催化者角色，有时也可提供一些个人的经验作为参考。还可以对教师个别访谈并结合教学观察、活动录音、录像记录的方式，目的在于帮助教师以反思反省的方式，检视自己的教学行为。

幼儿园可以就有关幼儿教师工作的主要方面列出一些问题或项目，设计教师自我评价表格。教师通过与评价表格中的内容加以对照和检查，增强自我认识，帮助教师调整和改进自己的工作态度和方式。下面列出了有关教师行为的 20 个项目，可以对照作出评定：

- 我能主动愉快地与同事打招呼；
- 我能诚恳地接受同事的意见、建议；
- 我能与同事和谐相处；
- 我会主动与家长联系，沟通彼此的意见；
- 在幼儿园工作时，我能避免与同事或家长长时间闲聊；

- 我会不断增进自己有关幼儿教育的专业知识；
- 我以在这个幼儿园工作为荣；
- 我会主动协助处理幼儿园的行政事务；
- 我会以愉快的心情迎接幼儿来园；
- 我会从多方面收集教学资料；
- 我会预先准备好教育教学的用具和材料；
- 我会反省并改进自己的教育教学方法；
- 我会为幼儿提供不同的学习经验；
- 我在布置教室时，能顾及幼儿的需要；
- 我会注意幼儿的身体健康状况；
- 我会利用机会和幼儿个别交谈；
- 我能了解每位幼儿的家庭背景和个人成长情况的资料；
- 我会注意培养幼儿的独立性和良好的社会行为；
- 我能接纳幼儿的情绪反应，并给予适当疏导；
- 我能在紧急情况下保持镇定，维护幼儿的安全。

定期举行视导或督导会议也是一种有效改进教育实践的方式。视导会议可以由管理者或教研员主持，大家就教学中遇到的问题，彼此交换意见。视导或督导会议中，可以就大家共同面临的问题给予指导建议。教研人员也可以结合观察、录影、录音、访谈等方式将所发现的问题提出来讨论，并提供参考意见。大中专院校学前教育系的学生在教学实习过程中，指导教师也可以召开视导会议，就大家普遍存在的问题对实习生进行辅导。

一般而言，对于处在不同发展阶段的教师，可以采用不同的反思性策略。例如，对于新教师而言，可能会对提高入职适应性的培训活动更感兴趣，如班级管理技巧或其他实际教学策略的座谈会等；处于专业巩固和提升阶段的教师，可能更偏好促进反思及胜任教学的在职训练方式。幼儿园要根据不同教师的专业成长阶段，运用不同的反思性教学方式和视导策略。

三、结合教研和培训构建学习型组织

园本培训要求教师发展与幼儿园组织建设的同步一体，涉及幼儿园培训体系的建立和管理方式的转变。

（一）学习型组织的由来

“学习型组织”是美国著名管理学家彼得·圣吉（P. M. Senge）在他的《第五项修炼——学习型组织的艺术与实务》一书中提出的新概念。他指出，学习型组织是21世纪全球企业组织和管理方式的新趋势。

圣吉认为，一个优秀组织的形成如同一个人的成长，是在不断的学习中提高自身能力的，一旦具备了系统学习能力，组织将会有根本性的变化。这里的“学习”不是传统意义上吸收知识的学习，而是一种开创性的学习，是同个人以及组织的存在意义、发展超越相联系的学习方式。学习型组织被描述为：“在其中，大家得以不断突破自己能力的上限，创造真正向往的结果，培养全新、前瞻而开阔的思考方式，全力实现共同的抱负，不断地一起学习如何共同学习。”

学习型组织的建立意味着将学习与工作紧密结合，充分发挥组织中每个成员的创造潜力，努力形成一种学习氛围，建设一个有内在持续发展动力的教师集体。

面对教育改革和日新月异的形势变化，要求学校、幼儿园借鉴企业管理的相关理论，把幼儿园建设成为真正的学习型组织，增强自我发展的动力和活力，更好地完成育人的社会职责。

（二）建构学习型组织的管理策略

1. 建立共同愿景，规划团队发展

幼儿园在管理上要注重建立共同愿景，规划组织和团队的发展。这意味着，一方面，要使每一位教师都建立起真心向往并愿意为之奋斗的目标。学校、幼儿园要激励每位教师的职业热情和追求，使教师对个人职业发展有所思考。可以引导教师自我设问：你想成为一个什么样的教师？你想让自己班的孩子怎样成长？你希望班级工作在哪些方面有所改进？你想改变哪些不适当的教育方式和思想？从而帮助教师确定努力目标，振奋精神，不断超越。

同时，管理者要为整个教师队伍的发展制订目标规划，以促进组织成员的凝聚力，使之作为全体成员共同的价值追求。因为组织发展的目标与个人发展的目标是一致的，而非相互对立。应在全员参与交流研讨的基础之上建立组织的共同愿景和发展目标。

队伍建设是一项长期的工作。管理者要有战略眼光，并结合本园实际及教职工的基本状况，与教职工共同商讨，制订出队伍发展规划和培训计划，并纳入全园总体发展的目标规划。

在管理实践中，要处理好现实工作与长远利益的关系，将队伍发展的长远规划与近期计划以及当前的工作安排相结合，并根据各阶段重点，采取一系列切实的步骤与措施，逐步加以落实。管理者要注意统筹安排人力、物力、财力，利用现有条件，从实际出发，有计划地开展培训，促进组织成员即教师的成长与发展。

幼儿园管理要能针对本园各类人员的不同情况，有计划地分别采取相应措施予以提高，并特别注重青年教师队伍的发展。

近年来，有大批幼师毕业的青年人陆续走上保教工作岗位，保教队伍年龄结构日益年轻化。青年教师队伍的成长不仅关系到工作的质量与成效，更关系到幼教事业能否后继有人，兴旺发达，因此必须予以高度重视。刚从幼师毕业的学生虽然经过了系统的专业学习，但并不意味着已经具备职业能力，他们还需要在工作岗位上，继续进行适应工作的教育与培训。显然，这是幼儿园管理的一项重要任务。园领导要结合本园实际，确立青年教师队伍建设发展的目标规划，对于刚刚毕业或刚参加工作的青年保教人员，要在工作实践中有意识地锻炼能力。除了安排有经验的老教师与之搭班结对外，还需通过交任务、压担子，开展业务练兵、岗位练兵等，使他们较快获得实践经验，尽快胜任工作。一些幼儿园在青年教师的培养方面进行了卓有成效的探索，取得了经验。如，制订出幼儿园青年教师队伍培养的规划目标，“一年入正轨，二年有提高，三年出骨干”，并结合幼儿园各阶段的工作，加以落实。

幼儿园可以制订出新教师入岗培训计划表（如表7-2）和程序，对新教师进行入岗培训，使他们较快熟悉工作环境，学习和掌握工作方法与步骤，缩短适应期，尽快进入角色，独立承担起工作任务。

表 7-2 新教师入岗培训计划表

幼儿园名称________ _____年 月 日—_____年 月 日

项目序号	目标	时间	活动内容与方式	材料准备	负责人
1	使新教师了解本园风貌、教养特色及工作方式、步骤	第一周	由园长或主任介绍建园史，阅读园所大事记及其他文字材料，如教养工作记录等，结合情况介绍及现场观摩，初步感受本园保教特色和工作方式	园史、园内大事记、内部课程设计资料等	园长
2	明了保教人员的角色		听报告，阅读材料，了解本角色工作任务与工作内容	保教人员工作职责 园所规范	园长或干事
3	了解园内组织结构与运行方式		以阅读材料、座谈讨论等方式了解园所的组织结构、相互关系及部门人员间的协调沟通方式 了解保教人员如何与家长联系	园组织系统图表 其他有关的文字材料、报告等	园长或干事
4	入班、熟悉幼儿及本班环境	第二周			
5	观察保教人员的工作方式，学习制订教育计划				

2. 将教师作为培训和学习主体，优化组织资源，营造研讨氛围

学习型组织的建设有待于转变幼儿园以往的行政管理制度和管理者与教师的相互关系，使管理者、监督控制者向支持者、协助者、服务者以及共同学习者转换，主动放权，弱化权威角色，将教师从被动的地位中解放出来，成为培训和学习的主体。

要改变以往自上而下的管理方式和教研活动方式，增强教师的主体意识，让教师认识到自己是专业的主人，拥有专业自主权，可以不受约束的对教育现象发表意见，独立作出判断。要营造一种研讨的氛围或环境，大家彼此尊重和信任，有真诚的人际关系。允许教师自由表达，在问题的讨论中逐渐增强教师的主体意识。帮助教师学会对自己的教学实践加以审视、批判、分析，发现自己教学实践中的各种问题，形成问题意识，从而逐渐向反思型教师转变。

教师的专业活动不仅要看重教师的个人表现，更应强调教师团队的互动和相互促进。通过教师之间以及学校成员之间的相互对话进行团队学习，使个人的想法在团体中相互碰撞，彼此影响，产生新的见解。瑞吉欧的创办者马拉古兹认为，“教师必须放弃孤立的、沉默的工作模式”，提倡教师的团队学习。瑞吉欧的教师极为重视同事之间的交流，每周平均有 6 小时用于教师之间的分享、交流和讨论，探讨教学实践中的问题，了解儿童的兴趣表现，观看个人文档记录，争论各种教育问题。从一定意义上讲，瑞吉欧的成功可以归结为教师有较高的专业水平，而比较高的专业化水平又可以归结为团队学习的结果。团队学习能够激发集体的洞察能力，培养合作精神，相互探讨问题，产生更大的学习效果。

幼儿园应当积极营造学习型组织的氛围，使每位教师都有扩展其能力的空间，都有锐意进取的心态，有探究未知事物的强烈动机。作为组织中平等的一员，每位教师都可以把深藏于心的看法充分表达出来，可以把支持自己意见的观点、事例和条件摆在众人面前，以便引起研究和探讨，逐渐产生互动思维和学习研究的风气。讨论中每个人要为自己的意见辩论，同时也在不

断思考和质疑他人的意见，这就是所谓“头脑风暴法”。大家充分讨论，相互争论，找出事实真相和问题的症结，丰富彼此的思想，不断提高自己和整个组织对问题的认识，知识也因此不断得到更新和扩展。有效的讨论可以使每个教师都能获得个人单独学习所得不到的东西；作为整体，组织也逐渐形成了共同的认识和思维。

学习型组织强调协作学习，教师作为教育资源，在开发个人智力的同时，有益于群体智慧的开发，使组织成员善于集体分析并能解决问题，能够理解组织的共同目标，追求和形成整体思维。学习型组织注重全员学习、终身学习，组织中的成员要养成终身学习的习惯，在工作情境中不断学习，形成良好的学习和研究氛围。

幼儿园可以借鉴学习型组织的思想与策略，引导教师确立和认同个人与组织发展的共同愿景，立足教育工作实践，开展以问题为中心的行动研究，进行“系统地解决问题”的学习，从而将工作与学习和研究结合起来，个人发展与组织发展融为一体。这种多元化、开放式的学习和培训，有利于开发、整合幼儿园内外各种教育资源，发挥教师作为教育资源的作用和教师集体的影响力，有效促进教师的专业发展，建设优秀的教师队伍。

四、强化师德培养和组织文化建设

幼儿园作为教育机构是培养人的场所，能否完成教育儿童、服务家长的任务，直接体现出幼儿园的办园思想和精神风貌。管理者要注意提高教师队伍的整体素质，明确幼儿园的社会责任，确立起组织的共同理想信念、目标追求，营造向上的集体风气，建设一支开拓创新、向着共同目标和理想而团结一致、奋斗追求的教师队伍。

（一）重视对教师进行职业道德教育

教师的成长，不仅需要进行业务培训，更需要加强职业道德培养。对于个体而言，教师专业发展是专业知识、专业能力与专业精神的统一。教师是特殊的社会职业，相对于其他社会职业，有着起点高、要求严、影响大的特点。这表明，首先，教师的工作起着奠基作用，被称为“人类灵魂的工程师”；其次，教师因其职业性质及工作特点，要以更高标准要求自己，成为社会楷模；再有，教师的工作关系到儿童的健康成长，关系到整个社会文化的延续和发展。由于教师职业的特殊性及其重要价值，有人曾将教师工作比喻为一座将人类的过去、现在与未来连通的桥梁，认为它关系到人类文明的延续。

在建构学习型组织的过程中，幼儿园应注意引导教职工充分认识教师工作的社会价值，树立当教师光荣、当教师神圣的职业观念，能将所从事的教师职业与自身发展联系起来，将它作为一项事业，从而激发社会责任感，形成职业理想。

教育部 2012 年 2 月颁布的《幼儿园教师专业标准（试行）》对合格幼儿园教师的专业素质提出了基本要求，即幼儿为本、师德为先、能力为重、终身学习。作为幼儿教师，师德是第一要求，要对所从事的职业具有敬畏感，认真遵守教师职业道德规范。教师的职业道德规范规定了教师从事保教工作应有的态度和行为规范，反映了教育活动的特殊要求。教育者先受教育。职业道德教育可以使教职工明确职业规范要求和工作标准，指导调整自己的行为。幼儿园管理要重视对教师进行职业道德教育，引导和帮助教职工结合自己的工作实践，在实际承担教师角色的同时，认同教师的职业规范，进而内化为职业价值，逐渐形成教师应有的职业性格。

幼儿教师职业规范涉及如下四方面的内容。

1. 对待幼儿——教育对象的规范

这类规范反映着社会对于教师调节和处理师幼之间人际关系的要求。师幼之间人际关系具有两重性，教育者与被教育者或教育对象相互之间的关系，既具有平等的一面，又具有不平等的一面。前者意味着教师与幼儿作为社会成员，在人格上是平等的，师幼关系是平等的人与人之间的关系，并不因幼儿年龄小而有所改变。后者是指作为教育者的教师，他们是社会代表者，教师要对幼儿负责，同时也对社会负责，注意引导幼儿的发展方向，按社会的要求和标准向幼儿施加教育影响；幼儿作为未成熟个体，处于成长发育之中，他们还不能对自己的行为负责，因而需要成人给予养护与教育，给予规范和要求。教师对待幼儿的规范既反映出社会对于教师作为社会代表者的要求，同时也反映出社会对于教师作为“人”的要求。师幼关系的这两个侧面，不是对立的，而是相辅相成、辩证统一的。教育幼儿必须以尊重幼儿为前提；尊重幼儿也是为了实现教育目的，如果离开了教育，尊重幼儿也就成为一句空话。教师要尊重儿童，尊重儿童的发展权利。应当认识到，儿童是人，是有着能动性和个性特点以及独立人格的个体，而不是物件或被动的个体；儿童是成长中的人，具有自身发展的规律与特点，存在着个别差异，不宜以成人的标准或简单划一的标准衡量；儿童即将长大成人，逐渐走入社会和参与社会生活，需要培养他们的独立自主性，使之学会对自己的行为负责，认识和掌握人类文化和社会行为规范，促进其逐步实现社会化。教师必须清楚师幼关系的特征，才能明确应当如何对待幼儿。在认识和处理师幼关系问题上，不宜走极端，要克服非此即彼的片面化思维方式。

2. 对待家长——服务对象的规范

教师与幼儿家长的关系是一种特殊的职业关系。教师与家长均是教育者，其教育目标是一致的，都是要把儿童培养成为社会所需要的合格人才。应该明确，两者的关系应当建立在职业的基础上，而不是个人关系。教师作为教育合作者，同时又作为教育服务者与服务对象，要主动处理好与家长的关系。教师要常常站在家长的角度，尽力满足家长的需要，主动为他们服务好；应当帮助家长获得科学育儿知识，并注意加强与家长的联系沟通，相互交流，共同完成教育目标；教师要尊重家长，包括尊重其家庭生活与个人隐私，并配合协调好相互关系。教师对待家长的规范反映出社会对于协调教师与家长关系、协调正规机构教育与家庭教育的关系要求。

3. 对待同行、管理者和教师集体的规范

这类规范反映了社会对教师的正确认识以及协调他们同集体关系的要求。教师应当认识到，在幼儿园中，教师不仅作为个人对幼儿施加教育影响，也是作为群体对幼儿产生影响的，存在着对幼儿发生影响的综合效应。因此，保教人员和其他各类人员在工作中的协调和合作极为重要，需要通过保教队伍内部人际关系的改善，确立组织成员认同的价值观，实现一致的工作目标。教师还要正确认识和处理好与幼儿园领导、雇主的关系，教师和幼儿园领导者之间作为合作伙伴的关系应当大于“我是雇员、你是老板”的关系。

4. 对待自己的规范

这类规范反映着社会对教师在劳动态度与奉献精神方面的特殊要求。相对于社会其他成员而言，社会对于教师劳动态度和奉献精神的要求更为严格。原因之一是因为教师作为社会代表者必须为人师表，之二是因为教师的工作直接而全面地影响着未来一代人的成长，并因此而对社会产生长期而重要的影响，这是其他任何社会阶层或行业的工作所不能比拟的。教师必须严格自律，规范自己的行为，爱岗敬业，在教育实践中不断探索规律，努力做好教师的工作，义不容辞地担负起为社会培养人才的责任。

幼儿园可以参照和依据国家的有关规定，制定和建立起幼儿园规范，作为提高全园教职工道德水平和职业素养的一条有效途径和措施。以下是北京市教育局制定的幼儿园教职工职业道德规范，供参考。

幼儿园教职工职业道德规范

1. 热爱幼教事业，坚决贯彻党的教育方针，坚持保教并重，全面提高幼儿素质。

2. 热爱幼儿，尊重幼儿，面向全体幼儿。坚持正面教育，严禁体罚或变相体罚，使幼儿愉快、活泼、健康地成长。

3. 坚守岗位，尽职尽责，确保幼儿安全。

4. 勤奋学习，钻研业务，积极参加教育改革，不断探索科学育儿规律。

5. 以身作则，为人师表。仪表、服装、举止、谈吐符合幼教工作特点。

6. 尊重家长，热情服务，与家长密切配合。

7. 遵守社会公德，严守劳动纪律，团结协作，开展批评与自我批评。

幼儿教育是一项充满阳光的事业，需要有阳光的心态。幼儿园在管理上要引导教师正确认识和认同这一职业，以饱满的热情投入每日的工作，从孩子们圣洁纯真的笑颜中，体会职业的快乐。

（二）幼儿园良好园风和组织文化建设

1. 组织文化的含义

组织文化是指在一个组织内形成的独特的价值观，共同的思想作风和行为准则。有组织就有组织文化，组织文化主要是一种观念形态，体现在组织活动的指导思想、目标追求、道德准则与行为规范等内容上，是组织的灵魂和精神支柱。恩格斯曾指出："在一切方法背后，如果没有一种生机勃勃的精神，到头来不过是一堆笨拙的工具。"

组织文化作为一种环境力量，对组织成员产生巨大影响，对组织成员具有心理上、感情上的凝聚作用，可以使成员自觉规范行为，激发集体意识和集体荣誉感。

2. 建设幼儿园组织文化的重要意义

在共同愿景的基础上，建设幼儿园的组织文化是学习型组织建设的一个重要任务。管理者要将建设组织文化、创设优良园风作为自己最艰巨的职责和任务。应注重通过思想政治工作和师德教育，提高全员觉悟，提高教职工队伍的整体素质，使全体教职工明确幼儿园的社会责任；确立起组织的目标追求与价值观，增强集体意识，形成和谐的人际关系；树立严谨求实、勤奋刻苦的工作态度和作风；要在园内激发起人人好学上进、开拓创造，向着共同目标和理想信念，团结一致奋斗追求的集体风气。

3. 如何建设幼儿园的组织文化

在进行师德教育和创建组织文化的过程中，幼儿园管理者必须率先垂范，严格自律，改进思想作风和工作作风，同时要讲究方式方法。更重要的是，要将这项工作从封闭转变为开放，改变只是由少数人向多数人自上而下单向灌输的状况，建立双向、横向的思想交流网络，广泛开展民主协商对话，每个职工都有机会参加讨论、发表意见，园领导与教职工之间相互受到教育和影响。

幼儿园如果能够形成良好的园风和组织文化，就会成为一种无形的精神力量，组织中的每一位成员都会在其中受到潜移默化的感染和陶冶，迅速成长和进步。

拓展阅读材料

读张雪门《论幼稚园行为课程》，反思自己的教育

巩月英

学习完张雪门先生的《论幼稚园行为课程》后，对照自己的实际工作，我有很多收获。张雪门先生的教育理念与我们现在实施的《幼儿园教育指导纲要（试行）》（以下简称《纲要》）的精神是符合的，能够帮助我们更好地领悟《纲要》精神。如："要求教师对于实际的偶发事项，随时变化，随时活用，以适应儿童的需要，满足儿童的兴趣，实在比死板地照着所定的大纲去教授好得多了"，符合《纲要》中对教师如何成为幼儿学习活动的支持者、合作者、引导者的要求；"自然界和人事界应常相联络，如果分得太清楚、太有系统了，反不能引起儿童的反应"，符合《纲要》倡导的整合理念等。还有张雪门先生倡导的"行是知之始，知是行之成""在劳力上劳心"等都给我留下了很深的印象，同时也使我产生了进一步的思考。

一、适合的才是最好的——本土化

燕窝鱼翅虽然都是些很有营养的东西，但不一定适合每个人食用，也不一定适合每一个人的口味。在张雪门先生看来：课程是有选择的经验，是有价值的经验，"是适应生长基本价值的选择，随时代而变迁"。

在我们身边的许多幼儿园，为了某种利益开设了诸如蒙式教育班、英语班等。许多家长也在为孩子的将来谋划，孩子还在大班的时候，就已经终结了孩子双休日的权利，奔波于各种培训班。但这些是不是孩子们需要的呢？我们这些成年人有没有思考过？

再从我们幼儿园的角度出发去思考，我们经常去一些姊妹园参观，看见人家哪里做得好，就不加思考地直接搬过来，但这些对自己的园所、对教师本身、对自己的孩子是否合适呢？今天我们去机关幼儿园参观了他们的美术活动室，环境、材料、孩子们精美的作品都让我们折服，但同时我也在思考：这些我们能够照搬吗？答案当然是否定的。我们寻找的是适合我们农村幼儿园的美术特色。许多需要购买的活动材料，比如各种泥、各种脸谱坯子，我们可以不去花冤枉钱，也可以学习“四环游戏小组”，自制和收集一些废旧的材料，同样可以培养幼儿的相关能力，而且还是孩子们生活中的东西，如玉米须、高粱秆、松塔……

二、亲身经历才能理解——行动化

听别人说一遍，也许就忘了；拿笔写下来，也许就记住了；真正做一遍，体验了，才能理解。参加工作室以来，张老师一直在引导我们认识行动研究，读了《四环游戏小组的故事》，仿佛看到了志愿者老师们在行动研究的现场，并且四环游戏小组也为这些志愿者们提供了理论转为实践的机会。这就好比在课堂上，老师教给我们许多的理论知识，许多与家长沟通的技巧，但是我们真正遇到问题了，还是会紧张、手足无措。孩子们的成长也是这样的。一直以来，我在大班的机会比较多，面对家长想让老师教知识的问题，我们一直也没能解决。但是有一次活动却改变了许多家长的看法，也帮助孩子们得到了发展。那是秋天的时候，看着满园的石榴树和山里红树结满的果实，孩子们都会多看上几眼，为了满足孩子们的食欲，并且使孩子们得到发展，于是我们开展了一系列的活动：写生“画石榴”（山里红树）——用手去摸树干，感知它的粗糙；做计划（怎样摘石榴）——调动幼儿体验的兴趣和原有经验；实践活动（亲自去摘石榴）——孩子们准备自己计划使用的工具，亲自去体验摘石榴；分石榴（山里红）——在过程中体验分享的快乐，并且学习数数的技巧（石榴大，可以一个或两个两个地数着去分；山里红小，可以五个五个地数，也可以拨堆目测分），在亲身体验中，孩子们在身体上、知识上、技能上、交往上、态度上、情感上都得到了发展，这远比在课堂上我们一遍遍地引导孩子学习数数，引导他们学习分享强得多。

三、从孩子们生活中选择教育内容——生活化

课程必须和儿童眼前的生活融合为一体，行为课程应完全根植于生活，从生活中来，在生活中开展，从生活中结束。正如我们在幼儿园开展的区域活动，就是社会活动的缩影一样，孩子们最喜欢的就是每天的区域活动，理发师、厨师、建筑师、时装模特等，每天他们都在做这样的游戏却不厌烦。这是为什么？因为这些都来源于他们的生活，在这些游戏中，他们的经验会逐渐丰富起来。就像《小人国》中南德和辰辰在玩“娃娃家”时的一段对话：“我去看房子去，我要九点才能回来，我要出差，也许下周一才能回来，也许我回来就死了，你要把我埋葬了，我上天堂了……”这些话语虽然表明孩子们还沉浸在想象之中，但它反映的却是真实的社会生活。所以在我们为孩子们考虑最近发展区，选择学习内容时，一定要选择贴近孩子实际生活的内容。

对张雪门先生的行为课程有了粗略认识的同时，我也在反思我们自己的专业成长之路，从先生的理论中我又有哪些收获呢？

其一是要做个勤于反思的教师。曾听窦桂梅老师讲过这样一个故事：一位工作了25年的老教师面临着下岗，老教师心里很不服气，找到校长责问：“为什么下岗的是我，我工作了25年，没有功劳还有苦劳呢！”校长说：“是呀，你工作了25年，无非是在重复上班第一天的工作，其实你就等于工作了一天呀！”这就是先生所说的“只劳力而不劳心”。平时的工作中，有许多教师兢兢业业，但却教学业绩平平，汗水与成果不成正比，主要原因是她们只靠经验进行教学，知识不更新，方法不改进，又不善于总结、反思，从而年复一年、日复一日地在自我的圈子里循环。其实，我们每天都在实践着具体、丰富、生动的教育活动，有很多的感受和经验，如果我们也像张雪门先生那样，做个有心人，抓住问题、找准切入点进行研究，或向书本学习，向他人学习，审视一下自己，在自己的经历中提取有价值的东西。写一点教学反思，与心灵对话，做个主体的人，学会从自己的经历中学习，敢于挑战自

己，主动澄清和质疑自己长期以来赖以生存的教学观念和信念。通过对自己教育教学活动的反思，让自己在教育实践中不断地思考、审视、反省、判断、分析、概括、总结，不断地调整教育教学实践过程，更加自觉地规范自己的教育行为（就像高美霞老师那样）。做一个反思型的教师，做一个探究型的教师，做一个创造型的教师，一切的“心动”都源于对教学实践——行动的解读与反思。在孜孜不倦的反思、研究、行动中，相信我们每天的教育都能得到提升。

其二是要做一名言行一致的教师。我们身边也不乏这样的教师，从学校和书本中学到很多理论知识，因而总是拿一些理论去压倒别人，在外人看来好像是个知识渊博的教育家，殊不知他的一些方法都是经不住实践检验的，而且许多东西是想当然的，而不是脚踏实地做出来的。这就告诉我们，拿来主义要不得，我们要通过自己的行动来实践和反思，从而形成自己的经验。就像张雪门先生那样，他的行为课程不是说出来的，更不是想象出来的，而是经过5次课程实验得出的。

作为一名教师如此，作为教师工作的指导者，更应该像张老师常说的那样：不要把自己当成救世主。我们要像老师引导孩子那样，在指导中多问一问自己：老师们得到了什么？教研活动与指导是否有预见性？只有这样才能够促进教师真正的专业发展。

思考与练习

1. 以实例说明幼儿园管理两大任务的一致性。

2. 幼儿园选聘人员应遵循什么原则？为什么要将使用与培养相结合？

3. 教研活动的任务是什么？在建设学习型组织的背景下，幼儿园教研活动应当作出怎样的调整？

4. 提高教职工职业能力为什么要注重园本培训？园本培训有哪些方式？

5. 幼儿园管理如何创设支持性环境以有利于教师的专业发展？

6. 请根据实地调查，对目前教师职业道德的状况作出分析。你怎样看待加强教职工职业道德培训与建设幼儿园组织文化的关系？

7. 学习型组织的含义是什么？建构学习型组织有哪些有效的管理策略？

8. 常用的反思性教学和教育视导方式有哪些？举一两个实例加以分析和说明。

9. 联系一所幼儿园并作调查，了解和分析幼儿园的教职工队伍状况，进而分析和提出改进队伍建设的建议。

案例分析

案例 7.1　激励幼儿教师的精神需要

某园接受了上级行政部门布置的接待专家来园观摩半日活动的任务。按照以往的做法，园长将指定特级教师张××、高级教师王××作准备。大多数教师则采取事不关己的态度，个别教师还会发牢骚："园长眼里没有咱。"园长已经意识到只依靠个别骨干教师"撑门面"是不行的，幼儿园的各项工作要有全体教师的积极参与，才能不断开创新局面，全面提高保教质量。于是，园长决定借此机会，在幼儿园开展一次"抢任务"的活动。

园长召开了全体教师会议进行动员，讲明活动的目的、意义、方法及其步骤。园长在会议上宣布："抢"到并完成任务者有功，将记录在案，给予一定奖励。然后组织教师进行讨论，在形成共识后开始实施。

很快，就有三分之二以上的教师来教研组，自荐半日教育活动的计划。经过先由各教研组然后到幼儿园的程序，推选出了两位青年教师——杨××和程××承担这次任务。园长进一步提出要求：全体教师要树立幼儿园工作的整体观念，支持并且协助两位青年教师完成任务。

接待日当天，两位青年教师组织的两个班的教育活动内容丰富、生动新颖，不同能力水平的幼儿大都积极主动地参与活动，并在不同程度上得到了发展，活动开展得顺利而成功。两位教师得到专家和领导的称赞，说她们“素质高”，“创造性地实现了教育活动的目标”。

园长在总结这项工作时，要求并鼓励全体教师：在今后的各项工作中，要不断更新教育观念，树立“抢任务”的光荣感、使命感，练就扎实的业务功底，积极参加竞争，不断创造业绩。

（案例编写：佚名）

分析与思考

1. 你对这个案例中“抢任务”的做法如何评价？

2. 请结合幼儿园工作实际，总结出三条鼓舞全体员工士气的具体措施。

案例 7.2　对新上岗教师的培养与管理

一天，刚工作不久的小王老师神色紧张地跑进园长室：“园长，小刚玩转椅摔倒了，膝盖一直在流血。”园长问：“孩子呢？”“我把他送到医务室去了。”“走，我和你去看看。”园长边向医务室走边问：“孩子怎么摔的？”“他跑得慢，还非要玩转椅。我让他别玩转椅，玩其他的器械去，可我刚一离开，他就又去玩转椅，结果摔了。”说着说着，小王的眼泪已经流了下来。园长来到医务室，看到大夫已经给小刚进行了处理，没什么大碍，这才放下心来。

回到办公室，园长边安慰小王，边帮助她分析小刚摔倒的原因和小刚非要玩转椅的心理。园长耐心地告诉小王应该如何处理类似的事件，告诉她如何教会小刚玩转椅，如何让其他的小朋友照顾个子小、跑得慢的小朋友一起玩。最后，嘱咐小王在家长来园时向家长说明情况，取得家长谅解。这时，小王老师紧张害怕的心情缓解了，眼泪也收住了。

（案例编写：张曼）

分析与思考

从案例中园长对小王的劝慰和具体帮助，分析归纳出幼儿园对新教师指导具有怎样的特点？对于新人尽快胜任岗位要求和专业成长意义如何？

案例 7.3　给予教师自主尝试的机会

在一次教研组的备课活动中，中二班的杨老师提出想根据当前的季节，让孩子主动创编有关春天的故事。尽管研讨时有不同看法，有的老师觉得对中班孩子来说太难，有的老师觉得没有让孩子去体验春天就要求其去编故事，不切实际，但杨老师坚持自己的想法，说本班幼儿对编故事很有兴趣，语言表达能力和讲述故事的能力都比较强，而且前期也有过要求孩子自己编故事的尝试，一定能够达到预想的目标。

李园长此时虽然也觉得不太合适，并提出了修改意见，但认为，如果强制要求杨老师服从，她肯定无法真正从心里接受，从而会影响她组织活动的积极性，那样的话，教育活动更开展不好。

于是，李园长把决定权交给了杨老师，允许她按照自己的想法去组织这一次活动。活动的结果表明，孩子虽然有兴趣，以前也编过故事，但由于对要编的内容比较陌生，所以编故事的内容互相模仿，简单而缺乏创造性，创编的目标还是没达到。

经过这次实践，杨老师主动剖析了自己失误的地方，在失败中找到了更有价值的东西。李园长也适时向杨老师提出自己的建议，“是不是可以带孩子出去郊游一次，让孩子对春天有所感受以后，再开展一次创编故事的活动?”杨老师欣然接受，并积极地开始准备接下来的郊游活动。

（案例编写：罗佩珍）

分析与思考

李园长采纳了杨老师的想法，允许她有调动原有经验进行尝试的机会，允许失败……最终妥善解决了问题。请对事件背后体现的管理思想作出分析。

第八章

幼儿园领导者

内容提要

领导是通过组织他人的行动，以实现组织的目标。幼儿园的领导者即园长是管理的主体，在管理过程中处于主导地位。园长领导职能的发挥，主要体现在能否调动教职工的积极性上。园长是幼儿园的带头人，作为管理主体，一方面要为组织确立发展方向，为教职工的工作、学习创造良好的条件、提供服务，同时还要为教师作出行为示范。幼儿园领导者应该成为教师的教师，以自身的人格力量，影响、激励和带动广大教职工去实现幼儿园的共同目标。

本章首先分析了园长在幼儿园中的角色和地位，探讨了有关领导的含义、领导影响力和领导方式等概念，并进一步探讨了园长作为幼儿园领导者的素质要求，分析了园长领导工作的要点，阐述了园长如何实施正确教育思想的领导和关于时间管理的策略等问题。

学习目标

1. 了解幼儿园园长的任职资格和角色定位。
2. 知道幼儿园园长所需要的素质和能力要求。
3. 明确园长领导职责和幼儿园领导工作的要点有哪些。

关键词

园长角色　领导者　领导影响力　园长素质　园长职责

第一节　园长——幼儿园的领导者

一、园长的任职资格和角色

（一）园长的任职资格

原国家教委在1996年制定并颁布了《全国幼儿园园长任职资格、职责和岗位要求（试行）》，文件根据我国幼儿教育发展的需要，同时结合当前我国园长队伍建设的现状，对幼儿园领导者即园长的素质提出了要求，为幼儿园选拔、任用和考核园长提供了依据。

文件中对园长的任职资格作了如下规定。

1. 拥护中国共产党的领导，热爱社会主义祖国，认真贯彻国家的教育方针，热爱幼儿教育事业。

2. 示范性幼儿园和乡镇中心幼儿园园长应具备幼儿师范学校（含职业学校幼教专业）毕业及其以上学历，有五年以上幼儿教育工作经历，并具有小学、幼儿园高级教师职务。

其他幼儿园园长应具备幼儿师范学校（含职业学校幼教专业）毕业及以上学历或高中毕业并获得幼儿园教师证书，有一定的幼儿教育工作经历，并具有小学、幼儿园一级教师职务。

3. 获得幼儿园园长岗位培训合格证书。

4. 身体健康，能胜任工作。

国家教育部于2015年1月发布的《幼儿园园长专业标准》对园长应有的办学理念进一步加以明确，如，以德为先、幼儿为本、引领发展、能力为重、终身学习等，并从规划幼儿园发展、营造育人文化、领导保育教育、引领教师发展、优化内部管理和调试外部环境六个方面对园长的专业职责提出了具体要求。

国家相关文件的规定，为幼儿园的领导者即园长任职资格提供了政策依据，也为幼儿园园长的培训，提高园长的教育和管理水平，提出了相关要求。

（二）园长的角色和地位

1. 园长角色的多重性

“角色”，一般是指戏剧或电影中，演员扮演的剧中人物。对园长的角色如何定位，特别是园长如何对自己的角色定位，影响着对领导者职责的理解，也影响对其素质的要求。让我们分析一下当今社会中，园长所扮演的多种角色。在幼儿园内，园长是教职工的“上级”，而对幼儿园的主管单位或部门来说，园长是“下级”；在幼儿园行政工作中，园长是领导，而在党支部中，园长可能是一名普通党员；在幼儿园内部，园长是资源分配者，而在争取外部支持、同外界打交道时，园长又成了联络者和谈判者。

在当前建立社会主义市场经济体制下，园长的角色又有新的变化，主要体现在如下几方面：以往在计划经济体制下，幼儿园资源主要由主办单位配备，园长很难有独立作用，他们的价值取向、行为模式就很难体现出来。而随着社会的发展，在当前市场经济条件下，幼儿园要面向社会自主办园，自我发展已成为趋势。由此，园长在价值取向上不仅要管理好幼儿园，还要经营好幼儿园，他们不再是简单地服从执行上级的命令，而是在不同程度上自主办园。

尽管园长角色具有多重性，但最重要的角色是全园工作的领导者，是实现领导职能、办好幼儿园的关键。这也正是园长自身性质的规定性，通过园长自身的职业活动体现出来。因为园长既受教育过程中各种管理关系的制约，同时又是幼儿园管理关系的主体和承担者。从我国幼儿园的情况看，一个幼儿园少则十几名教职工，多则几十人、上百人，这些人员及若干个岗位需要园长来协调、指挥和控制，否则，幼儿园保教工作就无法顺利进行。由于地位、职责、知识、经验、能力等因素，决定了园长在幼儿园中扮演着主角。

2. 园长角色和地位的具体表现

具体来说，园长角色及其在幼儿园管理中的地位主要有以下两方面的表现。

（1）园长是幼儿园的行政负责人，是行使管理职能、办好幼儿园的关键

《幼儿园管理条例》明确了我国幼儿教育机构实行园长负责制，园长要在举办者和教育行政部门领导下，依据这一条例负责领导全园工作。园长负责制有着特定的内涵，它是以园长责任和职权为主要内容的园内管理体制之一，它包括上级领导、园长负责、党支部政治核心和保证监督、教职工民主参与管理等几个相互关联、又互有区别的组成部分，目的是建立起统一的、高效率的园内指挥系统。

目前，我国幼儿园大多实行园长负责的管理体制。这意味着园长是幼儿园的行政负责人，是幼儿园的法人代表。对内全面领导保育、教育和行政工作，向全体教职工、幼儿负责；对外代表幼儿园，向举办者、幼儿家长及社区负责。

教育机构是以培养人为目的的组织。园长作为幼儿园行政负责人，代表幼儿园行使职权，理所当然是幼儿园的法人代表。幼儿园的民事行为是通过园长进行的。因此，园长必须增强法制观念，提高对依法办园、治园意义的认识，运用法律手段管理幼儿园，依法维护幼儿园和师生的合法权益，办好幼儿园。

幼儿园实行园长负责制。园长是幼儿园的主要行政领导者，对幼儿园工作全面负责。园长具有与其责任相一致的权力，按照幼教行政法规规定，幼儿园的园长由主办者任命或聘任。非地方人民政府设置的幼儿园的园长应报教育行政部门备案。经任命或聘任的园长，具有上述法人代表的地位，依法行使行政决策权、指挥权、人事管理权和财务管理权等。

（2）园长是幼儿园工作的带头人，要处理好与教职工的关系，发挥领导主体作用

领导是通过组织他人的行动，以实现组织的目标。领导者与被领导者之间是相互依存、相互作用的过程。在双边关系中，领导者是矛盾的主要方面，起决定作用。也就是说，幼儿园的园长是管理的主体，在管理过程中处

于主导地位。从实现幼儿园任务目标来看，必须要有两方面的积极性，既要有领导者的积极性，又要有广大教职工的积极性，而教职工的积极性取决于领导者如何调动。

一般地，人的积极能动性的发挥程度与管理效能成正比。园长能否发挥领导职能、其领导主体作用如何，主要体现在能否调动教职工的积极性上。园长作为管理的主体还体现在园长是幼儿园的带头人：一方面要为组织确立发展方向，为职工的工作、学习创造良好的条件、提供服务，同时还要为教师做出行为示范。幼儿园领导者应该成为教师的教师，以自身的人格力量影响、激励和带动广大教职工去实现幼儿园共同的目标。

二、园长的领导方式

（一）领导的含义

领导是指领导者带领、影响和引导个人或组织，在一定条件下实现组织目标的行为过程。这个定义包括三层含义：

1. 领导是一种人际关系，表现为领导者与领导对象之间相互依存的双边人际关系。

2. 领导者的关键在于为组织确立目标方向，并带领组织成员去实现。

3. 领导者具有影响力，因而能够带领组织成员去实现组织共同的任务和目标。

（二）领导者的影响力

影响力指领导者的言语指令即命令、建议、劝告等和非言语指令如榜样示范引起被领导者或组织成员做出预期反应的感召力量。它在本质上是权力作用的人格表现，是领导者将个人意志以各种方式施加到组织成员身上的能力。

现代管理学、领导学的研究表明，领导者的影响力主要由两部分构成：权力性影响力和非权力性影响力。权力性影响力指由领导者掌握合法职权并能合情合理地加以运用而产生的影响力。所谓非权力性影响力是由领导者表现出来的良好品格、卓越的才能、丰富的知识和经验、真挚而友善的感情因素构成的影响力。如图 8-1 所示。

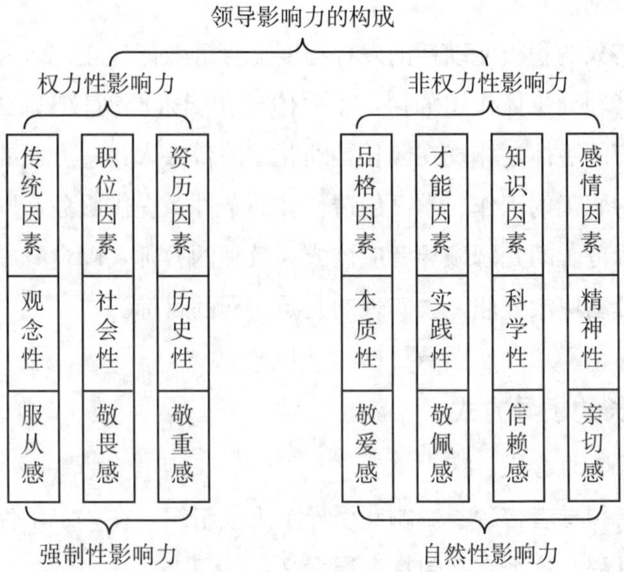

图 8-1 领导影响力的构成

权力性影响力的构成一般为传统因素、职位因素和资历因素等，具有强制性。通常是外部赋予的、外在的，即上级组织赋予一个人的职位和权力。如，园长有对重大事件的决定权，有对职工的聘用权、奖惩权等等。凭借这些权力，领导者可以有力地影响被领导者的行为和活动，使其服从命令和要求。然而，如果单凭这种强制性权力行使领导职能，被领导者往往会消极被动地适应或应付，不能充分调动其积极性；对于领导个人也有一定的负面效应，使他们只重视支配和控制他人，一切由个人说了算，只看重个人的职位权力，而不注重提高自身素质和威信，容易造成干群关系对立，阻碍组织工作任务的完成。因此，权力性影响力也有一个正确使用的问题。

权力性影响力是一把双刃剑：一方面，权力对于实现管理职能是必不可少的，能够使组织成员朝着组织的既定目标而努力；另一方面，权力如果失去制约，就会导致腐败。因此需要加以规范和制约，使其在合理的范围内运用，与此同时，领导者个人也要注重练内功，增强自身的素质和能力。

非权力性影响力则是由品格、才能、知识、情感等人格因素所构成，属自然性影响力，是内在的，即经过领导者自身努力而获得并且是经过实践证明了的，反映出领导者本身的素质。

权力性影响力与非权力性影响力的关系：在整个领导影响力的构成中，非权力性影响力占有主导地位，起着决定性作用。管理实践表明，一个有领导能力、素质好、威信高的园长，能够带领全园职工奋发向上，使一个落后的幼儿园迅速改观，全园工作秩序井然，保教质量不断提高。这里，决定园长威信高低的主要是其非权力性影响力。具有这类影响力的园长，会自然而然地受到人们敬重，使人觉得亲切并产生信任感，愿意接受其建议和劝告，心悦诚服地服从其领导。

园长非权力性影响力的大小，往往影响幼儿园管理水平的成效。就是说，一个组织的领导者，如果有巨大的非权力性影响力，则其权力性影响力也会加大，反之则下降。正所谓"其身正、不令而行；其身不正，虽令不从"。因此，提高园长领导影响力的关键在于提高其非权力性影响力。园长必须积极努力提高个人素质，注重练内功，才能增强自己在群众中的威信，从而不断提高管理水平。

（三）园长的领导方式和类型

园长的领导方式是指园长用来对教职工行使权力和发挥领导影响力的行为表现，它体现了领导过程中领导者与被领导者之间的关系。领导方式对幼儿园领导成效有很大的影响，因为园长的领导成效是通过其领导方式实现的。因此，作为园领导，必须不断研究和改进自己的领导方式，以便取得更好的工作成效。

根据现代领导学、学校管理学等学科的有关研究，联系我国幼儿园管理的实际情况，从关心工作和关心人两个维度加以分析，客观上存在着四种比较典型的领导方式：专制型领导方式、民主参与型领导方式、放任型领导方式以及权变型领导方式。

1. 专制型领导方式

专制型领导，也称作集权型领导方式，它的主要特征是园所领导者的权力高度集中，突出领导者的中心地位。主要表现为以下特点。

在工作方面，决策由领导者做出，下级无权参与，而且必须无条件执行和服从领导者的决定，在执行中，对下属每一项工作都实行严格监督，不给下级任何自主权；重视行政手段的作用，严格照章办事，缺乏必要的灵活性，强调以奖惩手段来维护幼儿园正常的工作秩序和规章制度，禁令多，惩处严，诸事照章办理。

在人际关系方面，园领导者喜欢发命令、指示，较少关心教职工的需要，直接与群众交往较少，不喜欢下属及群众发表不同意见，容不下有独立见解和创造精神的人，不注意发掘和调动下属的积极性。

这种领导方式的有效性完全取决于领导个人的智能和经验。这种领导方式的致命弱点是极不民主，不利于调动下属的积极性、主动性和创造性，领导者处理问题时难以深入了解和分析，易于处事表面化和简单化，因而容易造成人际关系紧张。

目前，我国幼儿园正在实行和完善园长负责制，这是幼儿园内部管理制度改革的核心。有些园长对园长负责制的内涵理解不全面，有的甚至是错误的，认为园长负责制就是园长一个人说了算，简单地将园长负责制与专制型领导方式等同。在工作中大权独揽、专横专断，加之在体制上缺乏有效的制约和监督机制，致使幼儿园工作受到影响。

2. 民主参与型领导方式

民主参与型领导方式的主要特点是园领导在工作中依靠广大教职工、鼓励广大教职工参与园所的管理工作。其主要表现如下。

在工作中，能主动引导教职工更多地参与决策和整个管理过程，比如在进行决策前，注意听取和吸收广大教职工的意见和建议，注意在集思广益的基础上作出决策。在管理中，注意下放权力，让下属和教职工承担必要的责任和分享部分权力，注意调动教职工的工作积极性。

在人际关系方面，园领导能充分尊重教职工，对教职工给予很高的信任，领导者与职工有较多的感情接触，干群关系较为融洽，能够为教职工创造发挥才能的环境和条件。

这种领导方式为人们所推崇。它的优点是可以吸收专制型领导方式的长处而避免其短处，能减少决策中的失误，赢得群众支持，并充分发挥群众的聪明才智，从而增强教职工的责任感和主人翁意识，有利于调动他们的积极性、主动性和创造性，有益于增进组织团结，形成良好的组织氛围。其缺点是决策过程比较长，如果园领导组织和决断能力较弱，容易造成“议而不决”的现象，降低工作效率。

3. 放任型领导方式

放任型领导方式是一种领导者完全或大部分放弃职责而任下级各行其是、各自为政的一种领导方式，是最不可取的。主要表现如下。

在工作中，领导者没有目标，或有日标而不监督执行，对教职工无要求、无规章制度，对好人好事不表扬，对坏人坏事不批评，遇到矛盾和困难绕开走。

在人际关系方面，领导者与教职工保持不远不近，对下属或群众的要求或困难采取无所谓的态度，很少与教职工接触。

这种领导方式和领导作风易导致工作失控、组织涣散，根本就不可能实现组织的任务，是一种最要不得的方式。

以上三种比较典型的领导方式是美国管理学家勒温在 20 世纪 30 年代，对有关领导者工作作风的研究中发现和归纳的。

4. 权变型领导方式

20 世纪 70 年代以来崛起了一种新的管理理论即权变理论，认为领导方式的有效性不是由某一种或少数几种因素来决定的，而是许多因素互相作用的结果。权变理论提出一个公式：领导方式 $= f$（领导者，被领导者，环境）。意味着不存在唯一有效的领导方式，在不同的情境下，可以采取不同的领导方式。权变理论主张将影响领导方式的各要素作为一个系统来看待，根据具体情况因地制宜、因时制宜决定采取哪种领导方式。

现代管理的理论研究和实践表明，很难说哪种领导方式绝对的“优”或“劣”，因此，园领导应注重在实践中研究这个问题，按实际情况来选择适宜的领导方式。

选择领导方式，需要综合考虑以下因素。

（1）考虑被领导者的成熟度。对于不同成熟度的被领导者即教职工，选择适当的领导方式；

（2）考虑领导人自身的具体条件与特点；

（3）分析具体环境和园领导的具体处境，选择较佳的领导方式。如幼儿园组织结构、分工状况，园领导的威信与影响力、人际关系等。可以综合以上三方面因素，考虑采用相应的领导方式。

第二节　园长的素质和能力要求

一个领导者需要具备必要的素质和能力，这关系到对组织管理和领导的成败。

园长的素质是指幼儿园领导自身所具有的基本条件和内在特征。目前在中国有数十万所幼儿园，也就意味着有一支庞大的园长队伍，加强园长的素质建设，对幼儿园的发展极为重要。

园长的素质主要包含德、才两个方面。德是指人格修养、思想作风方面，这是最基础的，是领导者的首要标准和条件，也是决定其才干增长和发挥的方向和动力；才是指知识技能和领导能力，园长必须成为管理幼儿园的内行。二者之中，德是最核心的。正如教育部 2015 年发布的《幼儿园园长专业标准》提出的，园长专业标准的第一条就是“以德为先”。

具体说来，园长素质有三个方面：政策水平和品格修养、文化专业素质、领导管理能力。

一、政策水平和品格修养

（一）政策理论水平

园长是幼儿园的管理者。教育部 2016 年修订的《幼儿园工作规程》对园长职责要求的第一条就是："贯彻执行国家的有关法律、法规、方针、政策和地方的相关规定，负责建立并组织执行幼儿园的各项规章制度。"管理工作政策性比较强，这就要求园长必须认真学习政治理论，全面理解国家有关的法规、方针、政策，并能在实践中掌握和运用。

幼儿园工作是有目的、有计划地为社会培养人才。园长要坚持正确的办园方向和指导思想，敏锐觉察方针执行中的错误倾向，迅速予以纠正。

（二）事业心、责任感和道德修养

园长要充分认识自己所从事工作的重大社会意义，热爱幼教事业，热爱孩子，关心教师，始终对工作怀有浓厚的兴趣和饱满的热情，尽最大努力为孩子、为教师服务，认真做好各项工作。

园长在道德修养和工作作风上，应忠诚坦白，光明磊落，能实事求是、坚持真理，修正错误，严于律己，勇于承担责任。

园长应豁达大度，宽以待人，事事出于公心，能妥善处理各种事情和矛盾，处理各种人际关系，在幼儿园营造一种人人心情舒畅、和谐宽松的人际环境。

园长应当树立正确的群众观念，工作密切联系群众，作风民主，平等待人，要善于调动群众积极性，能深入实际，吸取群众智慧，改进领导工作。

园长在思想品德方面，应成为全园职工的榜样和楷模，要成为教师的教师。园长的事业心、责任感、政策水平和思想作风，对于带动一支有良好素质的教职工队伍、形成良好的园风园貌有着直接的影响，同时也对办好幼儿园、完成双重任务起着至关重要的作用。

二、文化专业素质

园长要有真才实学，要有基本的文化科学知识，要熟悉幼儿园的业务，掌握教育相关的知识和理论，终身学习，成为领导的内行。

（一）基本的文化素养

园长要有高中以上文化水平，具备一定的语言表达能力。园长应有较强的求知欲，在当前科技飞速发展的新时代，不满足于已有学历和知识水平，要有更新知识的紧迫感，要不断学习和吸收现代科学知识，关注社会的新变化，开阔视野，培养较广泛的兴趣爱好，丰富自己的精神世界。园长应能从繁忙的管理工作中抽出时间学习。较高的文化素养有助于培养高尚情操，有助于深刻理解幼教事业的意义，促进对专业知识的进一步掌握。

（二）具有学前教育、卫生保健以及有关管理方面的知识

幼儿园的园长应具备幼儿师范学校（包括职业学校幼儿教育专业）毕业以上学历。园长应加强自己的业务素养，要懂得学前教育的理论，学习教育科学知识和有关的卫生保健知识，了解幼儿的年龄特点和身心发展规律，并据此部署和指导工作，使幼儿园各项工作建立在科学的基础上。比如，园长能按照营养学知识指导制订幼儿食谱，依据幼儿生长发育特点合理安排幼儿一日生活制度；能运用有关幼儿发展和教育的规律性知识指导幼儿园的保教工作，有目的、有意识地引导教师探索有效的教育方法，避免工作的盲目性。园长应注意加强教育理论修养，并能结合教育形势发展的需要，针对本园教育工作中的问题，组织力量认真研究解决。园长还应具备一定的管理科学知识，并运用于工作实践。

园长的文化专业水平对于实现正确教育思想的领导和提高管理效能具有重要意义。

三、领导管理能力

作为幼儿园工作的主要负责人，园长对办好幼儿园的作用是毋庸质疑的，必须学习领导艺术，不断提高工作效率和管理水平。

园长领导管理的素质能力主要表现在两个方面。

（一）组织指挥能力

园长要懂得确立幼儿园工作目标，制订工作计划，有较强的时间观念，

能够统筹全局，注意全园性工作的部署安排，善于合理调配人力、物力、财力，调动积极性，把全园教职工的行动组织到幼儿园的主要任务——保教工作上来。

一个组织的有效管理者，除了要熟悉他所在行业的一般知识技能外，更重要的是要具备统领全局的能力，既要能在整体上进行组织决策和指挥，又要能与人团结共事，善于用人，具有一定的做人的工作和处理人际关系的能力。

美国的罗伯特·卡茨曾提出，领导人应该具备三类技能：

1. 技术性能力：指对本行业的一般知识技能、专业技能。领导层次越低，该方面能力越重要。

2. 协调能力：指做人的工作、和人打交道的能力。协调能力对于各层领导者都很重要。

3. 综合分析能力或称概念性技能：这是指统领全局作出分析判断、决策的能力。层次越高的领导者，这方面的能力越重要。综合分析能力即一般所说的识见或见识。

有一项调查发现，各级管理人员所需要的这三类能力的百分比有所不同，详见表 8-1 的数据。

表 8-1　各级管理人员所需要的三类能力

能力类别	识见%	协调%	技术%	合计%
高级管理人员	47	35	18	100
中级管理人员	31	42	27	100
初级管理人员	18	35	47	100

毛泽东曾经指出："领导者的责任，归纳起来，就是出主意、用干部两件事。一切计划、决议、命令、指示等，都属于'出主意'一类。使这一切主意见之实行，必须团结干部，推动他们去做，属于'用干部'一类。"这段话精辟地概括了领导者的主要工作任务和领导管理能力涉及的内容。

总的来看，领导者的组织指挥能力实际上包含两个层面，一是决策指挥能力，二是交流协调能力。就是说，园长作为一园之长，作为高层管理者，要做的工作主要是“出主意、用干部”两件事。

一方面，园长要了解幼儿园的整体情况，能作出正确分析判断，即统领全局，从总体上进行决策规划，拍板定夺；另一方面还要善于用人。为完成任务，园长必须是好的组织者。这意味着他们要尽可能使现有的资源得到最佳利用。园长的首要工作是学习把任务分派给他人，这样做可以使员工能更多地参与组织任务的落实之中。

幼儿园的工作要依靠大家去做。这就要求园长要能调动人的积极性，能够与人交流沟通，协调人际关系，善于与人共事合作。包括妥善处理与上级、同事及下属的关系，同时协调好幼儿园与外部以及园所内部方方面面的关系。园长作为管理者应成为好的组织者和交流者。作为一个管理者，如果仅仅专业知识精良，擅长业务，然而却缺乏统领全局和处理人际关系的能力，是不可能实现管理效能的。特别是在人际能力、调动人的积极性方面，有人提出，应当把人际关系能力提高到“管理者整个生命不可分割的一部分”。很明显，园长要做好幼儿园的工作，不是个人包打天下，而是要善于授权让别人去工作，要能为组织成员做出成绩创造条件，要通过领导者的发动和影响，让他人表现，使全园每一个教职工或所在集体能够有所作为和创新。

（二）创新进取的精神和能力

园长要有创新进取的精神和能力。作为一个组织的领导，要有远见卓识，要思维敏捷，头脑清晰，要充分了解本园基本工作条件和工作实际，不安于现状，不满足于已取得的成绩，能够清楚地意识到工作中的缺点和问题，不断更新教育观念，使工作经常处于主动状态。要学习从宏观角度看问题，站得高，看得远，了解社会发展和改革动向，清醒地预见到社会改革对幼儿教育和幼儿园管理提出的新要求。能根据教育发展趋向规划幼儿园的未来。不是消极被动地应付环境的变化，而是立足本园实际，主动调整适应，开拓新的发展领域。

美国当代著名管理学家E. 戴尔认为，“真正的管理人员永远是一个创新者”。创新意识意味着不断解决新问题的积极探索实践。领导者要为组织规划发展蓝图，决定组织的未来方向与风格，创新能力就更重要，这也是综合分析能力的体现。园长要不断更新自己的文化专业知识，了解教育发展规律，正确认识教育与社会发展的关系，不断改革创新，更好地实现教育理念，发挥幼儿教育的服务功能。园长要以正确的教育思想和管理思想影响教职工，激发全园职工进取向上的精神，带领他们不断取得新的工作成绩。

第三节　园长职责和幼儿园领导工作

一、园长的领导职责

良好的素质能力只表明具有当好园长的可能性。要真正当好园长，必须明确园长的领导职责，要从他的工作绩效，衡量其管理成效。

我国两大幼教管理法规《幼儿园管理条例》（以下简称《条例》）和《幼儿园工作规程》（以下简称《规程》）都明确提出“幼儿园园长负责幼儿园的全面工作”。《规程》第40条对全国各类幼儿园园长的主要职责作出了如下具体规定：

1. 贯彻执行国家的有关法律、法规、方针、政策和地方的相关规定，负责建立并组织执行幼儿园的各项规章制度；

2. 负责保育教育、卫生保健、安全保卫工作；

3. 负责按照有关规定聘任、调配教职工，指导、检查和评估教师以及其他工作人员的工作，并给予奖惩；

4. 负责教职工的思想工作，组织业务学习，并为他们的学习、进修、教育研究创造必要的条件；

5. 关心教职工的身心健康，维护他们的合法权益，改善他们的工作条件；

6. 组织管理园舍、设备和经费；

7. 组织和指导家长工作；

8. 负责与社区的联系和合作。

《规程》中所列的8条园长职责，实际上包括了幼儿园工作的全部任务和内容。《幼儿园园长专业标准》在进一步明确园长应确立的办学理念基础上，从规划幼儿园发展、营造育人文化、领导保育教育、引领教师发展、优化内部管理和调试外部环境等几个方面对园长的专业职责提出了60条具体要求，与《条例》内容是一致的，是从园长专业标准方面做了更加概括而明确的表述。

下面提供两则美国托幼机构园长资格认证和园长义务职责的资料①（资料8-1，资料8-2），供参考。

资料8-1

美国托幼机构园长资格认证

美国伊利诺伊州研发出了一种资格认证书，该规范表明园长是否胜任是专业人员的关注点。在充分考虑园长应具备的必要条件后，研究者概述了获得园长合格证要达到的5项能力要素：

• 受教育的总体情况。

• 关于早期阶段或学龄阶段方面的知识和技巧：发展、护理和教育方面的基本理论。

• 管理知识和技巧：描述了10项管理知识和技巧能力。

• 经验：实际工作的经验。

• 专业素养：在6项领导情境中表现的专业素养。

证书有3个水平：水平Ⅰ，必须有准学士学位；水平Ⅱ，必须有学

① 菲利斯·M. 科里克. 托幼机构管理［M］. 韦小冰，等译. 北京：北京师范大学出版社，2007：28.

士学位；水平Ⅲ，必须是硕士学位或其他高学位。在每一水平，候选人必须展示以上5项能力要素。

获得证书可以有两种方式：1. 完成指定的教育程序，通过完成伊利诺伊州的高等教育园长资格授予委员会的批准项目；2. 通过直接申请的方式，达到伊利诺伊州园长资格的必要条件，并向伊利诺伊州园长认证委员会（the Illinois Director Credential Commission）提交文件证明。如果选择方式1，个人需要在批准的项目或有权授予证书的高级学习机构中注册，并达到获得证书必须的课程及论文的要求。这一机构核查每项要求的达成情况。如果选择方式2，个人需要向委员会直接申请，上交包括毕业证书、履历、专业素养的文件证明。在伊利诺伊州园长认证委员会的确认下，由伊利诺伊儿童保育资源和推举机构的网络（the Illinois Network of Child Care Resource and Referral Agencies）授予证书。

尽管目前尚无全球性认证或采纳的幼儿教育项目管理者专门证书，我们相信今后在这一方面会有更多进展。

资料8-2

美国托幼机构园长的义务和职责

园长的一般职责：

有关决策必须符合国家和当地立法机构关于许可、健康、安全方面的规定，与相关机构合作以达到这些标准。

作为董事会的一员，参加必要的委员会议。

指导学校设计总目标——以此作为课程目标的基础。

根据董事会或公司要求提交学校报告。

对园长工作进行自评，并且为自身的专业成长制订计划。

分管注册事务的园长职责：

为幼儿注册并准确记录幼儿的名单。

与希望送孩子入托的家长面谈，提供关于学校的信息。

为新的家长确定育儿方向。

了解社区需求变化以维持全额注册。

设计和常备一些家长手册。

分管监督并指导课程的园长职责：

指导员工设计合乎幼儿园总目标的课程。

与员工一起实施并坚持目标。

引领课程评估的进行。

在课程方面提供最新的信息。

分管自然种植和器械事务的园长职责：

有效地设计、分配和使用空间。

对自然植物的照料和护理进行监督。

为学校今后对场地和器械的使用做计划。

作好日程表、维修安排和购置信息的记录。

管理和供应物品，根据需要继续订购。

监控环境的健康与安全。

分管财务的园长职责：

设定预算。

控制开支。

收取学杂费。

进行工资、设备以及供需品的现金支付管理。

作详尽的收入和开支记录。

处理小面额现金开支。

制订每月的支出预算。

准备对预算和开销的年终分析。

向董事会或公司汇报。

分管人事的园长职责：

招募与雇佣员工。

计划和指导员工培训。

提供不同工作岗位的职责制度。

阐明和履行人事政策。

协助员工贯彻学校目标。

提供持续的员工发展需要评估。

安排员工在职期间的培训。

鼓励员工参与社区活动。

为解决问题而会见职员。

准备员工手册。

作好人事记录。

分管领导家长参与和教育的园长职责：

把学校的目标传达给家长。

计划并实施家长教育活动。

与家长就孩子的进步进行交流。

提出各种建议，鼓励家长参与学校活动。

作好家长参与活动和教育活动的详细记录。

分管园所健康与安全工作的园长职责：

确保有充足的学校健康项目。

作好所有注册幼儿的健康记录。

让员工了解每一名幼儿的健康状况。

与需要了解孩子健康和营养状况的家长交流。

必要时把家庭交给社区机构，寻求特殊帮助。

不断了解有关学校承担的安全方面的法定责任。

为员工和幼儿的安全教育设计相关活动。

分管建立与保持良好社区关系的园长职责：

向来访者详细介绍学校及其办学理念。

维持建设性的公共关系和宣传程序。

在社区集会上代表学校出席。

与社区内机构建立联系。

与员工一起参与专业以及法规制定活动。

二、幼儿园领导工作的要点

2016年新修订的《幼儿园工作规程》重申了8条园长职责，实际上包括了幼儿园工作的全部任务和内容。这些工作如果事无巨细、面面俱到，必然陷入事务主义，不可能提高管理效能和实现预期工作目标。园长是一所幼儿园的决策指挥者，必须清楚自己的职责中需要解决的核心问题。园长要善于抓大事，统领全局，不能大事糊涂、小事精明，眉毛胡子一把抓。

作为一园之长，必须抓住领导工作中关键的方面。有关当代学校校长基本职能的研究表明，校长的职能主要有三个方面：领导教学、管理学校、维护教育机构和社区的关系。可以认为，这三方面是园长领导工作的关键因素。此外，园长还要管理好时间，增强自我认识，能够对自己和幼儿园的工作做出客观评价。

（一）注重以正确的办园理念领导保教中心工作

幼儿园是对幼儿实施保育和教育的机构。园长是一园之长。园长的任务就是贯彻国家教育方针，办好幼儿园，培养好幼儿。对全员进行教育思想的领导是园长的首要任务，园长的教育思想直接影响幼儿园教育过程和管理质量。

园长应能正确理解并积极贯彻党和国家的教育方针，树立正确的办园指导思想。认真思考办什么园和培养什么人等根本性的问题。要将坚持用教育方针对全园教职工进行教育思想的领导作为自己的首要任务和职责，注意引导教职工认识幼儿教育的社会职能，认识幼儿园的性质和任务，端正教育思想，保证办园方向。当前社会主义市场经济条件下，只求经济效益不顾及社会效益和教育效益，热衷于办特色班、追求营利的目的等现象要有清醒的认识，把握好幼儿教育机构的定位和方向。

园长要带领教职工认真学习《规程》和《条例》两个幼教行政法规，领会精神并付诸实施，促进全体幼儿全面和谐发展。2001 年颁布的《幼儿园教育指导纲要》指出，要“使幼儿在快乐的童年生活中获得有益于身心发展的经验”，对幼儿园的目标定位从国家政策层面提出了新的要求。园长还应进一步引导教职工努力在工作实践中探索教育规律，逐步形成正确的教育观念。

园长必须明确自身的角色及应担负的职责，抓住办园指导思想、办园方向这样的大问题，确保保教这一中心工作，并以中心带动全面，搞好幼儿园管理。以往幼儿园存在着事务型管理和监督型管理两种方式，没有目标方向，工作限于被动应付，是不可能搞好幼儿园管理的。

（二）抓好教职工队伍建设这个核心问题

幼儿园的各项工作要靠人去推动和实行，机构的管理要以人为本，抓住队伍建设这样的大问题。

园长要能全面了解和关心全园教职工的工作和生活问题、业务状况，合理安排他们的工作，用人所长，人尽其长。要把用人与激励、用人与培养结合，充分调动教职工的积极性。在提高教职工业务能力的同时，加强职业道德建设和园风建设。

园长一定要充分认识教职工队伍建设对完成幼儿园双重任务和工作目标的重要意义，懂得做人的工作的规律，通过有效的沟通和管理，特别是提供支持和服务，使组织成员——教职工以一种最能发挥自身潜能的精神状态投入工作，在组织任务完成的同时，实现教师个人的专业成长，进而建设优秀团队和形成良好的幼儿园精神风貌。

领导是一种人际关系。园长工作的重要内容是对教师进行教育视导，要增强自身的人际沟通和协调能力，要真诚关注和关心教师的需要，能够倾听他们的意见，尊重个别差异，建立信任关系，主动给予帮助和支持。园长要花费大量时间就教师的教育教学和业务提高进行交流沟通，可以采取交换意见式的讨论，以便阐明问题，避免误解。

对新教师和新职工要给予特别的关注并进行具体的业务指导，帮助他们尽快适应幼儿园工作环境。如，介绍幼儿园相关的工作状况，使之理解本幼儿园的办园理念、各项工作的指导思想、工作计划和工作方式等；讨论幼儿园教育目标和原则；关注新教师教学情况的提高和改进；提供适宜条件，促使他们能够胜任岗位要求，实现专业成长。

（三）密切幼儿园与家庭、社区的关系和联系

家长是幼儿园的服务对象和公众对象，要维护幼儿园和家长的关系，就要做好家长工作。

家长工作是幼儿园管理的重要内容。家庭教育对幼儿教育机构的保教质量具有重要影响，同时家长作为幼儿园的服务对象，有权监督评价和参与机构的工作。园长必须将家长工作列入幼儿园议事日程，并将家长工作放到与保教工作同等重要的位置，应通过家长工作和建立家长组织实现幼儿园与社会、社区的联系。

幼儿园不是封闭的社会组织，幼儿园的建设发展必须与社会特别是所在社区密切联系协调，实现幼儿园与社区的双向服务。

《规程》在第九章第55条明确指出：“幼儿园应当加强与社区的联系与合作，面向社区宣传科学育儿知识，开展灵活多样的公益性早期教育服务，争取社区对幼儿园的多方面支持。”

教育包括幼儿教育是社会系统的一个组成部分，是社区生活的组成部分。幼儿园的组织是一个开放的动态系统：要依靠社会和社区的支持得到发展，同时必须主动为社区的建设发展提供教育服务，为社会尽责。园长作为幼儿园的管理者一定要把这个任务放在重要位置上，密切与社区的联系，了

解社区需求，主动提供教育服务，并使幼儿教育机构能够融入社区，实现与社区的双向互动和促进。

园长要在幼儿园与社区之间建立桥梁。一方面，园长要熟悉所处的社区，要向教职工介绍社区，鼓励他们参加社区活动，或是提供有关社区生活的信息来帮助教师了解社区，包括社区的历史和文化，社区居民状况，增进教师对要入园儿童及其家庭的了解。如果教师对他们所服务的幼儿和家长的文化背景知之甚少，是不可能有效开展工作的。

另一方面，园长要向社区介绍幼儿园，让所在社区公众了解幼儿园。除了新闻宣传，还可以开放幼儿园，鼓励大家来园参观，借此宣传自己，树立形象，扩大影响。又如，向社区及家长宣讲幼儿园的理念和教育原则，通过一切活动使教师与家长和社区进行联系和沟通，参与社区活动；利用各种机会向社区提供服务、讲座、咨询和家庭育儿支持，形成双方的合作关系，同时争取家长、社区的理解，形成共识。在此过程中，逐步实现与社区文化的融合。

（四）园长时间管理的策略

园长要想成就工作，成为有效的管理者，必须管理好时间。“时间就是效率”，这句话道出了管理的一条规律。管理不仅是对物质资料、资金的合理安排配置，还包括对时间的管理。时间是一切活动必不可少的条件，任何管理活动均需在时间延续中进行。正如美国当代管理学家德鲁克所说：“时间是最稀有的资源。不能管理时间，便什么也不能管理。”

1. 分析时间利用情况

园长要有效利用时间，合理安排工作，首先要了解自己的时间利用情况，经过分析，制订出管理时间的办法，提高工作效率。

园长可以将自己最近一周的工作内容项目逐一列出，详细记录时间的实际耗用和工作完成情况，自我检查工作效率，进一步分析原因，加以调整和改进。具体可从以下方面作出分析：

本周做了哪些工作，各占多少时间？各类工作所用时间排序情况如何？

本周所做工作中哪些是主要的，哪些是次要的？本周计划外或临时性工作所占时间及比例如何？

所做工作中哪些是必须由园长本人去做的，哪些是可以交给别人办的？有无出现超越职责权限的情况？

工作完成情况怎样？有无时间浪费现象？有无浪费别人的时间？哪些工作是无效的？原因何在？

本周工作是否超出法定时间？

下面是园务日志和全园一周工作日程表样例（表 8-2，表 8-3），供参考。

表 8-2　园（所）务日志

<table>
<tr><td colspan="2">年</td><td>月</td><td>日</td><td>值班人员</td><td colspan="2"></td></tr>
<tr><td rowspan="2">今日处理工作</td><td colspan="3">全园实到儿童数</td><td colspan="3">工作人员出勤数</td></tr>
<tr><td colspan="3"></td><td colspan="3"></td></tr>
<tr><td rowspan="2">待办事项</td><td colspan="2">行政</td><td colspan="2">保教</td><td colspan="2">总务</td></tr>
<tr><td colspan="2"></td><td colspan="2"></td><td colspan="2"></td></tr>
</table>

表 8-3　第____周全园工作日程表

幼儿园：________________　　　　×月×日—×月×日

本周中心工作：

<table>
<tr><td>星期</td><td>上午</td><td>中午</td><td>下午</td><td>夜护导</td></tr>
<tr><td>一</td><td></td><td></td><td></td><td></td></tr>
<tr><td>二</td><td></td><td></td><td></td><td></td></tr>
<tr><td>三</td><td></td><td></td><td></td><td></td></tr>
<tr><td>四</td><td></td><td></td><td></td><td></td></tr>
<tr><td>五</td><td></td><td></td><td></td><td></td></tr>
<tr><td colspan="3">工作实际完成情况，效果及存在的问题：</td><td colspan="2">双休日护导</td></tr>
</table>

2. 合理安排工作程序，提高时间利用率

园长要科学有效地支配利用时间，就应合理地安排好工作程序，制订好工作计划。如，可以根据幼儿园教育和管理工作的阶段性，把要完成的工作，按照轻重缓急加以分类，进而按年、学期、月、周和日的先后顺序做出计划，规定出时限要求，逐一完成。

要注意安排好每周和每日的日常工作计划。依据“把时间用在最为重要的事情上去”这一原则，在工作安排上首先考虑事情的轻重，对重要而又紧迫的事情立即办理，决定时间和力量的投入。这样就可以避免把大量时间耗费在一般性的琐碎事务上。

填写园工作日志，制订出每周全园工作日程表，可以帮助园长合理安排时间。编制园历和每月工作月历，也有助于园长对全园整个学期各项工作的妥善安排。

3. 掌握有效利用时间的策略

这里有几点建议，园长和幼儿园其他管理者可以作为参考，提高时间的利用效率。

（1）利用自己的最佳时间去处理最难、最重要的工作；

（2）考虑各项工作的关联性，优先处理重要而又联系广泛的事务；

（3）专心致志地工作和处理幼儿园事务，尽量提高做每一件事的效率；

（4）善于挤时间，见缝插针，尽可能将零散的时间充分利用起来。

幼儿园管理者还应引导各部门、各岗位的工作人员，分析时间利用情况，不断提高工作效率。要注意加强对班级教师工作的指导，改变班级管理中存在的时间浪费和无效教育现象。

（五）增强自我认识和进行幼儿园工作评价

园长作为一园之长，是幼儿园的领导者，要有清醒的自我认识。需要时常反思自己平时为人处世的态度，使自己成为更称职的领导者，并尽可能地使幼儿园工作得以有效开展。

可以逐一就以下问题进行自我设问，每个问题都可以从经常、偶尔及从不作评判，以便了解自己职责范围和素质的各个方面做得如何、实现程度怎样。进一步在自我分析的基础上，不断调整改进。

1. 我是否能以敬业的态度来幼儿园工作?

2. 我是否能以一种“很高兴见到你”的态度和教职工打招呼?

3. 我在与别人讨论事情时，是否能保持客观的态度?

4. 我是否愿意接纳别人的建设性意见?

5. 我是否能表现出自信的态度?

6. 我是否能在必要场合引导别人开始相互交谈?

7. 我是否能够注意到别人的感受和反应，并提供帮助使其感到自在?

8. 我是否能把每个人看作是独特的个体，有着各自不同的长处和缺点?

9. 我对教职员的视导是否能够做到切合实际，合情合理?

10. 我会以成熟的心态去处理有关教职员、家长和幼儿的问题吗?

11. 我在与家长的接触中，是否能有效地传达出我对他们提出的问题和压力的理解?

12. 我是否会持续努力地充实自己的专业知识，并鼓励教职员工增进与工作有关的知识技能?

13. 我是否能够认识到自己在幼儿园扮演的“总管”角色?

14. 我是否能综观整体、从全局着眼处理事情，而不是陷入琐碎的细枝末节?

15. 我是否能拟订幼儿园的方针和工作计划，并且有系统的执行，促进幼儿园发展?

16. 我是否为教职员工讨论营造了开放的氛围，并注意促进人际间积极和谐的关系?

17. 我能否有效地利用自己的时间?

18. 我是否知道自己到底是怎样一个人? 具备哪些优点或长处?

也可以向教师征求意见，考虑和确定评价的项目和问题，对园长的领导工作作出评价。或是由董事会对园长等管理者是否胜任工作情况作出评价。

下面提供一份董事会评价的资料①（资料 8-3）。

资料 8-3

董事会的评价

由董事会管理的托幼中心，通常会对管理人员作周期性的评估。然而，董事会的成员可能并不经常接触托幼中心的日常运作。他们也可能是外行，拥有的早期教育领域的知识或组织管理的知识很有限，而且园长并不总是很了解关于评价自己所承担任务的标准的最新信息。

如何避免这些问题并且提高评价效率？首先，要说明的是评价的频率。董事会评估，通常的周期是 12 个月一次，可能对新雇员会进行 6 个月一次的评价；其次，董事会和园长应该就评价的标准达成一致。通常，标准可以分为两类：第一，园长如何达成活动的总体目标？第二，园长领导及管理质量的有效程度如何？

有关园长领导工作特点的评估项目和问题如下。

一、公开交流

你的园长是否……

——鼓励质疑和讨论问题？

——允许员工表达感受？

——在员工之间营造团体氛围？

——征求改善工作条件的意见？

二、专业发展

园长是否鼓励你……

——参加讲习班学习新技能？

① 菲利斯·M. 科里克. 托幼机构管理［M］. 韦小冰，等译. 北京：北京师范大学出版社，2007：25-28.

——与其他员工共享资源？

——观摩其他活动室？

——参加大学课程并对学费予以报销？

——阅读专业期刊和书籍？

三、领导特征

哪些特征适合于你的园长？

——支持性的

——经常给予反馈

——常常批评

——愿意与他人分享信息

——很少参观活动室

——公正的评价员工

——在需要时可以获得他的帮助

以下是从幼儿园目标的达成或领导目标的达成来评价园长的工作。

◆ 幼儿园目标的达成

请圈出下列合适的表述。

园长：

1. 至少保持80%的全日制注册率。

很少　　经常　　一直

2. 安排常规安全检查以保证幼儿的安全。

很少　　经常　　一直

3. 与颁布许可证的机构共同工作以便遵守规章。

很少　　经常　　一直

4. 计划并履行员工培训项目以提高活动质量。

很少　　经常　　一直

5. 通过向社区组织介绍幼儿园的理念来宣传幼儿园。

很少　　经常　　一直

◆ 领导目标的达成

请圈出下列合适的表述程度。

园长：

1. 有效地与董事会成员、员工以及家长开展交流。

1 —— 2 —— 3 —— 4 —— 5

能力欠缺 ——→ 出色

2. 及时向董事会成员提供信息。

1 —— 2 —— 3 —— 4 —— 5

能力欠缺 ——→ 出色

3. 被其他管理人员视为领导者和良师。

1 —— 2 —— 3 —— 4 —— 5

能力欠缺 ——→ 出色

4. 被家长认为博学并且可以提供支持。

1 —— 2 —— 3 —— 4 —— 5

能力欠缺 ——→ 出色

5. 接受董事会的指导。

1 —— 2 —— 3 —— 4 —— 5

能力欠缺 ——→ 出色

思考与练习

1. 请说明园长在幼儿园工作中的角色和地位。

2. 如何认识权力性影响力与非权力性影响力的关系？园长应如何建立领导威信？

3. 园长应如何成为领导的内行？为什么说园长作为高层管理者的主要职责是“出主意”“用干部”两件事？

4.《幼儿园工作规程》对园长的主要职责作了怎样的规定？

5. 为什么要将“坚持正确教育思想的领导”作为园长的首要任务？

6. 对一所幼儿园进行调查，了解园长一周工作时间的利用情况并作分析。

7. 拜访一所幼儿园的领导，与其交流幼儿园管理的情况，分析园长对自我工作的评价。

案例分析

案例 8.1 大班幼儿毕业以后

一天，王君的妈妈匆匆来到办公室，脸色阴沉，她将手里拿着的信放到桌上说：“郭园长，我想向您反映点情况。今天我着急出差，便把事情写到了信里，咱们电话再联系吧。”还没等园长说什么，她已经转身出去下楼了。

园长连忙把信拆开，从头到尾看完。原来，大班的幼儿八月份毕业，不能再来园了。王君家没人照看他，刘副园长同意他在原来的班上再呆一个星期。（当时老师正轮流放暑假）信中说，自从王君留班，本班老师总是给孩子脸色看。昨天，王君往游泳池里扔石头，老师批评了他，还说：“毕业了还不走，总给班里惹麻烦。”孩子现在说什么都不来园了。我们多呆了一个月，托管费一分不少交，为什么这样对待我的孩子？园长不处理，我要找一个说理的地方。

看了这封信，园长陷入了思考……

（案例编写：郭慧如）

分析与思考

1. 按照以往惯例，孩子顺利毕业就离园，与幼儿园基本没有关系了。但是随着社会的发展和需要，幼儿园的性质和定位是否应做出一些调整和转变？新形势下，幼儿园教职工应有怎样的工作态度？

2. 本案例中，带班教师的做法显然不当。你认为仅仅是教师一个人有错吗？园长的办园指导思想和管理工作是否也存在问题？

案例 8.2　如何处理紧急情况

星期一的早晨，某幼儿园中一班的家长送孩子到班里。当时，带班的王老师还没到，家长和孩子没有人接待，家长又急着上班便怨声不断。孩子越来越多，整个班乱成一团，保育员实在招架不住，便把园长找来。

这时，一位刚到班的家长递给园长一封信。原来，王老师的孩子生病了，王老师急着带他去医院，没法来上班。园长只好先和保育员一起安抚家长和幼儿，并向家长保证：虽然王老师不在，但幼儿园一定会照顾好孩子。

下午，王老师一到幼儿园，园长就把她叫到办公室，狠狠地批评了她一顿。后来，王老师虽然交了检查，但从此工作情绪消沉，对园长一直耿耿于怀。

（案例编写：田瑞清）

分析与思考

1. 俗话说："天有不测风云，人有旦夕祸福。"案例中园长在处理幼儿园意外变化时手忙脚乱、举止失当的情况说明了什么？园长的批评为什么不能让王老师信服？

2. 请就幼儿园如何应对紧急情况或突发事件，谈谈你的看法。

案例8.3　幼儿园里的“监视器”

某幼儿园是一所示范园，这几年由于教育质量高、服务到位，得到了家长和社区的支持和认同，因此生源充足，发展势头比较好，园里的硬软件都得到了更新。最近，幼儿园几位领导商量，认为现在幼儿园的班额越来越多、园里的事务性工作也比较繁杂，管理人员要经常下班观察巡视，一方面在时间上无法保证，另一方面也不能顾及到所有班级。所以经几个人讨论，决定在全园各班都安装“监视器”，然后再在园长办公室安置一台电视，以随时了解全园各班各个角落的情况，同时也可以方便家长，使其不进入班级就能观察到自己孩子在幼儿园里的表现。通过监视器还可以全面了解全园的情况，对全园的安全工作起一定的监督和防范作用。

可是这一决定一公布，就在全园掀起了轩然大波。有的老师认为：“有个监视器，弄得我们组织活动时都会不自然，老觉得有什么人在看着自己。别扭!”有的则气鼓鼓地找到园长说：“如果只是园领导为了工作需要和方便家长利用监视器看看教学情况，这倒也无所谓，但是无论谁进了园长办公室，都可以看到，可我们自己却不知道，给人感觉像侵犯了隐私。”老师中甚至还出现了更为强烈的反应：“安这么一个东西，好像我们是犯人似的，明显就是不尊重我们!”

园领导没有想到大家的反应会这么强烈，所以现在也不知道应该如何处理了。

（案例编写：罗佩珍）

分析与思考

监视器是一个新兴事物，案例中幼儿园安装监视器的理由似乎也无不当，为什么教师还会出现那么激烈的反应？请就这则案例涉及的有关园长的教师观和对教师工作的评价、管理者与管理对象的关系及相应的管理方式等问题作出分析。

第九章

幼儿园与家庭、社区的合作

内容提要

家长是幼儿园的服务对象，同时也是重要的教育合作伙伴；社区是幼儿园生存和发展的基本环境，是管理活动所面临的社会现实。家庭和社区与幼儿园之间的利益关系大，交往频率高，影响作用也大。幼儿园要实施有效管理，必须重视家长工作，并加强幼儿园与所在社区的联系。

本章着重分析了有关幼儿园与幼儿家庭、社区的关系，探讨了家长工作的意义、任务、内容和主要形式，对幼儿园如何加强对家长工作的管理和指导作了提示，介绍了幼儿园服务社区的措施和途径。

学习目标

1. 明确幼儿园家长工作的意义和内容。
2. 知道幼儿园家长工作的常用途径和方式有哪些。
3. 了解幼儿园与社区的融合与双向服务关系及其包含的具体内容。

关键词

幼儿园　家庭　社区家长工作　融合　双向服务

第一节　幼儿园的家长工作

幼儿园与家长的关系是幼儿园管理工作的有机组成部分。家长兼为幼儿园的服务对象和教育合作者，是幼儿园的首要公众。做好幼儿园的家长工作对于实现教育目标、教育好儿童和办好幼儿园十分重要。幼儿园作为提供教育服务的社会组织，应将家长工作作为公共关系的一项重要内容，要积极联系家长，主动引导、帮助和影响家长，加强家园一体化建设。

一、幼儿园家长工作的意义

（一）幼儿园家长工作的含义

幼儿园的家长工作是指教师或园方与幼儿家长联系沟通，提供育儿支援——不仅提供保教幼儿的服务，而且在育儿知识和方法上给予支持和援助，家园双方相互配合协作，共同保育、教育好幼儿。相关的概念还有家长参与、亲职教育等。

家长参与是指家长参与自己孩子的教育和机构的活动，帮助家长发现自身力量，增强育儿信心和教育主体意识，家庭与教育机构共同改善幼儿的成长环境，使家长、幼儿以及幼儿园都能够受益的过程。

亲职教育指机构通过增进家园关系，加深对幼儿的理解，帮助家长增强其教养子女的能力，更好地承担起为人父母的角色职责，成为合格的父亲、母亲等。亲职教育强调机构与家长相互教育、相互学习，而不在于如何教育家长。其目标是家庭与机构共同改善幼儿的成长环境，达到“家园同心”的和谐状态。

本教材提到的幼儿园家长工作在一定程度上涵盖了家长参与和对家长的指导教育，基本上是在同一意义上使用，不作严格区分。

幼儿园及其保教工作人员与幼儿家庭、家长的关系，既体现为教育合作者的关系，同时又体现为教育服务者与服务对象的关系。

（二）幼儿园家长工作的意义

1. 通过家长工作，使家园配合一致，促进幼儿健康成长

《幼儿园工作规程》第52条规定：“幼儿园应当主动与幼儿家庭沟通合作，为家长提供科学育儿宣传指导，帮助家长创设良好的家庭教育环境，共同担负教育幼儿的任务。”2001年教育部颁发的《幼儿园教育指导纲要（试行）》也明确提出：“家庭是幼儿园重要的合作伙伴。应本着尊重、平等、合作的原则，争取家长的理解、支持和主动参与，并积极支持、帮助家长提高教育能力。”这两份文件指出了幼儿园与家长共同作为教育者所担负的任务与职责，二者的相互关系，以及幼儿园家长工作的主要内容。

在我国，幼儿园教育与家庭教育在培养幼儿的目标和方向上具有一致性，都必须依据国家的教育方针，为培养社会主义现代化的建设者奠定良好基础。教师与幼儿家长都是教育者，都是对幼儿实施教育的主体。幼儿园作为正规教育机构，要实施有效教育，更好地实现目标，就要发挥主导作用。这就要求幼儿园必须将家长工作列入议事日程，把家长工作放在与保教工作同等重要的位置上，充分重视并主动做好家长工作，使幼儿园与家长在教育思想、原则、方法等方面取得统一认识，双方配合一致，形成教育合力，共同促进幼儿的健康和谐发展。

2. 通过家长工作，引导、帮助家长承担起家庭教育的责任

教育从家庭开始，家庭是儿童成长发展的第一个环境，家庭对儿童的影响最直接。由于家长与儿童有着亲密的关系，并在日常生活中密切接触，因而对其健康发展所起的作用是重要而又十分独特的。特别是在幼儿期，孩子年龄小，对家长的依赖性强，依恋情感深，家庭的影响作用就更大。家庭对幼儿成长的影响是幼儿园不可替代的，同时对幼儿园的保教质量也是一个不容忽视的影响因素。因此，幼儿园的教师要了解和分析家庭教育的优势和特点，根据这些情况有针对性地给予指导和建议，帮助家长提高教育能力。

研究表明，家庭教育具有不同于幼儿园教育的特点。这里，试对幼儿家庭教育的特点和优势作一些分析。

首先，家庭教育更富于情感性。家庭和孩子之间是由天然的血缘关系而产生的亲情，使得家长的教育富有亲和力和感染力，因此，家庭教育比其他教育方式更有力量。而且孩子年龄越小，他们对家长的依赖程度越大，依恋情感越深，家庭的影响作用就更大。

其次，家庭教育更加生活化。家庭教育是贯穿在日常生活中自然而然、潜移默化地感染和影响儿童的。

再有，家庭教育具有个别化、多样化的特点。家庭教育是家长和幼儿之间进行的个别教育，能够做到有的放矢、因材施教，在教育内容、形式、方法等方面都表现出灵活性和多样性，不必遵循固定的模式。

以上所述家庭教育方面的优势能否得到实现和发挥，取决于家长作为家庭教育主体的素质。家长作为教育者，虽然是儿童的第一任老师，但他们毕竟不是专业的教育人员。许多家长往往只是按照自然法则扮演家长的角色，并不了解幼儿教育的真正含义，没有受过专业培训，缺乏科学方法，在教育观念和教养方式上难免存在着一些误区和偏差，比如目前社会上各种特色班和兴趣班极其受欢迎，往往是因为家长的热衷。一项调查显示，上海近五成的孩子有学习障碍、夜惊，35%的孩子参加了各类兴趣班，但这并不是从儿童的兴趣出发，而是家长给孩子安排的。这种功利性的做法违背了儿童发展的规律。另外，还存在过度保护和过度干预的现象，不利于儿童健康发展。再有，有些家长自身文化水平、行为习惯和文明素养也不尽如人意。这就需要幼儿园在处理与家长的关系中、在做家长工作的过程中、在幼儿园的公共关系活动中，发挥主导作用。

鉴于此，幼儿园及教师要注意了解和分析家教的特点与问题，通过家长工作，引导和帮助家长树立正确的教育观和教养态度、方法，学习掌握幼教规律，提高科学育儿的自觉性，较好地承担起家长的教育职责，改进家庭教育，发挥家教优势，给幼儿以积极良好的影响。

3. 通过家长工作，调动家长关心、支持和参与幼儿园教育与管理的积极性家长是幼儿园的服务对象，幼儿园要增强服务意识，摆正服务关系，主动做好工作，为家长提供方便。随着教育改革的深入和幼儿园逐步融入社会，我们也要认识到，在幼儿园与家长的相互关系中，家长也是一种重要的教育力量和资源，而不是消极被动的服务对象或仅作为社会福利的受益者。

幼儿园的教育要取得成效，必须得到家长的积极配合和参与。家长的关心、支持与监督评价也是搞好幼儿园管理、提高工作质量的促进因素。从幼儿园的社会生存与对外交流看，家长是幼儿园获得社会的广泛理解和支持、扩大教育和服务功能以及树立自身良好形象的重要中介和桥梁。

幼儿园要努力做好家长工作，争取他们的关心、支持，激发其参与幼儿园教育与管理的积极性，对幼儿园的工作和保教质量的优劣作出评判，提出建设性的意见、建议，帮助幼儿园工作人员，共同办好幼儿园。

二、幼儿园家长工作的任务

归纳起来，幼儿园的家长工作主要包括如下四方面的任务。

（一）密切双方的联系和沟通

家园双方的联系和沟通是幼儿园家长工作的一项重要内容，也是做好家长工作的重要前提。通过有效的联系和沟通，达到相互了解、理解，建立起相互尊重信任的关系，进而实现双方的配合和合作；通过联系和沟通，获得反馈信息，不断改进家长工作，提高幼儿园的教育和管理水平。

大量的幼儿园与幼儿家庭的联系、沟通工作，是由班级教师承担的。教师通过与家长的联系和沟通，可以了解幼儿的家庭环境与家长的教养方式等，有针对性地对幼儿进行教育。同时，也可以使家长及时了解幼儿在园的情况，了解幼儿园的教育要求等，与幼儿园配合一致地对幼儿实施教育。教师在与幼儿家长的交往中，必须以尊重对方为第一要务。教师和家长作为教育合作者，通过加强联系，及时沟通情况，化解和处理矛盾，增进相互关系，促进相互交流学习，共同探讨有效的教育途径、方法，从而积极协调配合，实现同步教育。下面提供两份了解幼儿及其家庭基本情况的样表（表

9-1，表 9-2），供大家参考。

表 9-1 幼儿家庭情况与行为调查表

调查者________　　　　　　　　调查日期________

<table>
<tr><td colspan="2">幼儿姓名</td><td></td><td>性别</td><td></td><td>出生年月</td><td></td></tr>
<tr><td colspan="2">家庭住址</td><td colspan="5"></td></tr>
<tr><td colspan="2">地区环境</td><td colspan="5">嘈杂/安静</td></tr>
<tr><td colspan="2">家居环境</td><td colspan="5">整齐清洁/杂乱无章/肮脏</td></tr>
<tr><td colspan="2">家庭经济状况</td><td colspan="5">富裕/中等/较困难</td></tr>
<tr><td colspan="2">家长或监护人姓名</td><td></td><td>职业</td><td></td><td>文化状况</td><td></td></tr>
<tr><td colspan="2">家庭其他成员</td><td colspan="5"></td></tr>
<tr><td colspan="2">幼儿受教育经历（入本班前的教育）</td><td colspan="5">家庭/托儿所/幼儿园</td></tr>
<tr><td colspan="2">幼儿健康状况</td><td colspan="5"></td></tr>
<tr><td rowspan="16">幼儿在家中活动情况</td><td rowspan="2">生活时间</td><td colspan="2">早上起床</td><td colspan="2">午睡</td><td>晚上睡眠</td></tr>
<tr><td colspan="2">早餐</td><td colspan="2">午餐</td><td>晚餐</td></tr>
<tr><td rowspan="2">饮食</td><td colspan="4">是否会使用餐具独立进餐</td><td>进餐所需时间</td></tr>
<tr><td colspan="3">进餐情绪：喜欢/讨厌</td><td>食量</td><td>是否挑食</td></tr>
<tr><td>睡眠</td><td colspan="2">是否独睡</td><td colspan="2">是否尿床</td><td>是否赖床</td></tr>
<tr><td>自理能力</td><td colspan="5">是否喜欢自己做事</td></tr>
<tr><td colspan="6">能否控制大小便　能否表达需要　解手能否自理（自己穿脱裤子、自己用纸）</td></tr>
<tr><td colspan="6">是否会独立穿脱衣、裤、鞋/会脱不会穿　是否会系扣、系带</td></tr>
<tr><td colspan="6">是否自己洗手　是否自己洗脸</td></tr>
<tr><td rowspan="3">游戏</td><td colspan="5">最喜爱的玩具图书</td></tr>
<tr><td colspan="2">是否自己玩</td><td colspan="3">周围是否有游戏小伙伴</td></tr>
<tr><td colspan="2">是否常看电视</td><td colspan="3">喜欢的电视节目</td></tr>
<tr><td colspan="2">日常行为表现</td><td colspan="2">是否爱发脾气</td><td colspan="2">是否过分活跃或安静</td></tr>
<tr><td>其他</td><td colspan="5"></td></tr>
<tr><td colspan="3">家庭闲暇活动</td><td colspan="4"></td></tr>
<tr><td colspan="3">家长与幼儿之间的关系、态度</td><td colspan="4"></td></tr>
<tr><td colspan="3">家长对幼儿的希望及对学前班的要求</td><td colspan="4"></td></tr>
</table>

表 9-2　幼儿基本资料表

<table>
<tr><td colspan="2">幼儿姓名</td><td colspan="2"></td><td>性别</td><td>男/女</td><td colspan="2">出生年月</td><td colspan="3"></td><td>籍贯</td><td></td></tr>
<tr><td colspan="2">家庭住址</td><td colspan="9"></td><td>电话</td><td></td></tr>
<tr><td rowspan="3">家庭状况</td><td>父亲姓名</td><td></td><td rowspan="2">年龄</td><td></td><td rowspan="2">文化程度</td><td></td><td rowspan="2">职业</td><td></td><td rowspan="2">任职机构</td><td></td><td rowspan="2">联系电话</td><td></td></tr>
<tr><td>母亲姓名</td><td></td><td></td><td></td><td></td><td></td><td></td></tr>
<tr><td colspan="12">家庭其他成员（共同居住）：</td></tr>
</table>

<table>
<tr><td rowspan="6">生活状况</td><td colspan="2">特殊的饮食习惯</td><td></td><td>独处时常做的事情</td><td></td></tr>
<tr><td colspan="2">特殊的睡眠时间</td><td></td><td>经常一起玩的玩伴</td><td></td></tr>
<tr><td rowspan="2">最喜爱的活动</td><td>室内</td><td></td><td>日常较亲密的人</td><td></td></tr>
<tr><td>室外</td><td></td><td>特别害怕的事物</td><td></td></tr>
<tr><td colspan="2">最爱看的电视节目</td><td></td><td>特殊的行为问题</td><td></td></tr>
<tr><td colspan="2">最常玩的玩具</td><td></td><td>其他</td><td></td></tr>
</table>

<table>
<tr><td rowspan="7">健康状况</td><td>预防接种</td><td>有</td><td>无</td><td>曾患病症</td><td>有</td><td>无</td><td>常患病症</td><td>有</td><td>无</td></tr>
<tr><td>小儿麻痹</td><td></td><td></td><td>水痘</td><td></td><td></td><td>感冒</td><td></td><td></td></tr>
<tr><td>卡介苗</td><td></td><td></td><td>白喉</td><td></td><td></td><td>扁桃腺炎</td><td></td><td></td></tr>
<tr><td>麻疹</td><td></td><td></td><td>百日咳</td><td></td><td></td><td>腹泻</td><td></td><td></td></tr>
<tr><td></td><td></td><td></td><td>麻疹</td><td></td><td></td><td>发烧抽筋</td><td></td><td></td></tr>
<tr><td></td><td></td><td></td><td></td><td></td><td></td><td>过敏症</td><td></td><td></td></tr>
<tr><td></td><td></td><td></td><td></td><td></td><td></td><td>其他</td><td></td><td></td></tr>
</table>

注：这是在幼儿入园时，由家长填写的幼儿基本资料表。　　填 写 人：________

填写时间：________

（二）发挥教育机构的主导作用，积极宣传引导

幼儿园作为正规教育机构，幼儿教师及其他工作人员作为专职教育者，要主动承担起宣传、指导和帮助家长的责任。特别要注重通过多种方式向家长宣传国家的教育方针，引导家长树立正确的教育观念。要将幼儿园的教育宗旨、工作制度程序、服务项目等告知家长，并征求意见，求得共识。要在了解幼儿家教状况的基础上，有针对性地宣传科学育儿知识，介绍或传授具体方法，为家长提供育儿支持，帮助家长创造良好的家教环境。要通过家长工作，最大限度地调动积极因素，抑制消极因素，提高教育实效。

（三）为家长提供有效服务

为了更好地做好幼儿的保教工作，幼儿园和教师要主动了解家长的需要、愿望和要求，面临的困难和问题等。同时，结合对自身条件的分析，尽力挖掘内部潜力，为家长提供有效服务，较好地发挥幼儿园的社会职能。如，寒暑假照常收托和组织教育活动，接送幼儿的时间合理，延长服务时间以满足特殊需要等。新的《幼儿园工作规程》规定，幼儿园应当建立幼儿园与家长联系的制度。幼儿园可采取多种形式，指导家长正确了解幼儿园保育和教育的内容、方法，定期召开家长会议，并接待家长的来访和咨询。

曾经有研究调查过北京市 100 所一级一类幼儿园的家长满意度情况，结果表明，当今家长对幼儿教育日益重视，并有强烈地学习幼儿教育知识的迫切需要，幼儿园可以组织讲座、开展咨询活动等，提供育儿支援。幼儿园要不断提高保教质量，使幼儿健康和谐的发展，并在此基础上，尽可能提供多样化的服务。

（四）争取家长的配合支持，通过家长打开幼儿园通向社会的渠道

幼儿园要争取家长对工作的配合支持和积极参与，协助搞好幼儿园的教育和管理。应注意使家长了解幼儿教育机构的工作情况、各阶段计划与重点、教育活动的安排等，争取他们的理解、支持和积极配合。要注意征求家长的意见和建议，不断改进工作，提高保教质量，较好地实现教育目标，同时提供有效的服务。幼儿园还应注重探索家长参与幼儿园教育和管理的有效方式，如建立家委会，公开园务，收集合理化建议等，使幼儿园工作获得支持和监督，从而动员和依靠家长，群策群力，共同办好幼儿园。

幼儿园还要注意通过家长工作，密切与社会、社区的协调和联系，要增强认同感，融入所在社区，成为其中一员。这样，可以有效地组织和利用社会力量与社区资源，争取并动员社会各方面对幼儿园工作的关心和支持，帮助幼儿园解决面临的问题与困难，改善办园条件，使幼教事业在社会各方面力量的关心、支持、参与下得到健康发展。与此同时，幼儿园也可以比较好地发挥教育机构的文明辐射作用，更好地了解社会、社区的需要，提供适宜的教育服务。

三、幼儿园家长工作的原则与方式

（一）幼儿园家长工作的原则

1. 真诚相待，尊重信任

家长是幼儿园的合作伙伴，双方关系应建立在尊重信任的基础上，而不是教育者和被教育者的关系。一些教师在做家长工作时，往往是单方面的沟通，以教育者自居，对家长发号施令，如不断向家长提出要求，或者因为幼儿的不良表现来指责家长。这些方式必然引起对方反感而拒绝参与和协作。要想赢得家长的支持合作，首先要真诚沟通，了解他们遇到的困难和需求，在可能的条件下尽力予以解决。教师在与家长互动中要多一些情感的联系，要能够站在家长的角度设身处地的理解他们，尊重和信任家长，用诚意和行动换取家长的真心，从而拉近彼此距离，建立相互信任的关系。

2. 平等互动，相互学习

幼儿园教师与家长应是平等的教育合作者的关系，要密切沟通交流，相互学习启发。教师要认识到，每一位家长都是园所的教育服务对象，不论其职业状况、家庭条件如何，都应得到平等的对待。应注意与每一位家长沟通和联系，了解他们各自的特点，因人而异地开展家长工作。对待弱势群体的家长，如幼儿身体有缺陷、家庭经济条件不好、农民工家庭等应该给予更多的关照和支持。教师在家长工作中要学会倾听，要能够实现双向互动，相互沟通，交流学习。要注意发现一些家长身上的长处，虚心请教。在一些情况下，家长往往比还未生养孩子的教师更富有育儿经验，已经做了母亲的教师具有双重身份，更有益于走进家长，现身说法，以身为范。

3. 全面开展，重点突出

家长工作要面向每一位幼儿的家长，要为全体幼儿和家长服务。教师要主动走进家长，了解每个家庭的教育方式，尊重差异。家长工作的内容涉及各个方面，因园所工作不同，各阶段重点可能也会有所不同。例如，可以是幼儿的成长进步，可以是传染病预防，以及社会信息分享等，特别是有关卫生保健方面，以及生活指导、生活化教育和幼儿行为习惯的养成教育，更需要双方密切联系和配合。教师要了解家长最迫切的教育需求，关注家庭教育面临的问题及误区，做到心中有数，以便有重点、有针对性地开展家长工作，提供育儿支持。

4. 赋权增能，挖掘潜力

教育没有绝对的权威，只有适合的才是最好的。“好妈妈胜过好老师”，每一位父母都有可能是天生的老师。家长天天和自己的孩子生活在一起，了解他们的特点、喜好，在实践中积累了一定的育儿经验；家长身上也潜藏着教育资源以及生活智慧，如童年玩过的传统游戏、掌握的民间技能、拥有的乡土民俗文化等。要相信家长有能力教育好自己的孩子。家长工作重在激发家长的教育主体性。教师要善于挖掘家长的教育潜能，赋权增能，帮助家长意识到自己的教育能力，树立育儿信心，更好地承担起“孩子的第一任老师”的责任。

5. 全员参与，整合资源

家长工作不仅是班级保教人员的职责，园所其他人员也要关注和参与，共同维护园所的形象和声誉。幼儿园要把家长工作纳入园务计划，常态化地、持续而深入地开展。幼儿园作为育儿交流平台和社区文化中心，可以通过一些适宜的活动和措施，把每个家长的力量凝聚起来，为孩子的教育问题想办法，为幼儿园发展献计献策，为社区建设贡献力量，人人参与，形成教育合力。

幼儿园及其教师要发挥专业机构及人员的主导作用，通过园所与教师的动员、组织和协调，把教育的力量汇聚起来，在幼儿园这个育儿平台相互学习，共同营造有利于孩子健康发展的环境。正如《教育部关于加强家庭教育工作的指导意见》（2015 年）对各地教育部门和中小学、幼儿园提出的：“不断加强家庭教育工作，进一步明确家长在家庭教育中的主体责任，充分发挥学校在家庭教育中的重要作用，加快形成家庭教育社会支持网络，推动家庭、学校、社会密切配合，共同培养德智体美劳全面发展的社会主义建设者。”

（二）家长工作的主要方式

幼儿园家长工作的形式多样，如日常性家长工作或阶段性家长工作，以班级为单位，由教师在与家长日常接触中进行的或全园性的。幼儿园与家庭、教师与家长互动交往中一定要本着相互尊重、信任的原则，建立起双方平等合作的关系。归纳起来，主要有以下几种常用的途径或方式。

1. 教师与家长之间的日常交流

日常性的家长工作是幼儿园最普遍、最常用的家长工作形式，通常是教师与家长之间的个别联系，是班级保教工作的内容之一。主要是教师利用家长早晚送接幼儿的短暂时间与家长接触，了解和介绍幼儿情况，相互沟通，提出建议等。

日常联系方式中，家园联系簿（卡）运用得比较普遍。教师要为班级中的每个幼儿建立一本家园联系簿（卡），定期或随时与家长联系，互通信息，个别交换意见，分享对幼儿情况的观察和了解，共同探讨个别教育的计划与措施。教师还可以结合其他形式，如打电话、个别面谈、家访等，及时与家长沟通，增进联系，配合教育。表 9-3 展示了幼儿园与家庭互相联系和沟通的主要内容，各地各园也可以根据自己的情况设计更合理、更适用的家园联系簿（卡）。

表 9-3　幼儿家园联系卡

幼儿姓名________　　　　　　　　班级________

幼儿在班一周表现：	幼儿缺勤情况及原因：
班级近期教育内容重点 及需要家庭配合的内容：	家庭教育的问题、困难 及对教师的建议、要求：
幼儿园或班级通知事项：	
教师签名________　日期________	家长签名________　日期________

2. 家长宣传页和家长园地

幼儿园的家长工作应当从家长选择幼儿园或是从家长送孩子来园的第一天开始。幼儿园必须重视对家长的接待工作，可以向每一位家长发放宣传页或“家长须知”，这是向家长说明幼儿园理念与教育目标，争取对方认同并求得共识，同时也是树立幼儿园形象的重要契机。宣传页或“家长须知”的编制要尽量节省成本，可以采取折页的形式，以简明的文字说明幼儿园的一些基本教育措施，以及要求家庭关注与协作配合的内容。如，如何配合幼儿园为孩子准备好必要物品，如何帮助孩子适应新环境，接送孩子的注意事项，以及幼儿园的方位路线，缴费时间、方式，集体教养机构的健康保健要求等。也可以加一些插图，以达到让家长一目了然、尽量与园方配合即可。

幼儿园可以以全园或是班级为单位开辟家长园地，或黑板报等，随时通告消息，定期宣传科学的保教知识，开展家教经验交流等活动。如，向家长介绍幼儿园或班级教育计划、活动安排，结合各月重点并针对家教中存在的带有普遍性的问题，宣传科学育儿知识、指导方法，介绍家教经验，对开展家庭亲子游戏活动提出建议等。有条件的幼儿园还可以根据需要印发一些文字材料或办简报等，运用传播媒介积极宣传，引导家庭教育科学化。

家长园地也可以有针对性地安排内容。比如，有的幼儿园有专门的保健园地，针对有关幼儿龋齿或肥胖等问题展开宣传和咨询。

3. 家访

幼儿园应要求教师有计划地对全体幼儿进行家访。家访一般安排在学期初或学期末，主要是为了了解幼儿家庭环境和家庭教育状况，密切教师与家长之间的联系，并在教育方法等方面给予具体建议或共商有针对性的策略。家访还可使教师了解幼儿在家中的表现等。在幼儿入园前进行家访十分重要，可以取得家长配合，使幼儿和教师初步建立信任关系，有益于帮助幼儿尽快实现从家庭到幼儿园的过渡与适应，也使家长更加安心。

4. 召开家长会

家长会是一种重要的家长工作形式，可以在全园或以班级为单位召开家长会，必要时也可将二者结合进行。可以在学期初、学期末，或是依据需要和计划召开家长会，报告幼儿园或班级工作情况，提出一般性教育要求，回答家长普遍关心的问题。也可以通过家长会，有针对性地征求家长意见，了解他们的需求，以改进服务；或是使家长了解幼儿园、班级面临的实际问题与困难，取得家长的理解、协助和支持。还可以利用家长会的契机，探讨育儿问题，分享经验，共同学习。

5. 举办家长开放日等活动

幼儿园可以在节假日或定期举办开放日活动，请家长来园来班，观看或参加活动。如“六一”儿童节、新年之际的联欢活动。还有一些幼儿园请家长参加班上幼儿的集体生日庆祝活动，或是举办春季亲子运动会等，这些活动都受到家长欢迎。开放日活动可以使家长直观地了解幼儿园的教育内容和方法，直接看到幼儿的在园表现，了解教师的工作情况，家长来园观摩并参与活动，有益于增进与教师的相互理解，促进相互配合。家长开放日活动也为扩大幼儿的社会接触提供了机会和条件。

除了让家长来园参加活动，还可以举办亲子春游、远足等活动，通过开展这些活动，增进接触和联系，拉近家园双方的关系，从而为孩子的教育奠定共同认识与合作的基础。

6. 家长参与活动

一些地方的幼儿园开展“家长参与”活动的经验值得借鉴。即邀请家长参与园内的教育教学活动，充当保教助理或协助其他工作。这种家长工作形式不仅可以密切幼儿园与家长之间的关系，使教师与参加活动的家长增加接触，相互交流教养幼儿的知识和经验，还可以增加幼儿园的人力资源。当然，家长参与最重要的目的在于家园协作，形成教育合力，促进幼儿成长。

幼儿园可以根据实际情况请家长担任定时的保教助理，参与保教活动；或是请家长就自己的专长，在某一特定的时间协助幼儿园做相应工作，如维修设备、制作教具、摄影等。近年的一项小范围调查表明，家长有较高参与幼儿园教育的积极性，家长中愿意担任教师助手的达到60%以上。因此，如何有效地开展家长工作，在发挥家长资源作用的同时，引导和帮助他们，值得认真实践和探索。

幼儿园可以在开学初，向家长发放问卷，征求他们对参与幼儿园工作的意向。收回问卷后，将愿意参加活动的家长名单列出，将他们很好地组织起来，协助幼儿园做好各项工作。资料9-1是家长参与幼儿园活动意向问卷调查的实例①，供参考。

资料 9-1

家长参与幼儿园活动意向调查

亲爱的家长：

您好！

这个学期，幼儿园为孩子们安排了丰富的活动内容，希望您帮助我们共同完成。以下是一些需要协助的项目，如果您愿意，请在您有兴趣的项目前打√，并写下您认为最恰当的时间。欢迎您踊跃参加！

家长参与幼儿园活动意向调查表

参与项目	最适当的时间
——担任保教助理	
——为幼儿拍照或录像	
——修理玩具、设备	
——出外郊游时协助照顾幼儿	
——出外郊游提供交通工具	

① 张燕. 幼儿园管理［M］. 北京：北京师范大学出版社，1997：280.

续表

参与项目	最适当的时间
——帮忙制作教具	
——帮忙整理图书	
——和幼儿共同从事园艺活动	
——带领幼儿烹饪	
——为幼儿演奏乐器	
——协助编辑园所刊物	
——组织家长俱乐部或筹备家长会	
——其他（自填）：	

××幼儿园

×月×日

7. 建立家长委员会及开办家长学校

幼儿园可以建立家长委员会，或成立家长俱乐部，发挥家长组织以及家长之间的相互影响作用，调动广大家长的积极性，参与到幼儿教育与幼儿园管理工作中来。组织的力量总是大于个人的力量，因此这方面的工作也非常重要。

《幼儿园工作规程》第 54 条指出，“幼儿园应成立家长委员会”。家长委员会通常是从家长中选派代表组成。家长委员会作为幼儿园与家长联系的桥梁，一方面可以及时反映家长对幼儿园工作的意见和建议；另一方面，又可协调家长之间以及家长与幼儿园之间的关系，协助幼儿园做好家长工作。国外的托幼机构比较重视家长工作，要求教师要具有与家长建立积极关系的能力。幼儿园要搞好自身的工作，必须取得来自家长和社区公众的支持，同时要把服务对象的权益放在重要位置上。家长组织的建立，可以较好地发挥家长作为重要教育力量和教育资源的作用，配合、参与幼儿园的教育与管理，帮助改进幼儿园的工作。家长委员会要注意维护广大家长的权益，并成为民主管理幼儿园的组织。

家长委员会通常是在全园建立。在全园家长委员会下，还可以按班级设家长小组或班级家长委员会，负责班级家长联系工作，形成完善的组织网络。家长委员会要与幼儿园共同商议工作计划，并监督检查执行情况，从而参与幼儿园的教育和管理。家长委员会还可以通过参加伙委会、卫委会等组织，对园内各项具体工作发表意见和建议，发挥协助和监督作用。

在园长的协助下，家长委员会可以以自己的名义定期或不定期地举行各种活动。如以全园家委会或班级家长小组的形式举行有关教育问题的研讨活动，或是交流家庭教育的好经验，现身说法；还可以开展推荐好书或有关科学育儿的读书会活动。家长委员会也可以组织家长参与幼儿园的活动，让家长根据各自的意愿或特长，参与幼儿园的教育教学，或是协助幼儿园做相应的工作，如担任保教助理、制作玩教具、维修设备等，组织和利用家长资源，协助幼儿园做好工作。

国外托幼机构还有一种有效形式，即建立"家长/教师协会"，通过开展各种活动，增加教师与家长之间的接触，促进双方的互动和沟通协调，并为家长提供育儿支持，共同搞好对幼儿的教育。下面是一份请家长评价教师，以便教师更好地改进工作的问卷调查表（表 9-4）。

表 9-4 幼儿园教师情况调查表（家长问卷）

教师姓名______ 年级______ 年 月 日

序号	项目	等第				评价等第
		A	B	C	D	
1	老师对工作的责任感	强	较强	一般	差	
2	老师对幼儿关心、爱护的程度	关心爱护	较关心爱护	一般	差	
3	老师仪表言行，为人师表的情况	好	较好	一般	差	
4	老师对你孩子情况的了解程度	了解	较了解	一般	不了解	

续表

序号	项目	等第				评价等第
		A	B	C	D	
5	你的孩子喜欢老师的程度	喜欢	不喜欢	一般	害怕老师	
6	老师对幼儿在进餐、睡眠、盥洗、卫生习惯等方面的教育	好	较好	一般	差	
7	由于老师的教育，你的孩子语言、智力发展情况	明显	较明显	一般	不明显	
8	老师对幼儿文明礼貌、品德行为方面的教育	好	较好	一般	差	
9	由于老师的教育，你的孩子对唱、跳、画、手工等的兴趣和进步情况	兴趣浓进步快	有兴趣或有进步	一般	差	
10	家园联系、相互配合教育幼儿的情况	经常联系配合好	经常联系配合较好	一般	差	
11	老师向家长宣传科学保育、教育幼儿的知识，指导家长正确了解幼儿园保育、教育的内容和方法	效果好	效果较好	一般	差	
12	老师对幼儿是否有体罚和变相体罚行为	没有	基本没有	偶尔有变相体罚	有体罚	

资料来源：上海市教育局《上海市中小学教师任职情况考核评价系统》。

幼儿园还可以依据需要开办家长学校。家长学校作为幼儿园家长工作的一种形式，旨在帮助家长学习科学育儿知识，进行家教咨询和家长培训等。可以按幼儿年龄将家长分班，或是根据家长类型分班，针对不同教育对象或受教育者的特点分别进行培训。家长学校可以系统地向家长传授科学育儿知识，咨询家庭教育中存在的问题，或是根据家长的要求以及家教中的误区举办专题讲座，也可以组织家长就共同关心或感兴趣的问题进行交流和研讨。

家长学校的对象不仅可以是在园幼儿的家长，还可以扩大到本社区范围内其他散居幼儿的家长。

幼儿园家长工作的形式多样，不拘一格。重要的是要结合不同家长的特点，从实际需要出发，有针对性地开展家长工作，并不断总结经验，提高家长工作的效果。

四、家长工作的管理与指导

近年对北京市幼儿园的一项调查发现，目前幼儿园包括“双一园”（指一级一类幼儿园）在家长工作方面存在一些问题，家长工作普遍薄弱，只有形式，没有效果。

分析起来，家长工作普遍存在的问题表现在如下几方面。

一是对家长工作的意义认识不清，重视不够。

二是家长工作开展不利，幼儿园保教人员缺乏开展家长工作的意识和能力。长期以来，家庭教育一直都是师资培训的盲区，对于家长工作，保教人员处于无意识状态。

三是幼儿园家长工作重形式轻实效，这个问题的存在也与对家长工作的意义认识不清有关，家园之间往往只限于单一向度的关系，只要求家长给幼儿园提供服务、支持，而忽略幼儿园作为社会服务机构，有为家长和社区提供教育服务的责任。

以上问题的存在与长期计划经济体制下过于强调幼儿园福利性有一定关系。在当前经济体制转型中，幼儿园迫切需要改进家长工作，切实提高质量效果。

针对以上问题，幼儿园在家长工作的管理与指导上需要重视以下几个方面。

（一）对家长工作的认识要到位

首先要明确家长工作的意义。要把幼儿园家长工作置于与保教工作同等重要的地位，并在全园取得共识。幼儿园作为幼儿教育的专业机构，要发挥主导作用，同时还要注意搞好服务关系。幼儿园与家庭、教师与家长的互动交往，一定要本着相互尊重、信任的原则，建立起双方平等合作的关系，积极开展好家长工作。

当前，中国处于社会转型期，社会生活和家庭结构发生了比较大的变化，家庭对幼儿教育的需求与质量要求不断提高，幼儿园家长工作的难度也在加大。做好家长工作，对于幼儿园与教师都是一种挑战。

幼儿园加强和改进家长工作，一定要在强化认识、注重沟通交往双向性的基础上，采取得力而有效的措施。

（二）加强家长工作的计划性

做好家长工作，必须加强计划性。幼儿园要把家长工作列入议事日程，在每学期的园务计划中全面考虑安排，并要求班级保教计划中包含家长工作的内容，从而把家长工作置于与保教工作同等重要的位置。要针对家长工作中的薄弱问题，制订改进计划。幼儿园的家长工作一定要避免形式主义，注意不断提高实效与水平。

（三）家长工作制度化

幼儿园管理要将家长工作制度化，即以条文形式把工作要求固定下来，形成规范，注重制度的执行和效果检查，这是开展好家长工作的保证。制度中要明确规定各项家长工作的内容、目的和要求，落实有关负责人员并确定工作的时间和期限。

家长工作制度一般包括：日常性家园联系制度、家访制度、全园家长会和分班家长会制度、家长开放日制度等。家长委员会要能较好地发挥作用，也需要有相应的职责与制度。

（四）明确岗位职责，注重培训和指导

幼儿园管理者要注重教育宣传，提高全园教职工对做好家长工作重要意义的认识，牢记幼儿园的双重任务，增强服务意识，立足各自岗位，搞好为幼儿服务和为家长服务的工作。

园长要特别注重对班级教师的指导。家长工作是班级保教工作的一个重要组成部分，大量最直接的工作是班级保教人员进行的，因此，需要引导他们认识这项工作的意义，明确内容要求，有计划地结合日常保教工作进行。要把家长工作作为教师工作的重要职责，并作为自我评价的内容之一，促进教师主动与家长沟通和联系，协调相互关系。帮助和指导教师掌握家长工作的方式，学习与人交往和交流沟通的技能，要能根据不同家长的特点，从实际出发，采取适宜的方式，做好家长工作。

园长对家长工作的指导，要增强针对性。当前，第一代独生子女已经成人，并进入幼儿教师的工作岗位，需要针对这些新生代教师的特点和家长工作存在的一些问题，加强指导。

幼儿园迫切需要引导保教人员在正确认识和处理好与家长相互关系的同时，提高有关家教知识的专业素养，要将教师的家长工作能力特别是与家长交往的能力作为园本培训和教育视导的重要内容，结合幼儿园实际工作，不断培养提高。

园长本人也需要亲自做一些家长工作。如，平时可利用早晚迎送幼儿的时间与家长接触，沟通信息；定期或不定期地召开小型家长座谈会，个别约见家长；组织和开展家长委员会的工作等，指导家庭教育并征求意见，密切幼儿园与家长之间以及家长相互之间的联系和协作关系；有针对性地解决一些问题，包括倾听家长的抱怨，解决和化解矛盾，在家长与教师之间搭建桥梁，取得相互理解和信任，从而有效地开展家长工作，不断改善幼儿园的教育服务质量。

第二节　幼儿园与社区

幼儿园总是处于一定的地域范围即社区之中，社区是幼儿园生存和发展的基本环境，是幼儿园管理活动所面临的社会现实。

一、社区与幼儿园

社区是指在共同地域范围生活的人群。这是在相对独立的地域中，以一定社会关系和生产关系为基础组织起来的共同生活的人口群体，是相对独立的地域社会，即社会区域共同体。

社区的基本要素包括一定的地域、一定的生活服务设施、一定的行为规范和社会生活方式，以及地方乡土观念等。

在我国，最基层的社区单位就是城市中的街道里弄和农村的乡镇村庄。在这里生活的人们，由于受共同的社会政治、经济和文化的影响，共处于相同的地理环境中，因此具有较大程度的社会一致性，形成了共同的利益和共同关心的问题。如，居住在一个地域范围的居民们都比较关心所处区域的公共服务状况、交通状况、孩子的入托和入学等。

教育作为一种社会现象，是社区生活的有机组成部分。幼儿教育从来就具有地方性、地域性特点，是一种社区性的教育，是地方性社会公益服务。幼儿教育主要是由所在社区而不是依靠国家和专门教育机构兴办的，是在社区各方面力量的参与、支持下建立起来的。我国城乡各类幼儿园中，很大一部分是由乡镇、街道等社区机构兴办，或是由所在单位部门兴办。社区通过多种渠道筹措办园经费、组织教育资源，如街道或乡镇财政适当拨款，由社区内各集团、企业、个人出资；多方面筹募经费，借助或利用社区内的人力、物力等，根据当地实际条件和社区群众的需要，兴办各种类型的幼儿园。

社区的地方特性，其所特有的自然地理环境、经济文化、社会风气、民俗传统及生活方式、习惯等必然会对本社区内的幼儿教育产生影响，因而赋予其地方性特征。

所在社区的幼儿园和各种形式的幼教设施直接为满足社区居民子女受教育的需要，为解除家长的后顾之忧，使之安心工作提供服务。

在我国，社会力量是办园的主体，主要是由社区兴办幼儿教育，举办幼儿园，社区为幼教事业发展提供条件和资源，幼儿教育的发展又直接为满足社区需要促进其发展服务。幼儿园与所在社区自然地体现出一种双向互动、相互服务的关系。

随着社会发展与教育改革的深入，幼儿教育社会化、社区化，即幼儿教育与社会、社区密切联系融合正在成为一种方向。这也是世界幼教发展呈现的前景或趋向。如果说在计划经济体制下，我国社区学前教育是一种初级形态的社区教育，那么当前市场经济条件下，我国社区学前教育就已经成为幼儿教育事业发展和管理的必然选择。

近年来，一些地区如上海、内蒙、江西等省市和乡村积极进行社区学前教育实践，取得了行之有效的经验，使教育与社区相互依存、双向互动，实现了人的发展与社会发展的统一，这在实现社区学前教育的同时，也有益于整体优化社会大环境的建设。

二、幼儿园与所在社区的融合与双向服务

1996 年颁布的《幼儿园工作规程》提出了有关幼儿园与社区关系的内容，2016 年修订后的文件进一步强调了“幼儿园应当加强与社区的联系与合作，面向社区宣传科学育儿知识，开展灵活多样的公益性早期教育服务，争取社区对幼儿园的多方面支持”。这反映了幼儿教育改革的需要和教育发展的趋向。

幼儿园管理者要改变以往关门办教育的方式，正确认识幼儿园与当地社区之间互惠互利的双向服务关系，注重幼儿园作为公共关系的主体，发挥公共关系的管理职能，考虑幼儿园所处的社区环境，以及有着共同利益（实际的与潜在的）关系的社区公众的需要，加强对外交往和沟通，主动协调，在幼儿园与当地社区之间建立起相互理解、信任支持与合作的关系，为幼儿园的生存和发展创造较好的条件，使幼儿教育能够融入所在社区，与社区相互促进，同步发展。

幼儿园作为专业教育机构和公共关系主体，在与社区交往中，需要注意以下几方面内容：一是发掘社区资源，争取社区公众对幼儿教育的支持；二

是积极主动为社区提供有效服务；三是搞好社会协调，发挥整体效益。

（一）发掘社区资源，争取社区公众对幼儿教育的支持和参与

学前教育发展的资源在社会和社区，要密切与社区的联系，充分发掘和利用社区教育资源，为幼儿园的发展提供良好的环境和条件，并争取多方面力量的支持。

幼儿园要注意争取广大家长及社区各方面人力、物力、财力、智力等的支持和帮助，努力办好幼儿园，提高教育质量，为家长和社会提供更好的服务。

1. 组织利用社区人力及智力资源

吸引热心学前教育或学有专长的家长和社区人士来园，发挥其智慧或特长优势，协助教师组织幼儿的活动，传授专门的知识技能等，这种方式对扩大幼儿的社会接触，增长见识很有益处。还可以发挥退休老教师的余热，担任幼儿园的保教指导，现场培训年轻保教人员或是为社区内家长办培训班，宣传科学育儿的知识和方法。

2. 发掘社区物力资源，创造有利于园所教育的条件

社区内的部门或企业公司常常会有一些闲置剩余物资、边角料、废旧物品等，幼儿园可以加以收集，在符合卫生和安全要求的前提下，变废为宝，作为幼儿的活动材料；空间场地窄小的幼儿园，可以将社区公共设施如街道广场、儿童乐园等环境条件加以利用，开展户外活动；农村幼儿园可以充分利用广阔的田野、丰富的乡土材料等得天独厚的自然环境条件开展教育活动。

幼儿园正常运转的经费主要来自于社区内的团体和个人，应基于教育成本核算与幼儿园再发展的需要，遵循国家有关政策，确立合理的收费标准和额度。一些幼儿园考虑到家长的承受能力，采取按收入状况分档次向家长收取费用的方式，也是一种有益的尝试。还可以争取效益好的企业、公司赞助等办法，募集经费，用于改善办园条件，为幼儿创造良好的生活和学习环境。

社区为幼儿园提供生源、食、住和活动等条件，并输入人力、物力与财力，社区兼为兴办教育的主体与教育受益者和服务对象，有权对幼儿园的工作发表意见，参与管理，进行经常性的评价监督。幼儿园管理者要主动吸收社区成员包括幼儿家长参与管理，注意发挥家长委员会和社区教育委员会的作用。可以定期向家长及社区通报工作情况，汇报取得的成绩与存在的问题或不足，听取社区公众的意见、建议，与社区共同规划幼儿园的发展前景，研究计划实施的措施。社区公众参与管理，一方面可以发挥教育力量和资源作用，同时社区公众的监督制约无疑可以对幼儿园形成一定的外部压力，促使其坚持正确的办园方向，增强服务意识，调整和改进幼儿园的工作，不断提高教育质量与管理成效。

（二）积极探索幼儿园服务社区的措施途径

幼儿园作为社会整体系统的一部分，既依赖于社会、社区的支持而得到发展，同时又承担着服务社会，特别是为所在社区服务，满足其教育需求的职能。以往对前者强调得多，主要是从教育系统自身需要出发考虑问题，要求社会提供支持，限于社会为教育的单向援助、服务，而往往忽略后者。学前教育囿于封闭体系中，不仅不利于自身发展，同时也无法实现教育所担负的服务社会的功能。

在当前我国经济体制从计划经济转变为市场经济的条件下，学前教育机构必须走出本系统的垂直封闭状态，要注意了解所在社区环境，了解社区公众的希望与追求，了解其对学前教育的多种需要，研究分析社区特点与优势，因地制宜，因势利导，发掘和利用自身有利条件，主动为社区服务，从而实现幼儿园与社区的双向互动，双向服务，相互促进和协调发展。

应当认识到，社会主义市场经济的逐步确立，使学前教育面临新的问题与挑战，同时也带来了发展的机遇，为以往由国家、部门包办而缺乏活力的幼儿园带来了压力与动力。幼儿园必须主动迎战，积极探索走向社会并为之服务的措施和途径，有效发挥幼儿园应有的社会功能，与此同时，也为自身的生存和发展开拓更广阔的空间。

幼儿园服务社区可以从以下几方面采取措施。

1. 努力完成幼儿园的双重任务，同时为社区提供多样化服务

幼儿园是保教幼儿的机构。首先必须优质高效地完成教育任务，促进幼儿身心全面和谐发展，为培养新世纪的建设者奠定良好基础，从而为家长服务，为满足社区需要服务，为社会服务。这是幼儿园的根本任务。

在为幼儿服务，努力实施素质教育的同时，还要根据本园实际，尽可能满足家长需求，为家长做好服务工作。特别是在当前市场经济条件下，家长与社会对幼儿教育的需要是多元化的，幼儿园应了解这种需要情况的变化和多样性，尽可能给予满足。如，在服务类型和招生时间上，为家长提供便利；在收费方面，尽可能考虑到家长的承受能力；对有特殊需要的家长，提供提前入园或延迟离园等延时服务。对家长的一些特殊困难和要求，可以依本园人力、物力等条件，采取适当办法，帮助解决，如提供双休日、节假日收托、24 小时服务、接送服务等。

2. 实现幼儿园教育资源的社区共有共享

幼儿园要充分利用本园教育资源，实现资源共享，为社区居民与儿童提供更多教育与服务。

幼儿园的教育资源是社区共有资产，是取自于社会特别是社区的，自然也应用于社区。幼儿园管理者要破除机构所有观念，开放办园，实现资源共享，更好地发挥社会效用。幼儿园的房舍、场地、教育设施设备等在保证正常教育的前提下，可以对社区开放，为社区内散居儿童及其家长，提供一定的教育条件。如适当开放幼儿园场地材料，搞周末开放日，吸引周围散居幼儿的家长来园活动；开展玩具、图书借阅等活动；又如办家长学校、家教辅导班等，充分利用幼儿园拥有的教育资源，更好地发挥社会效益，扩大学前教育的受益范围。

在条件允许的情况下，幼儿园一方面可以调整招收儿童的年龄范围，另一方面还可以开展灵活多样的服务形式，如有组织地开展向 2 岁以下儿童提供半日保育教育的服务，或是定期开展亲子游戏活动等。这些措施既为社区

内散居低龄儿童提供了一定的教育，也使家长获得了育儿支援，家长之间有机会相互交流学习，并对幼儿园的教育有所了解，从而为日后正式送幼儿入园接受正规机构教育作好必要的准备。有条件的幼儿园也可以根据社区需要提供临时收托服务。一些幼儿园利用本园的人员与设备条件等，在平时为部分小学生提供小饭桌以及放学后的托管服务，假日组织活动小组等。这些都是服务社区的好形式。如图 9-1 所示。

幼儿园——社区幼教中心
- 固定收托
  - 各年龄幼儿教育
  - 0岁儿童保教
  - 残障儿童保教
  - 延时保教
- 其他形式的保教服务
  - 临时保教
  - 3岁以下散居儿童半日保教
  - 亲子开放活动
  - 混龄儿童交往活动
  - 保教讲座、咨询
  - 向社区开放幼儿园保教资源（场地、设施、图书玩具等）
- 儿童中心
  - 学龄儿童兴趣小组
  - 儿童活动中心
  - 低龄儿童保教

图 9-1　幼儿园作为社区幼教中心示意图

幼儿园的场地在周日、晚间等，还可用于为社区文化教育服务，如搞社区文娱体育活动或办夜校、职业培训班等。开展这类活动应注重管理，建立制度，并有相应的卫生安全措施等。幼儿园还可以在节假日或定期与所在社区合作进行联谊活动，如夏天的纳凉会，搞跳蚤市场调配余缺等，增进双方的相互联系与了解，同时也实现了资源共享。

3. 履行社会宣传职责，发挥文明辐射作用

幼儿园作为专门的学前教育机构，还承担着宣传的责任。幼儿园要把向所在社区及公众宣传党和国家的教育方针，进行正确教育思想观点的指导和影响，传授科学育儿知识作为服务社区的重要任务。

从社区学前教育即大教育观点看：幼儿教育对象不仅限于机构内的幼

儿，还应扩大到社区公众，幼儿教育要注重提高社区成员的教育意识。幼儿园要注重发挥正规教育的主导作用，积极向社会进行教育和宣传，影响家长乃至社区公众的教育观念和行为方式，例如与公众分享对教育的看法，包括什么是好的教育，在全社会逐步形成正确的教育质量观、价值观，树立起"儿童优先""尊重儿童"的公民意识。教育部于2001年颁发的《幼儿园教育指导纲要（试行）》为全国幼儿园教育改革指明了方向，各类幼儿园都需要领会其精神实质并贯彻执行。我们需要认识到，幼儿教育改革不是仅限于教育机构内部的改革，而应该扩展到全社会，要对全社会进行正确的教育观、儿童观和儿童发展观的教育、宣传和普及。幼儿园作为正规学前教育机构，一定要发挥公关主体的作用，主动向社会进行宣传和引导。

幼儿园作为专门的教育机构，教师作为专业的教育工作者，要通过加强园风建设，提高人员素质，在社会和社区公众中树立良好形象，发挥社区精神文明阵地的影响作用，为创设良好的社区公共环境作出应有的贡献。这也是教育机构在公共活动中发挥主导作用的一种体现。幼儿园管理者与教师要积极参与社区公共事务，如，参加社区的服务性机构和工作，参加教师家长联席会、家长咨询委员会以及社区教育委员会等组织，与社区及公众建立并保持长期联系，加强相互沟通与了解，逐步培养起相互间信任和配合协作的良好关系，共同搞好社区幼儿教育事业。对社区一些公益活动，如社区环境卫生、社区植树绿化、社区交通安全及社会治安等活动，幼儿园作为社区成员，要主动关心、配合支持并积极参与。

幼儿园要在为社会尽责、充分发挥社会效益的同时，争取社区和社会的支持，才能在激烈的社会竞争中增强自我发展的实力。总的来说，幼儿园要有所作为、坚持改革，就要把内部管理体制的改革与幼儿园外部关系的调整协调结合起来，才能带来学前教育管理水平和质量的不断提高。

4. 搞好社会协调，发挥综合整体效益

幼儿园要注重搞好对外协调，处理好幼儿园与其他社会机构、组织等方方面面的关系，主动适应外部环境，不断提高管理成效。

幼儿园要依法办园，学习国家和地方政府有关教育的相关法规和制度规范，争取地方教育行政的指导，参与片区幼儿教育研究的组织和活动，及时了解幼教改革的动态信息，不断提高幼儿园教育和管理水平。还要注意协调好与上级主管部门即行政领导的关系，搞好家长工作，协调好与前后阶段教育机构之间的关系，以及搞好幼儿园与所在社区其他社会组织的关系，使各方面力量协同一致，对幼儿实施一致和连续的影响，共同创造有利于教育的社会环境。

此外，幼儿园还要特别注意处理好与社区环境的协调，有效组织、利用当地的自然和人文资源，发挥优势，消除本地传统风俗、文化中的消极因素，抵制不良影响，使幼儿园教育与发展更符合教育规律和本地实际需要，更具地域或社区特色。

一些办园时间较长、信誉较好的由教育部门主管和指导的幼儿园，如教办园、社区中心园、乡中心园等，应建立更广泛的社会联系，在社区教育中发挥更大的辐射、带动和示范作用。这类幼儿园一般办园历史较长，管理比较规范，保教人员素质较高，相对而言教育质量也较好，因而可以发挥其优势，对社区内其他多种教育形式包括非正规学前组织给予帮助和指导。例如，开展教育观摩、交流经验等活动，组织联片教研，带动社区教育的整体质量提升，更好地服务和推动社区发展。

思考与练习

1. 如何理解幼儿园家长工作的重要意义？家长工作的主要任务和内容是什么？

2. 你认为应该如何认识家庭教育与幼儿园教育的关系？如何认识并处理好幼儿园及教师同幼儿家长的关系？

3. 幼儿园家长工作有哪些主要形式和方法？如何发挥家长组织的作用，民主管理幼儿园？

4. 为什么要将家长工作置于与保教工作同等重要的地位？如何加强对幼儿园家长工作的管理与指导？你对幼儿园家长工作如何发挥家庭教育的优势有什么设想或建议？

5. 调查一所幼儿园，了解该园家长工作的现状，并基于对现状及问题的分析，提出改进策略。

6. 如何认识幼儿园与社区关系、开展社区学前教育的意义？幼儿园为什么要从封闭走向开放、并融入社区？

7. 幼儿园为社区服务可以有哪些措施和途径？考察一所幼儿园，了解其与社区关系状况，根据对所在社区环境与幼儿园条件的分析提出改进设想。

8. 通过本章的学习，你对幼儿园管理的社会协调性原则有无进一步的理解？

案例分析

案例 9.1　零食小误会

一天傍晚离园前，园长正在园中巡视，一位小班家长领着孩子走到跟前说：“园长，我们孩子说，他带来的零食，老师给扫进簸箕倒了。您园如果有规定不让吃，我们就不吃，别给倒了呀！”

听了家长的话，园长觉得老师如果真的这样做，是老师的不对。于是，就对家长说：“您先别急，我问问老师是怎么回事。”园长来到班级询问老师，方知：离园时孩子拿出带来的零食吃，不小心撒了一地。于是老师扫进簸箕，把它倒了。孩子年龄小，没有把意思表达清楚，只说倒了，扫进簸箕，因此让家长产生了误会。

园长将真实情况反映给家长，家长得知也不好意思了，马上说："怪我，没听清楚孩子的话。看来，孩子的话也不能全听。"园长说："这里也有我们的责任。孩子年龄小，老师应主动把这个情况向您介绍，就不会产生误会了。以后在工作中我们一定会注意！"

（案例编写：范佩芬　王雪松）

分析与思考

1. 您对这位园长处理该问题的方法有何评价？幼儿园管理中应如何避免类似的误会？

2. 这则案例中，尽管园长消除了家长的误会，但你认为该园在管理中是否存在疏漏和改进之处？

案例 9.2　没有小便口的裤子

一天傍晚，园长正在办公室写材料，小班的刘老师敲门进来，有些生气地说："园长，您看看，这样的家长工作怎么做？"原来，班里的明明小朋友，所有的裤子都没有小便口，每次小便，都需要老师扒下裤子才能尿尿。现在天凉了，衣服穿得越来越多，孩子小便的次数也增多了，有时等不及扒裤子，他就尿了。园长知道，这个孩子在家都是爷爷奶奶照顾，生活能力差。

为此，刘老师找到明明的奶奶，耐心地向她说明："天凉了，孩子尿多。小班的孩子有时一玩就忘了，等想尿时，已经憋不住了。您将孩子裤子上的小便口都缝上，不太方便。"谁知孩子的奶奶回答："我知道，但开了口，孩子的屁股会着凉的。"仍坚持不肯给明明穿有小便口的裤子。

听了事情的原委，园长安慰刘老师别着急，并请刘老师从多个角度做她的工作。讲清男孩穿开小便口的裤子不会着凉的道理，和从小培养孩子独立生活能力的重要性，帮助明明奶奶转变包办代替、过分溺爱的行为。

不久，园长看到明明穿上了有小便口的裤子。

（案例编写：桑凤英　王雪松）

分析与思考

1. 为什么园长的解决方法得到了明明奶奶的认同，而老师最初的劝说却无效？

2. 该园长的做法对其他幼儿园的管理实践有什么启示和借鉴？

案例 9.3　该不该收下这个孩子

某幼儿园正在准备申请市里一级一类幼儿园的检查验收。这时，一位家长将一个轻度肢体残疾的幼儿送到幼儿园，要求入园。出于同情和责任心，园长认为应该接收该幼儿，可是副园长提醒他，一级一类园验收标准中规定，幼儿园不得有体弱儿。这个肢体有残疾的幼儿多项指标都不能达标，就算入园后会有所改观，目前验收在即，现矫正肯定也来不及了。

于是，幼儿园为了迎接市里对幼儿园的评级评类工作，决定拒绝接收该幼儿。这令幼儿家长非常气愤，拿出《残疾人保护法》和《未成年人保护法》等法规条文，质问园长："为什么不接收自己的孩子？"

面对家长有根据的指责，园长既惭愧，又无奈，只得请求家长再等两个星期，等验收合格后，再考虑收孩子入园。园长诚恳的道歉和解释虽然得到了家长的暂时认可，但如果验收标准与法规相违背，园长们该怎么办呢？

（案例编写：李中）

分析与思考

1. 案例中，上级部门的要求和政策规章之间出现了矛盾，令幼儿园管理者不知何去何从。你认为幼儿园在接收略有残疾的孩子这件事情上，作出决策的根本依据是什么？“级”“类”验收是教育行政部门对幼儿园管理和教育质量的评价，以牺牲少数弱势儿童为代价得到的所谓“优质教育”的价值何在？

2. 如果你是园长，你会如何处理这个问题？

第十章

我国学前教育管理体制的发展与变革

内容提要

本章首先界定了行政与学前教育行政以及其他相关概念，在对学前教育管理体制加以探讨的基础上，考察了几个国家的学前教育发展及其管理体制，对世界范围的学前教育管理发展趋向进行了分析。本章第三节着重讨论了我国现行学前教育管理体制的沿革，分析了学前教育发展特别是中华人民共和国建立以来的积极成效。经历了一定的沿革演变，我国学前教育发展方针明确表述为“动员和依靠社会各方面力量，通过多种渠道、多种形式发展幼儿教育事业”。因此，“地方负责、分级管理和有关部门分工负责”既是我国现行的学前教育行政管理体制，又是学前教育事业管理的基本原则，是为贯彻我国学前教育事业发展方针并和方针相一致的领导与管理原则。进而具体阐释了这一方针和管理体制的含义，分析了学前教育发展要适应经济体制转型提出的要求，以及当下学前教育管理体制进一步深化改革的必要性，探讨了发展中的问题和深化改革的要点。

学习目标

1. 知道学前教育行政的含义及学前教育管理体制的类型。
2. 了解英国、美国、日本和苏联的学前教育管理体制。
3. 了解世界主要国家学前教育管理的发展特点和趋势。

4. 熟悉我国学前教育事业的发展方针及其管理体制和原则。

5. 初步了解当前我国学前教育发展和管理体制中存在的问题。

关键词

行政　学前教育行政　管理体制　发展特点　方针　改革深化　问题

第一节　行政与学前教育行政

一、管理与行政

管理是对一定组织系统的人、财、物、事等进行计划、组织和控制的过程，从而高效率地达到组织的目标。行政也是一种管理活动，有广义狭义之分。

狭义的行政是涉及国家政务的管理活动，是和国家政权直接联系的。我国古代就有“行其政事、行其政令”的说法。英语的“行政”一词来自拉丁文，指的是治理或管理事务的意思。1989 年版的《汉语大辞典》对“行政”一词解释为：“掌管国家政权、管理国家事务。”马克思也曾经提出这样一个论断：“行政是国家的管理活动。”

行政指的是由政府机关承担的国家职能活动，是为实现国家的目的，依法组织和协调各种力量，统筹各种政务事宜，参与制定并且主持执行政策的活动。可见，行政是管理这个更大系统中的子系统，是管理的较高层次。相对而言，管理的外延比行政宽泛，管理现象也比行政现象更久远。行政作为国家的一种职能，是在国家出现之后才产生的，而管理则与人类社会一样长久，并且管理涉及人类社会的所有群体活动。行政作为国家的职能，是以国家权力为后盾的，体现统治阶级的意志，具有鲜明的政治性，在阶级社会具有阶级性。国家的统治权正是通过行政这一政务活动而发挥作用的。在我国，行政指的是国务院和各部门、各省市、自治区人民政府以及区县等行政机关对国家政治、经济、教育、体育、文化等方面的事务进行的管理。

广义的行政，与管理是同一个含义。美国行政学家怀特（L. D. White）在《行政学导论》(1926）中提出：“行政乃是为完成或实现一个政权机关所宣布的政策而采取的一切活动，或者为完成或实现某种目的对许多人所做的指挥、协调和控制。”各个社会组织、各个单位的管理都可以称之为行政管理。

二、学前教育行政与管理体制

（一）学前教育行政

教育行政是国家行政的重要组成部分，国家为了实现教育目的，通过政府及其教育行政部门，依法对各类教育事业和教育机构进行的领导管理活动。从形式上来看，国家对教育事务的管理古已有之。然而，真正现代意义上的国家教育职能，是近现代民族国家的产物，是随着现代教育制度或学制的形成而确立起来的。

教育行政是国家教育职能的表现形式，具有政治性和教育专业性。一方面，教育行政与国家政权直接联系，体现国家或统治阶级的意志，通过行政管理和调控，保证教育的发展方向，因而具有鲜明的政治性。另一方面，教育行政具有较强的专业性，通过专业化、行业化管理，教育这一社会活动能够遵循人的培养规律，更好地实现预期目标。教育行政的政治性和教育专业性是行政管理双重特征的体现，两者是不可分割、相互统一的。

学前教育行政指的是国家和地方政府及其教育行政部门对学前教育事业进行宏观管理，包括制定规划、法规和政策，对学前教育进行组织、引导、督导，并协调有关部门的关系等，保证学前教育事业的发展。

简而言之，学前教育行政是国家对学前教育的管理，它的对象主要是社会公共的托幼组织机构，因此也称为学前教育行政。

（二）学前教育管理体制

教育管理体制是由教育管理机构和相应的规范组成的，包括教育行政体制和学校管理体制。教育行政体制指的是国家领导管理教育的组织结构和工作制度的总称，是国家对教育的宏观管理体制，它要解决的是国家机关如何管理教育的问题，包括国家对整个教育的办学体制以及国家对各级各类教育的管理体制等。学校管理体制指的是微观的教育机构的管理体制，它所要解决的是学校系统内部如何管理教育的问题。相对来说，教育管理体制是一个上位概念。在教育管理学中，如果不作特别说明，提到教育管理体制一般是指教育行政体制。

教育行政体制是一个国家对教育实施管理的根本性制度，是指一个国家在一定政治经济制度和科技发展水平基础上建立起来的办学体制、财政体制与管理体制等相对稳定的教育模式。教育行政体制是国家管理本国教育事业的制度化途径，对于教育事业的发展、行政效率的提高起着决定性作用。

教育行政体制的形成需要经历一定的过程，不仅和国家政权的性质、政体的形式有十分密切的关系，而且受国家的经济基础、文化传统等因素的影响和制约。归纳起来，世界各国的教育行政体制大致体现为两大类别：中央集权的教育行政体制和地方分权的教育行政体制。

前者指教育行政权力集中于中央政府或上级机关，下属的地方政府或下级机关没有或很少有自主权，一切措施都必须以上级制定的法令为准，中央直接干预和支配全国教育系统运作，使全国形成整齐划一、自上而下的垂直型组织体系。

后者指地方政府和下级机关在管理范围内有完全独立的权力，中央政府对下级机关和地方政府权限内的事项不加干预。地方分权制的权力在地方，中央的职责是提供服务，中央和地方之间不存在上下级关系。

集权体制和分权体制各有短长，如何正确认识并处理好集权和分权的关系，是教育行政体制中的重要问题。当今世界各国教育行政改革总的趋向是日益均权化，中央集权制和地方分权制正在相互靠拢，采取介于集权和分权之间的制度，以使中央和地方之间的关系得到协调。

我国现行的教育行政管理体制是中央统一领导下的分级管理体制，即在中央统一的方针政策领导下，对教育事业实行中央教育行政和地方教育行政两级管理。由于我国历史文化传统的因素和国家政体的影响，实际上我国的教育行政体制基本是属于集权制的。

学前教育体制是指国家根据教育的方针、政策对学前教育事业的机构设置和管理权限划分的基本管理制度。一般提到学前教育管理体制，通常指的是学前教育行政体制，两者不作区分。

第二节　世界范围学前教育管理体制考察

一、英国、美国、日本和苏联等国的学前教育及其管理体制

真正意义上的学前公共教育是在工业革命背景下产生的，形成了近现代学前教育机构的基本形式。早期的学前教育机构以工人等贫苦大众及其子女为服务对象，主要任务是对幼儿进行看护和生活照料，带有慈善性质和福利性质。在西方国家，正规的学前教育机构是在19世纪三四十年代出现的，并且逐渐得到发展。其中，最为经典的是福禄培尔的幼儿园。

19世纪下半叶，随着西方资本主义国家经济的发展、初等义务教育的普及，社会对学前教育的需求日益强烈，一些国家开始制定有关政策，支持学前教育并加以管理，学前教育的社会地位逐渐得到确立。

第二次世界大战之后，由于国家的重视和直接介入，使得学前教育成为一项国家制度和公共事业。在一些主要资本主义国家，伴随着近现代教育制度即学校教育体系的建立，学前教育被纳入国民教育体系，成为学制的组成部分。学前教育的社会教育功能开始得到重视。

学前教育的发展与各个国家的教育制度和儿童及社会福利制度有关。由于各国的经济、政治、文化传统以及教育体制有很大差异，因而学前教育及其管理呈现出不同的特点。这里以英、美、日与苏俄等国家为主，概述当代世界学前教育发展与管理状况。

英国　英国的学前教育机构有保育学校和附设在初等学校的保育班，以

及日托中心、幼儿学校及游戏小组等。这些托幼机构分别由社会福利部门、教育部门、私人或民间团体举办，有半日制、全日制和计时性的。其中，幼儿学校被纳入英国义务教育，成为国家公共教育管理系统的重要组成部分。英国在管理体制上实行国家、地方和学校三级管理，在有关机构的开设、经费补助和教师聘用等方面，主要是由地方教育行政当局负责管理。著名的英国教育督导系统是教育管理包括学前教育管理的重要手段。

美国　美国学前教育自20世纪60年代以来，呈现一派繁荣景象，机构种类繁多，包括保育学校、幼儿园、日托中心和幼儿家庭教育组织等，形成了多样化多渠道办学的格局。其中比较正规的是保育学校和幼儿园，前者既有附设在公立学校的，也有由福利机构、民间团体、教会或基金会以及家长、私人组织及个人开办的。美国学前教育中最值得一提的是“开端计划”，这是由联邦政府主办的，以实现教育机会均等为目标、专门针对贫穷儿童实施的补偿教育。幼儿园有公立和私立两种，开设的目的各有不同，例如，有为家政或社会服务而设的，有为培训师资和研究目的而设的。幼儿园招收4～5岁的学前儿童，相对更强调教育功能，为正规的学校教育作准备。保育学校以3～4岁儿童为对象，是幼儿园的向下延伸。日托中心的数量比较大，通常是全日制学前教育机构，招收0～6岁儿童，设在私人家庭或各类社会机构中。美国是典型的地方分权制国家，学前教育的发展和管理主要是地方的责任，联邦政府对学前教育的关注主要体现在对开端计划投入了大量经费，并采取了相应的鼓励措施确保其实施等，管理上的作用是间接性的和扶持性的。

日本　一般认为，“明治维新”运动催生了日本近现代的学校教育制度，出现了社会公共学前教育机构。第二次世界大战后，由于政府的重视并在法律法规、经济等方面予以保障，加之社会需求增加，学前教育得以迅速恢复和普及。日本的学前教育机构包括保育所和幼儿园，以私立为主，也有少部分公立以及附设在大学的国立幼儿园。在管理方面，日本实施的是二元化管理，即幼儿园由文部省管理，作为学校教育的一个组成部分，招收3～6岁儿童，主要任务是教育；保育所则属于厚生省，以0～6岁缺乏保育条件的儿童为对象，主要任务是保育，受公费补贴比较多，收费低廉。日本的教育行政体制由二战前的极端集权制，转而实行趋向中间的合作形式：中央即文部省和地方公共团体两级管理系统，在中央指导下实行地方分权制。在经费来源方面，国立、公立及私立学前教育机构的经费，分别来自于国家、地方政府以及办学的团体或个人。政府通常依据家长的收入情况对私立幼儿园等给予一定的补助。

苏联　苏联学前教育机构主要有两种形式——托儿所和幼儿园，分别招收0～3岁和3～6岁儿童。以后，又出现了招收0～6岁儿童的第三种机构"托儿所—幼儿园"。这些机构全部为公立，统一于国家教育部，实行一元化的行政领导。1962年公布的《幼儿园教育大纲》将原来相互分离的教育内容系统化、一元化。在长期的发展中，苏联学前教育的一个重要特色就是教育工作与保育工作紧密结合；在行政管理方面则是党和国家对学前教育事业的统一领导与集中管理，表现为比较典型的集权式管理体制。保教结合与高度集中统一的管理体制对中国学前教育有着深远的影响。

苏联解体后，俄罗斯学前教育在很多方面发生了变化：首先，在性质、目标和管理体制方面，从把学前教育作为国家的公益和福利事业，实行高度集中统一的管理，包括教育目的与内容的高度统一性，转变为给联邦和学校更多自主权，教育面向社会和市场，实行民主化管理，教育内容与方法趋向民主化；其次，在教育财政和经费渠道方面，从实行单一的国家包办教育、注重学前教育普及化、普遍化，转变为促进办学主体多元化，建立非国立教育机构和家庭教育系统，实现经费来源多渠道，重视教育的个性化和家长的不同需求与选择；最后，在教育功能方面，以往过分突出政治性而民族色彩薄弱，至今各民族都开始复兴自己的文化，俄罗斯传统文化在学前教育内容中的地位日渐增强，甚至教会也开始介入教育。

二、各国学前教育及其管理的发展趋势

尽管各国学前教育发展的情况各异，但是仍然可以从中发现，世界学前

教育和管理具有一些共同的发展特点和趋势。以下试从机构与管理两个方面进行分析。

（一）学前教育机构呈现多形式、多功能

各国学前教育事业在二战后都有了较大的发展，尽管如此，正规的学前教育机构如幼儿园和保育学校等，仍难以满足各种不同的社会需求。近年来，许多国家学前教育的办学形式日益多样化、灵活化，并且发挥着多种功能。具体表现如下。

1. 学前教育机构服务社会的功能在扩展

扩展学前教育机构服务社会的功能，日本的幼儿园做得非常好。日本的许多幼儿园会提供临时保育或延时保育，为低龄学童提供放学后的托管服务，开展家长育儿咨询与培训等，甚至提出幼儿园等正规托幼机构应当成为社区学前教育的中心。

2. 托幼机构的家庭化和微型化

在英国、美国、加拿大和瑞士等国家，有大量的“日托中心”“日托之家”等类似于家庭的教养儿童的场所。地点一般设在开办人的家里，不仅具有温馨的家庭气氛，更重要的是适应了早期教育发展的迫切需要，因而发展迅速。

3. 学前教育社区化

这是当今世界相当一部分国家学前教育发展的一个重要趋势。社区学前教育具有非正规性、开放性、综合性和地域性等特点，设施有专为儿童设立的儿童馆、儿童公园等；或是专门面向父母的，如母亲班、双亲班、家长俱乐部等教育设施。还有图书馆、儿童咨询所、亲子中心和儿童文化中心或公民馆等机构，兼具为儿童和家长服务的功能，并提供了共同参与的机会。例如英国的玩具馆是集社区中心、收藏馆及教育机构为一体的社区教育设施。近年英国基于社区、针对社会弱势人群实施的“确保开端计划”也颇有成效和影响。

印度和泰国等发展中国家也采取社区非正规教育的形式，由政府资助同时发挥非政府组织与民间的力量，发展学前教育，使低收入家庭及儿童受益。

（二）学前教育管理体制和经费来源的趋向

1. 学前教育管理二元化体制及跨部门协调的探索

就学前教育的管理来看，世界各国的情况多为二元化的管理模式。学前教育在现实中，一个身份是教育性机构，另一个身份则为福利性机构，分别归属于不同的管理部门。实行一元化管理的相对比较少，其中有的由教育系统负责或是社会福利部门负责。一些国家如日本等国，尽管多年来一直在倡导、努力，希望将二元归一，但是步履艰难，至今还是遥遥无期。这一问题如此难解决的原因比较复杂。一方面，是对学前教育及其性质功能的看法存在歧义。例如，有的持狭义看法，有的持广义认识；有的是根据儿童年龄的不同以及具体机构的定位，或是偏重于教育性，或是强调保育性与福利性。另一方面，二元化体制或许与学前教育的办学主体有关，有公立和私立的，有社会团体兴办和个人兴办的；公立的学前教育机构中，由于历史和定位不同的原因，又有属于社会福利部门或是教育部门的区分。再有，一般各个国家的教育行政部门往往偏重于单纯教育管理，职能比较窄化；而像日本厚生省、社会福利署等，则作为综合性管理机构，对于学前教育这一涉及广泛领域的社会事业，实行综合性管理比较便利。这些在一定程度上表明二元化体制本身有其合理性、必然性。近年来，一些国家或地区在探索如何增进双方的协调合作，实行二元联合管理这方面，有了一定的经验。可见，学前教育行政管理的改革重点是强调相关部门之间的协调与合作，进行跨部门的综合管理。

2. 学前教育机构的经费来源

关于学前教育机构的经费来源，会因主办者是国家、私人、教会和企业等而有所不同，教育服务对象也需要支付不同额度的费用。目前的发展趋向是：各国政府通过鼓励各方力量兴办托幼机构，从而使学前教育可以得到多种经费来源，多元化办学，而非单一渠道，既促进学前教育的发展，也满足了社会的不同需求。政府在经费上的支持主要倾向于低收入家庭和公立托幼机构。

近年来，发达国家的政府不仅资助公立学前教育机构，也资助教会与社会福利组织开办的托幼机构，国家一般会对私立的非营利机构实施政府补贴，有的甚至扩展为对一些私立的营利性学前教育机构也给予不同幅度的补贴或资助；社区设立的临时或全日制保育中心如果符合政府的标准，也能获得资助。

由于教育民主化运动的影响和对教育机会平等的追求，政府注重对社会弱势人群的育儿支援，低收入家庭往往能够得到政府提供的接近于学前教育所需要的全部费用。

第三节 我国学前教育事业发展与管理体制沿革

一、我国学前教育行政体制的沿革

（一）新中国学前教育的发展和行政体制的初步建立

中华人民共和国成立之初，国家就明确提出建设新教育的总方针。在1949年底教育部召开的第一次全国教育工作会议上，明确了改造旧教育的方针、步骤和发展新教育的方向。确定了建设新教育要以老解放区新教育经验为基础，吸收以往教育中某些有用的经验，特别要借鉴苏联教育建设的先进经验，[①] 对改造与建设新的学前教育提出了一系列政策与措施。国家收回了教育主权，确立了学前教育为工农大众和社会主义建设服务的方针，同时很快建立起从中央到地方的教育行政体制，学前教育伴随国家经济发展和工业化建设得到了大发展。

学前教育行政体制是国家教育行政体制的一个组成部分。1949年10月

① 唐淑．学前教育史［M］．北京：人民教育出版社，2007：190．

就开始在国家教育部初等教育司设第二处，主管学前教育，1950年成为独立的学前教育处，直属教育部有关部长领导。这是我国第一个学前教育中央领导机构，掌管全国学前教育工作。同时决定省、市教育厅局也设立专门机构或由专人主管学前教育。自此，学前教育便有了全国统一的领导管理体系，极大地保证和促进了我国学前教育的发展。

1. 确定了学前教育的性质、任务

1951年10月，中共中央政务院命令颁布《关于改革学制的决定》，这是中华人民共和国成立以来正式公布实施的第一个学制。学前教育被列入学制体系，确定了学前教育的性质、任务。学前教育作为小学教育的基础，是社会主义教育事业的重要组成部分。新学制规定：实施学前教育的组织为幼儿园，招收3～7岁的幼儿，并指出幼儿园应在有条件的城市首先设立，然后逐步推广。自此，“幼儿园”一词取代了之前沿用近30年的“幼稚园”称谓。

1952年3月，教育部颁发了《幼儿园暂行规程（草案）》(以下简称《暂行规程》)，规定了“幼儿园的任务是根据新民主主义的教育方针教养幼儿，使他们的身心在入学前获得健全的发育，同时减轻母亲照料幼儿的负担，以便母亲有时间参加政治生活、生产劳动、文化教育”。《暂行规程》明确了我国学前教育肩负着教育性与福利性的双重任务，并规定幼儿园应对幼儿进行初步的、全面发展的教养工作，指明了培养目标和保教并重的方针。

2. 对幼儿园的教育和管理提出了规范化的要求

《暂行规程》对幼儿园的教育和管理提出了规范化的要求，包括学制的设置、幼儿园的领导、教养原则、教养活动的项目、入园与结业、组织编制、会议制度，乃至经费设置等。《暂行规程》确定，幼儿园以整日制为原则，幼儿园教师更名为教养员，教养员应对幼儿负全面教养的责任，幼儿园园长应兼任教养员。1952年教育部又印发了《幼儿园暂行教学纲要》(以下简称《教学纲要》)，内容包括各班幼儿的年龄特点和教育要点，以及体育、语言、计算、图画、手工、音乐及环境教学的各科纲要。《暂行规程》和

《教学纲要》等文件总结了老解放区的学前教育经验，借鉴了苏联学前教育理论，对幼儿园的管理作出了比较具体的规定，为改革中国以前的幼儿教育，落实新的幼儿教育的双重任务，实现幼儿教育正规化提供了指导依据。①

3. 初步确立了对托幼机构的领导职责和事业发展方针

1950 年，政务院文教委员会批准教育部的建议，实行托幼分管政策，即托儿所由卫生部妇幼卫生司主管，幼儿园由教育部基础教育司主管，托儿所与幼儿园入托儿童以 3 岁为分界。

1956 年 2 月，教育部、内务部、卫生部联合发出了《关于托儿所、幼儿园几个问题的联合通知》（以下简称《通知》），提出了公办和民办并举的事业发展方针。明确提出要依靠群众，动员社会各方面力量，采取多种形式兴办幼儿园，逐步满足人民群众的需要。可以看出，我国学前教育事业是适应国家经济建设而发展的，而且一开始就具有社会性、地方性和群众性的特点。

《通知》进一步明确了对各类托儿所、幼儿园的领导职责：以统一领导、分级管理为原则，各类型的托儿所、幼儿园的经费、人事、房屋设备和日常行政事宜由各主办单位（包括教育行政部门、厂矿、机关、团体、部队、学校、群众和个人等）各自负责管理。有关方针政策、规章、制度、法令、教育计划、教育内容、教育方法、儿童保健业务等，在托儿所方面统一由卫生行政部门领导，在幼儿园方面则统一由教育行政部门领导。从而在领导管理体系上既有协作，又有分工；既有社会兴办，又明确了教育、卫生等部门的各自职能，实施专业化的管理。

中华人民共和国成立以来，学前教育适应国家经济建设的需要，其发展方针是：幼儿园首先在有条件的城市设立，重点是先在工厂企业部门；其次是机关、学校和郊区农村。同时明确了幼儿园以整日制和正规化为努力方向。为此，厂矿企事业各部门创办了大量的幼儿园，教育部门办有少量幼儿

① 唐淑. 学前教育史［M］. 北京：人民教育出版社，2009：188-193.

园，城市街道和群众团体也办起了幼儿园。学前教育事业得到了迅速发展，教育质量也在不断提高，对当时的经济发展和妇女解放起到了积极的推动作用。

中华人民共和国建立初期和社会主义改造与建设时期，为推动学前教育事业的发展，国家对学前教育干部与师资培训也很重视，一方面大力开展在职培训，另一方面建立起从高师到幼师的职前专业人才培养体制体系。

（二）学前教育事业曲折发展与行政体制的恢复

我国现行的学前教育行政体制经历了曲折的发展历程。1961 年，教育部学前教育处因精简被撤销，以后相当长一段时间内，教育部基本上没有对学前教育工作下发文件指导。“文化大革命”期间，学前教育领导管理机构被削弱，致使幼儿园等托幼机构长期处于无人过问或领导力量薄弱的状态，学前教育也同其他社会事业一样，受到了严重的创伤和摧残。“文化大革命”结束后的 1978 年，教育部在普通教育司设立了幼教特教处，失去国家机关专职领导 16 年之久的学前教育事业又有了自己的行政领导机构。

二、建立健全学前教育行政组织体系，推动事业发展

改革开放以来，我国进入了全面进行社会主义经济建设的新时期，学前教育事业发展出现了新的生机。

（一）领导力量得到加强，行政体系逐步建立健全

为了推动学前教育事业的发展，拨乱反正，克服存在的问题，1979 年召开全国托幼工作会议，要求加强托幼工作的统一领导和分工合作，决定在国务院设立由 13 个相关职能部门所组成的托幼工作领导小组，各省市自治区也设立相应的组织。

会议对学前教育管理作出了具体规定：各类园所的行政领导由主管单位负责；参加领导小组的各政府部门按各自承担的任务工作；妇联和工会主要负责发动群众，组织社会力量。从而各部门协力合作，促进学前教育事业的恢复和发展。这次会议是托幼工作受到政府空前重视的一次大会，标志着我

国学前教育事业进入了一个新的时期。

此后，又陆续颁布了指导管理全国学前教育事业的一系列重要文件。1979 年教育部颁布了《城市幼儿园工作条例》，要求各级党委要加强对学前教育的领导，各级教育行政部门要设立学前教育领导机构，配备专职干部。1981 年 10 月，教育部颁发了《幼儿园教育纲要（试行草案）》，根据幼儿的年龄特点，进一步明确了幼儿园的教育任务，提出了幼儿园教育的内容与要求、教育手段及注意事项，从而起到拨乱反正、使园所教育有章可循、提高教育质量的作用。1983 年，教育部颁布《关于农村幼儿教育的几点意见》，要求省级配备和充实农村学前教育干部，定期对农村学前教育工作进行督促和检查；县级教育行政部门负责农村幼儿教育的业务领导、培训工作等；社、乡、村幼儿教育实行“谁办谁管”等措施。

1987 年，国务院批准召开了全国幼儿教育工作会议，明确提出幼儿教育是社会主义教育事业的重要组成部分，是基础教育的预备阶段，同时又是满足广大人民群众需要的一项福利事业。幼儿教育作为一项社会事业，涉及面很宽，政府各部门或多或少地要介入学前教育行政管理，不同部门之间的协调与合作，常常需要通过政府的行政干预才能实现。同年，国务院办公厅转发了国家教委等部门《关于明确幼儿教育领导管理职责分工请示》的通知，明确划分了教育、卫生、劳动人事、城乡建设、环境保护、财政、商业、轻工、纺织等各有关部门对幼儿教育事业发展的任务和社会责任。

1989 年，国家教委经过国务院批准，颁发了《幼儿园管理条例》，明确了学前教育行政组织体系和职责分工，确立了我国幼儿教育管理体制的基本原则。

2003 年，国务院办公厅转发教育部、中央编办、国家计委、民政部、价格部、劳动保障部、建设部、卫生部、国务院、妇女工委、全国妇联等部门（单位）《关于幼儿教育改革与发展的指导意见》，提出了新时期幼儿教育改革与发展的目标，各部门在发展学前教育事业中的职责分工，以及确保学前教育事业在新形势下改革与发展的条件等，这是进入 21 世纪以来具有较强指导作用的文件。

（二）儿童权利保障问题得到关注，学前教育事业开始步入依法治教阶段

我国政府一向关心和重视儿童的生存、保护和发展工作，改革开放以来，开始致力于使儿童权利保障法制化。20 世纪 80 年代以来，中国政府参与了国际合作项目，在《儿童权利公约》《儿童生存、保护和发展的世界宣言》和《执行九十年代儿童生存、保护和发展的世界行动计划》上签字，向全世界承诺并执行有关行动计划。1993 年，我国政府参加了 9 个人口大国的全民教育首脑会议，会议通过了《德里宣言》和《行动纲领》。《行动纲领》第一次对幼儿教育和看护提出了明确而务实的建议。如针对幼儿的营养、保健、智力型的激励和情感支持，能使发展中国家处境不利儿童收益更多，因而应作投资重点。各国要迅速扩大成功的低成本营养和保健计划；提供可承受的高质量幼儿教育看护和发展计划，这是挑战，通常需要以社区或非政府组织为基础，要与卫生、营养和其他社区服务相联系，孩子父母与家庭的理解和参与服务是这种整合性计划的关键成分。①

1992 年通过了《九十年代中国儿童发展规划纲要》，这是我国第一部以儿童为主体、促进儿童发展的国家行动计划。

在《国民经济和社会发展十年规划》和《第八个“五年计划”纲要》中，都规定了儿童发展的许多重要指标，表明了政府对儿童生存、保护和发展的高度重视。

与此同时，我国政府还加强了对儿童权利保障的法制建设，从国情出发，制定了以《中华人民共和国宪法》为核心的一系列法律以及政策措施，比如《未成年人保护法》《母婴保健法》，形成了比较完整的保护儿童权利的法规体系。

1995 年 3 月 18 日，第八届全国人民代表大会第三次会议通过了《中华人民共和国教育法》，这是国家管理教育的根本大法，也是国家发展教育、

① 蔡迎旗. 学前教育概论 [M]. 武汉：华中师范大学出版社，2006：82.

确保儿童权利的纲领性文件。

1989 年 9 月，颁布了经国务院批准的《幼儿园管理条例》，这是政府和国家针对学前教育事业颁布的重要行政法规，是中华人民共和国成立以来的第一个学前教育行政法规，明确了幼儿园的管理实行地方负责、分级管理和有关部门分工负责的原则，并要求地方各级人民政府根据本地区社会经济发展状况制订幼儿园的发展规划。

1996 年 3 月，国家教委正式颁布了经过 7 年试行的第一个《幼儿园工作规程》，进一步明确了幼儿教育在整个国民教育中的地位："幼儿园是对三周岁以上学龄前儿童实施保育和教育的机构，是基础教育的有机组成部分，是学校教育制度的基础阶段。"并从编班、保教工作、人员职责、办园经费等方面对幼儿园工作进行了规范，指导全国幼儿教育工作。

2001 年，国务院发布了《中国儿童发展纲要（2001—2010 年）》，从儿童与健康、儿童与教育、儿童与法律保护、儿童与环境 4 个领域，提出了 21 世纪前 10 年的儿童发展目标和策略措施。

2001 年，教育部印发了《幼儿园教育指导纲要（试行）》，这是在 1981 年的《幼儿园教育纲要（试行草案）》实施多年之后，根据社会环境的变化和教育发展的趋势，对幼儿园教育的内容与要求、组织与实施、评价等所作的新规定，成为新时期指导幼儿园保教工作以及学前教育改革的重要文件。

（三）学前教育行政管理逐步规范化、制度化

我国学前教育行政管理逐渐走向规范化，具体表现为以下几方面。

1. 建立起省、地（市）、县（区）、乡四级学前教育行政管理网络

我国绝大多数地区建立起了省、地（市）、县（区）、乡四级学前教育行政管理网络，并建立了相应的教研培训网络，初步形成了上下通畅的管理体系。逐步建立起地方负责、分级管理和有关部门分工负责的学前教育管理体制，学前教育事业的管理权限下放到了地方，使各级政府增强了责任，加强了对学前教育工作的领导。各地方根据两个法规《幼儿园工作规程》《幼儿

园管理条例》制定和颁发了与之相配套的地方性法规和规章制度，促进了学前教育事业的发展，形成了学前教育管理工作规范化、制度化的措施。

2. 实行国家、集体、个人一起办学前教育的方针，办园体制多元化

市场经济体制的确立，给了民间力量发展空间，社会各方面的办学热情和积极性得到释放，民办幼儿园得到了大发展，成为学前教育不可或缺的重要组成部分，实现了国家、集体、个人一起办学前教育的方针，出现了各种新的办园形式，办学形式灵活多样，办学体制多样化，事业发展的渠道得到了拓宽，以满足社会多方面需求。

3. 幼儿园实行“园长负责制”

幼儿园逐步实行“园长负责制”，进行园所内部管理体制改革，增强了办园活力，提高了办园水平。

4. 教师素质和专业化水平不断提高

各级教育行政部门注重师资队伍建设，形成一手抓培养、培训，一手抓管理的局面，教师素质和专业化水平不断提高。

20 世纪 90 年代以来，伴随经济和社会的发展，我国学前教育事业有了飞速发展，儿童入园数较 80 年代翻了一番，在城市地区已满足或基本满足了需要。如 1982 年和 1992 年，入园儿童数分别为 11 131 万人和 242 819 万人①。

为促进农村学前教育的发展，原国家教委曾连续发文，对 80 年代出现的农村学前教育的普遍形式即学前班进行了规范。如，1986 年发布了《关于进一步办好幼儿学前班的意见》，在教育活动、师资培训及办班条件等方面对学前班提出了要求。1991 年，又出台了《关于改进和加强学前班管理的意见》，进一步明确了学前班的性质和开办原则，规范了学前班的领导和管理，对保育和教育、改善办班条件、学前班师资管理和培训等提出了指导性意见。在国家相关政策指导下，学前班得到了积极健康的发展，扩大了学前教育的受益范围，保证了儿童在入学前受到一定程度的学前教育，

① 唐淑. 学前教育史 [M]. 北京：人民教育出版社，2007：220-221.

成为我国农村学前教育的主要形式。据统计，1993 年，学前班已占全国学前教育机构总班数的 44.6%。其中，农村学前班占 56.2%，县镇学前班占 30.3%①。

进入 21 世纪以后，在基本完成了《九十年代中国儿童发展规划纲要》任务的基础上，国务院又颁布了《中国儿童发展纲要（2001—2010 年）》。这份以儿童为主体的国家行动计划，再次重申了“儿童优先”原则，强调逐步完善保护儿童的法律法规体系，依法保障儿童权益，要求优化儿童成长环境，使困境儿童受到特殊保护。在此背景下，国务院办公厅于 2003 年 3 月转发了《关于幼儿教育改革与发展的指导意见》，就幼儿教育改革与发展目标、幼儿教育管理体制和机制以及师资队伍建设等方面提出了指导性意见，以有针对性地解决当前幼儿教育改革和发展过程中出现的问题，规定了作为幼儿教育主管部门的教育行政部门和相关国家职能部门在新形势下的职责与相互关系，强调加大社会协调，要求各地区要采取切实有效的措施，确保低收入家庭和流动人口子女享有接受幼儿教育的机会。同年，教育部在全国幼儿教育工作座谈会上进一步明确，“十五”期间幼儿教育发展的重点在农村。

在改革开放和建立社会主义市场经济的背景下，教育领域深入改革，实施素质教育，中国学前教育的发展步入了一个新的历史阶段。2010 年，国务院颁布《国家中长期教育改革和发展规划纲要（2010—2020 年）》以来，学前教育得到更大关注，呈现逐年增长的态势。据 2015 年的最新统计数据，全国共有幼儿园 22.37 万所，其中，民办幼儿园占据大半壁江山，达近七成，共计 14.64 万所，在园儿童（包括附设班）总数为 4 264.83 万人，入园率达到 75.0%②。

---

① 唐淑. 学前教育史［M］. 北京：人民教育出版社，2007：217.

② 2015 年全国教育事业发展统计公报［R］. 教育部 2016 年 7 月发布.

第四节　我国学前教育事业发展方针与现行管理体制及改革的深化

一、我国学前教育事业发展方针和行政管理原则

（一）我国学前教育事业发展方针

我国学前教育事业发展方针的确立经历了一个逐步明确的过程。1951年，政务院《关于改革学制的决定》规定，“幼儿园应该在有条件的城市首先建立，然后逐步推广”。1956年，内务部、教育部和卫生部联合颁发了《关于托儿所和幼儿园几个问题的联合通知》，指出“托儿所和幼儿园必须有相应的增加……在城市中由厂矿、企业、机关团体、群众举办，在农村提倡农业生产合作社举办。”

1978年的十一届三中全会，党和政府明确了我国教育发展的指导思想，提出“调整、改革、整顿、提高”的八字方针。1979年《全国托幼工作会议纪要》指出，要“坚持两条腿走路的方针”。1983年9月，教育部颁布了《关于发展农村幼儿教育的几点意见》，又一次明确提出：“在我们这样一个人口众多、经济尚不够发达的国家，发展幼儿教育必须坚持‘两条腿走路’的方针。”针对农村学前教育事业的发展，明确指出：“农村应以群众集体办园为主，充分调动社（乡）、队（村）的积极性；县镇则应大力提倡机关、厂矿企事业、街道办园，并支持群众个人办园。与此同时，要积极恢复和发展教育部门办的幼儿园。”“两条腿走路”实际上就是国家教育行政部门办园与社会各方面力量办园、集体与个体民众办园、公办和民办两条途径并举。

1988年，国务院办公厅转发了《国家教委等部门关于加强幼儿教育工作的意见》（38号文件），将我国学前教育事业发展方针明确表述为：“动员和依靠社会各方面力量，通过多种渠道、多种形式发展幼儿教育事业。”1989年颁布并实施的《幼儿园管理条例》，将这一方针写入其中，以便贯彻实施，推动全国学前教育事业的发展。

这里，对我国幼儿教育事业的发展方针作进一步解释和说明。

1. 发展学前教育必须坚持多渠道

发展学前教育必须坚持办园途径的多种渠道，而不能是单一渠道。不仅要由地方政府举办，更重要的是要动员和依靠各部门、各单位、群众团体以及公民个人等社会力量来兴办；不仅要有全民性质的以及大量集体性质的幼儿园，还应当有个人举办的个体幼儿园。学前教育的发展要适应社会政治和经济的要求，不断拓宽发展渠道。20 世纪 80 年代以前，我国城镇以国营经济为主的企事业单位办园，作为后勤福利，提供比较稳定的经费，同时也有相当一部分是街道集体举办的自负盈亏的幼儿园；乡村由乡村群众集体举办为主，由乡村和群众集资筹措经费。进入 20 世纪 90 年代以后，伴随国家经济体制转型，办园途径进一步增多，各种社会力量举办学前教育机构的热情日益高涨，个人、社会团体等举办的民办幼儿园大量增加，同时还出现了新的办园体制，比如企事业单位办园、不同机构和单位联合办园、合作办园等，部分企事业单位幼儿园也转为由个体、团体承办，即实行国有民营。近年来，学前教育发展出现了多元化趋向，特别是民办园得到了比较大的发展，成为学前教育的重要力量，事业发展渠道大大拓宽。

2. 学前教育的组织形式要因地制宜、灵活多样

学前教育的组织形式要坚持多样化，而不是单一的形式。随着社会的发展，科技的进步，人们对早期教育的认识也在不断深化，学前教育的内涵和外延更加丰富和扩展。学前教育不再仅仅等同于幼儿园机构教育，家庭对儿童有着不可替代的作用，加之各种传媒和社会环境等，对幼儿发展也具有重要的影响作用。因此，学前教育要重视家庭教育和社会教育的作用。学前教育组织形式要从以往的相对单一化、正规化向多样化发展。

我国学前教育以往是以正规机构教育为主的结构。学前教育发展受经济和人口两大要素的制约，在我们这样一个人口众多、经济欠发达国家，要为学龄前儿童提供广泛的受教育机会，仅靠发展正规的机构教育是不现实的。从世界学前教育发展趋势看，学前教育呈现出多种形式和功能，非正规机构

教育占有较大比重，这也表明其区别于普通学校教育的独特性。其实，我国从 20 世纪 90 年代以来就在探索各种非正规教育形式，充分发掘社会和社区中的人力、物力资源，因地制宜，发展学前教育，为大多数儿童提供尽可能多的学前教育机会。特别是在一些边远贫困地区，积极尝试各种灵活多样的非正规教育形式，探索出了宝贵的经验，如河北、安徽、广西等地区出现了幼儿活动站、游戏小组、巡回辅导站等，内蒙古草原牧区创建了“大篷车”流动幼儿园，解决了当地幼儿的学前教育问题，受到了广泛的支持和欢迎。

随着终身教育概念的提出，当前学前教育的社会职能已经不限于学前教育机构内的幼儿，而是扩展到家长和社区公众。与此同时，家长也是学前教育的重要力量和资源。国务院颁发的《九十年代中国儿童发展纲要》中，不仅有直接指向儿童的指标，还有非儿童发展性指标：前者指儿童入园率，后者则是指 14 岁以下儿童家长接受科学育儿指导的百分比要逐步提高。1997 年 3 月，国家教委、全国妇联联合制定了《家长教育行为规范》并专门颁发通知。这表明，学前教育要通过教育家长，扩大社会宣传，增强公民的教育意识，鼓励公众关注、支持和参与学前教育，在此过程中提高其自身素质，也有利于创造良好的家庭和社会大环境，为儿童的发展带来积极影响。

贯彻我国学前教育事业的发展方针，一定要树立大教育观念，这就要求学前教育从自我封闭的体系中走出来，增强开放意识，将学前教育自身的需要置于社会发展与经济变革的大背景中去考虑，让学前教育与学校教育以及家庭、社会紧密联系起来，创造一体化的教育环境。

学前教育要适应多种需要，要把办教育的形式和渠道、途径等综合起来加以考虑，拓宽发展空间，扩大教育的受益范围，为更多儿童提供受教育的机会和条件，更好地实现服务社会的功能。处于经济体制转型的情况下，学前教育要主动适应社会的发展和变化，研究新情况，解决新问题，要从各地实际和不同需要出发，积极探索灵活多样的办学形式。例如，提供半日制或全日制、农村季节制等服务类型，还可以有交叉轮换制、周末开放等灵活服务的形式，又如同龄班、混龄班、亲子活动小组等正规与非正规结合的形式。

总之，学前教育要在服务社会、满足多样化教育需求的同时，实现自身的发展和壮大。

（二）我国现行学前教育管理体制与管理原则

在我国，国家对各级各类的教育管理实行中央和地方两级管理体制。中华人民共和国成立以来，随着学前教育事业的发展，相应的管理体制也在逐步建立和完善。1985 年，中共中央《关于教育体制改革的决定》进一步明确了“要把发展基础教育的责任交给地方”，指出实行“基础教育地方负责、分级管理的原则，是发展我国教育事业、改革我国教育体制的基础一环”。学前教育属于基础教育的一部分，管理体制被确立为“地方负责、分级管理和有关部门分工负责”。

1987 年，国务院办公厅转发原国家教委等部门《关于确立幼儿教育事业领导管理职责分工请示的通知》，明确了幼儿教育事业“必须要在政府的统一领导下”“实行地方负责、分级管理和有关部门分工负责”的原则。1989 年，经国务院批准的《幼儿园管理条例》又以法规形式将这一体制确立下来。“地方负责、分级管理和有关部门分工负责”既是我国现行的学前教育行政管理体制，又是学前教育事业管理的基本原则，是为贯彻我国学前教育事业发展方针并和方针相一致的领导与管理原则。

正确认识这一原则的基本含义，才能更好地贯彻实施。

1. 政府负责，学前教育事业管理地方化

学前教育是基础教育的一部分，把发展学前教育的责任和权力交给地方，是为了充分调动地方发展学前教育的积极性，使地方能够根据当地经济和社会发展的实际需要，统筹规划，合理布局，使学前教育更好地适应和满足当地群众生产、生活的需要。学前教育事业管理体制的地方化也有利于因地制宜地加强领导和管理，有利于我国学前教育事业发展方针的贯彻落实，实现办园途径多渠道和办园形式上的灵活多样化。再有，地方负责可以使我国学前教育事业的管理体制和基础教育的管理体制有所衔接和协调。

地方负责实际上意味着政府负责，强调地方各级人民政府要把学前教育作为具有独特性的重要事业来抓。一方面要贯彻国家有关学前教育的方针政策、法规和宏观规划；另一方面还需要根据当地实际，对地方学前教育事业作出规划和合理布局，制定地方的具体政策、规章与制度，管理当地各类学前教育机构。

《幼儿园管理条例》从颁布至今已有20余年，实践证明，把管理权限下放到地方，有益于各级政府增强责任感，加强对学前教育工作的领导，把学前教育纳入本地经济和社会发展规划，综合予以考虑和实施，从而推动事业的发展，并形成地方特色。

2. 分级管理，教育行政部门发挥主管作用

教育行政部门作为政府的教育职能部门，要发挥主管作用，实现行业化、专业化的管理。

教育行政部门是政府管理各级各类教育的职能部门，担负着当地政府有关学前教育决策的参谋者和贯彻执行的组织者责任，主要职能是“综合管理、社会协调、业务指导”。《幼儿园管理条例》在确定“地方负责、分级管理”这一原则时，还规定“地方各级人民政府的教育行政部门，主管本行政辖区的幼儿园管理工作”，主管的内容就是教育行政部门的具体职责。对此，1987年国务院办公厅转发的原国家教委等部门《关于明确幼儿教育事业领导管理职责分工的请示的通知》（69号文件）中，对教育行政部门明确规定了6条职责。

2003年，国务院办公厅转发教育部等部门《关于幼儿教育改革与发展的指导意见》（以下简称《意见》）中，对教育行政部门的职责作了适当调整：在贯彻相关规章制度、行政法规的同时，要制定事业发展规划并组织实施；制定相关标准，实行分类定级管理，向有关部门提出对幼儿园收费标准的意见；建立幼儿教育督导和评估制度；培养和培训各类幼儿园园长、教师，建立园长、教师考核和资格审定制度；具体指导和推动家庭幼儿教育；与卫生部门合作，共同开展0～6岁儿童家长的科学育儿指导。伴随着《意

见》的颁布，多种形式促进 3 岁前婴幼儿身心发展和提高家长科学育儿能力的教育机构应运而生，如各种类型的亲子园。幼儿园也将视野投向社区，针对社区 3 岁前的婴幼儿及其家庭开展了灵活多样的教育与服务。

关于中央和地方两级管理的职责，《幼儿园管理条例》中作了明确的规定："国家教育委员会主管全国的幼儿园管理"，原国家教委作为执政部门，主要的职责是决策，确定全国幼儿教育的大政方针，实施宏观管理。国家教委的有关司处，按照"统一领导、分工负责"的原则统一管理全国幼儿教育工作。根据《政府机构改革方案》，国家教育部已于 1998 年 8 月基本完成了机构内部的精简，职能的调整还需要逐步推进。

关于地方的职责，《幼儿园管理条例》指出："地方各级人民政府的教育行政部门，主管本行政辖区内的幼儿园管理工作。"地方各级教育行政部门在地方各级人民政府的统一领导下，行使管理教育的权力。其中，省地市教育行政部门属于行政层，职责是承上启下，既要贯彻中央的决策，又要对地方的学前教育事业进行宏观管理，加强地方法规建设，制定规划，对当地学前教育工作进行指导、监督。

县乡包括区和街道在学前教育行政体系或结构中属于管理层，即基层学前教育行政组织，职责是贯彻执行国家和上级的方针政策，制定发展本县、乡学前教育的具体计划和实施方案，直接负责本行政区各类托幼机构的管理和领导，起着具体实施学前教育行政、予以管理指导的关键作用。具体来说，基层学前教育行政工作主要包括以下内容。

（1）统筹管理辖区内的托幼园所

贯彻落实国家教育方针和上级教育行政法规，制定适合本地区的具体规章制度并逐步完善，管理和领导园所的工作；协调各相关职能部门，如卫生、妇联、财政等部门，重视、支持学前教育的发展；依据国家的相关政策和法规，制定适合本地区的具体规章制度；与辖区内不同类型、不同办园体制幼儿园的举办者建立良好的共建关系，为幼儿园的发展创设良好的氛围；在全面分析本地区各类园所状况的基础上，统一规划本地区学前教育事业发展的数量、质量要求，在此基础上进行分类分层指导，推动整个地区内学前教育事业的发展。

（2）对各类型托幼园所进行管理和指导

督促和促进托幼园所依法办园、规范管理。包括对区域内各种类型幼儿园（公办园、社会力量办园等）的登记注册，办园条件的审核，园长、教师任职资格的备案、保教质量的监控等。

同时，要对所辖区域的园所进行定期视察指导和专题调研。包括了解幼儿园执行教育政策法规的情况，进行督导或视导，帮助园所分析问题、改进工作、促进保教质量的提高。同时，承担向教育行政机关和政府提供反馈报告的职责，使其能够掌握所辖地区学前教育事业发展的状况，作为规范学前教育事业发展和改进工作的依据。可以通过多种方式对幼儿园进行视导，全面深入地掌握情况，评价现状。再有，可以通过定期的会议、观摩、研讨等活动，加强幼儿园之间的交流互动和资源共享，促进区域内学前教育的均衡发展。

（3）办好示范园、中心园，以点带面地建立业务网络

教育行政部门的一项重要职责是办好示范园、中心园。基层学前教育行政要通过示范园建设，从园领导班子建设、师资建设、办园特色、管理制度和教育科研等方面进行指导，提出具体的落实措施，促进示范园提高保教质量，办出特色，发挥示范作用。应注重把示范园建设和形成辖区学前教育业务网络结合起来，在各类园所之间建立经常化联系，以点带面，发挥示范和辐射作用，推动所属地区学前教育工作的开展。

（4）注重教师培训和队伍建设

制定辖区内幼儿园教师队伍建设的规划和重点措施。可以把教研培训与幼儿园师资、干部队伍建设结合起来，提升其教育专业素质和管理能力。要把师德建设放在师资队伍建设的首位，在此基础上，通过有计划地教研活动和培训工作，提升教师的专业化水平和素养。基层教研人员应协助配合各时期行政工作的重点，开展各种形式的教研活动。可以依地区、分片组建教研

组，进行研讨和观摩，有针对性地组织讲座，有目的、有计划地开展对教师及相关人员的培训。

（5）支持社区教育工作和家庭教育指导

2003年颁布的《关于幼儿教育改革和发展的指导意见》对教育行政部门的职责作了一定的调整，增加了“做好社区教育工作及家庭教育指导工作”的内容。基层学前教育行政部门要与本辖区卫生保健、妇联、街道等部门协调，共同支持幼儿园开展社区教育工作及家庭教育指导工作，提升辖区内幼儿及其家庭的受教育率。要了解家庭与社区需求，引导各类型幼儿园“开门办园”，同时发现和支持民间有益经验，采用适宜形式，如游戏小组、社区活动站、向社区开放园所提供设施设备、入户指导、开办亲子园等，为社区内婴幼儿及其家长提供服务与指导。

自《幼儿园管理条例》颁布以来，我国学前教育行政管理体制逐步建立起来，学前教育行政的职能作用日益突出，成为学前教育事业发展的组织保障。各地也在逐步理顺体制，加强教育行政组织机构的自身建设，改变多重领导和缺乏管理并存的状况。

3. 分工负责，学前教育事业管理社会化

学前教育是一项综合性的社会事业，涉及非常广泛的领域，如卫生、福利、文化、民政、经济等诸多方面，学前教育管理除了地方负责、分级管理之外，还需要有关部门分工负责。这就意味着政府的各个有关部门要对学前教育事业承担相应的职责，同时教育行政部门也要主动协调，形成发展的合力。

2003年，国务院办公厅转发教育部等部门制定的《关于幼儿教育改革与发展的指导意见》，在已有文件的基础上，结合新时期的要求，对有关部门的职责作了如下调整：

卫生部门负责拟订有关幼儿园卫生保健方面的法规和规章制度，监督和指导幼儿园卫生保健业务工作，负责对0～6岁儿童家长进行儿童卫生保健、营养、生长发育等方面的指导。

教育行政部门会同财政部门和价格主管部门按照不以营利为目的的原则，制定幼儿园（班）收费管理办法。明确提出了要保证低收入家庭、流动人口子女等享有接受教育的机会。

建设部门要会同教育行政部门在城镇规划中合理确定幼儿园的布局和位置，在城镇改造和城市小区建设中，要建设与居住人口相适应的幼儿园。特别对新建小区和旧区改造的幼儿园作了规定。

民政部门要把发展学前教育作为城市社区教育的重要内容，与教育行政部门共同探索依托社区发展学前教育的管理机制和有关政策。

劳动保障部门则要保证城市、农村幼儿教师的合法权益。

编制部门要会同教育部门、财政部门制定幼儿园教职工编制标准。

要充分发挥各级妇女儿童工作委员会和妇联组织的作用。

学前教育是涉及各个行业、领域和部门的社会事业。作为政府主管教育的行政部门，社会协调是其非常重要的管理职能，所谓主管意味着要主动争取政府及其他部门和社会力量如卫计委、妇联与社区的参与和支持，搞好社会协调，从而对学前教育实施综合管理。

二、深化我国学前教育体制改革

（一）现行学前教育发展与管理体制存在的问题

在过去的 30 余年里，我国学前教育的发展有目共睹，很多方面都取得了积极成效。尽管如此，我们也要看到存在的问题。我国目前的教育管理体制是 20 世纪 80 年代中期逐步建立起来的，并在不断地推动着事业的发展。应当承认，现行的教育行政体制依然存在不完善的地方，这种不完善既涉及体制自身的局限，特别是中央集权制带来的诸如制度僵化、统得过死、资源无法有效利用、教育与社会脱节、效率不高等问题；同时，经济体制转型的时代背景和社会变革的环境，也越来越暴露出现有的教育体制与社会经济发展的新形势不相适应的新情况、新问题，以及学前教育管理如何遵循自身特点的问题。因此需要不断深化改革。

分析起来，现行学前教育体制的不完善比较突出地表现在如下几个方面。

1. 条块分割，各自为政，协调统筹功能欠缺

长期以来，我国实行的以中央集权为主的教育管理体制尽管经过多次调整，仍然未能处理好条与块之间的关系。也就是说，教育系统垂直领导与当地政府横向领导之间的关系如何协调平衡的问题没有很好地解决。

一方面，中央和地方各级教育行政之间的关系没有完全理顺；各级政府和教育行政之间的管理权限仍然存在不够明确、清晰的地方。另一方面，政府和教育行政部门对其他部门领域的社会协调和综合统筹功能①依然不足。教育职能归口演化成为单一部门管理，而未能整合多方面的行政资源。例如，教育行政部门与卫生、财政、人事等部门的合作尚处于初级阶段，至今依然没有建立长效机制来进行规范和提高。又如，社会力量办园包括机关、企事业、部队、高等院校等为举办者的幼儿园，教育行政部门与举办者缺乏沟通和协调，或者沟通和协调无效，有时会出现举办者颁发一个文件就让幼儿园停办的情况，教育行政部门只是对此进行备案登记。教育行政部门仅限于业务指导，对辖区内学前教育资源综合统筹管理乏力；同时，以往妇联在动员社会力量、发挥对学前教育管理上予以协调配合方面的作用也大大减弱。

教育行政部门内部也表现出各自为政的倾向，缺乏横向沟通和协调。例如，伴随着农村劳动力的涌入，在一些大城市周边的农村地区或城乡交界地区，出现了为外来人口子女提供教育服务的学前教育机构，这些机构以其低收费、服务灵活等特点，解决了绝大多数外来人口子女的受教育问题。目前政府及相关职能部门依然局限于计划经济下城市户籍人口管理的思路和措

---

① 2015 年 10 月世界银行发布了对中国幼儿教育的调研报告，认为中国为早期儿童发展创造了良好的政策环境，有较为完善的框架体系和明确的发展目标，但部门之间的协调存在问题，不同地区和城乡之间的差异较大，政策评估体系有待完善，各省均有三级优质幼儿园评估体系，却缺乏幼儿园的最低质量认证标准。

施，并未将这类学前教育机构纳入管理范围，在教育行政内部各部门尚未有明确的职责分工，导致各职能部门面对这一问题往往互相推诿扯皮，从而迟迟不能明确职责，也没有拿出适宜的管理办法。

此外，在强调政府对教育实施主管职能的同时，对于如何发挥社会参与管理的积极性，也没有给予应有的重视。

2. 教育行政管理职能窄化，管理范围与手段方式局限

对于学前教育这一社会事业，教育行政管理相对属于专业化、行业化管理，其职能窄化不同于综合管理的部门。加之长期的习惯和思维定势，管理范围注重微观，管理方式多表现为直接管理，限制多，管理中易出现越位、错位和缺位现象，即该管的没有管，不该管的却干涉过多。

越位现象：教育行政干预或限制过多，统得过死，管了不应该管的事情，托幼机构的自主权受到削弱。

错位现象：中央、地方、部门之间分工不明，职责不清，导致政出多门，交叉错位。例如，街道幼儿园在体制上属于集体所有制，原则上是政府办园，实际定位为民办，职能定位的模糊导致一些城市的街道幼儿园却出现举步维艰，无法办园，甚至被随意撤销、取缔的现象；幼儿园教职员工的职称评定无法进行，人事档案管理政策交叉错位。教育行政部门的一些管理办法的出台缺乏调查研究的依据，主观随意性强。例如，近年来，各地以规范学前教育为名，针对所谓的“学前班小学化”趋向，纷纷出台“取消学前班的规定”，这一政策的出台无视客观条件和学前班事实上在满足社会弱势儿童受教育需要方面所发挥的作用，未进行认真的调查和分析，甚至一刀切地取消城乡所有小学的附设学前班，从而导致了新的入园难。

缺位现象：该办的事情没有真正抓起来。行政的自主性比较弱，遇到一些新问题，教育行政部门习惯于等待，或依赖上级行政部门和政府部门给出相应的政策，依照执行。“不求有功，但求无过”的思想倾向较为突出，面临新情况往往缺乏作为，主动性较弱。

3. 资源未能统筹调配，资源短缺和浪费并存，地区和城乡之间的差距

拉大

目前政府办园的投资渠道，教育资源没有能够统筹调配，存在资源短缺和严重浪费并存的现象。自 2010 年《国家中长期教育发展规划》实施以来，国家和地方财政对学前教育的经费拨付力度加大，然而对各类型幼儿园未能明了其间的差异性，而是简单化地统称为公办性质的幼儿园，实施整齐划一、不加区分的管理；教育财政制度依然延续计划经济的办法，没有发挥政府在维护公平方面向处于社会弱势地位的低端人群倾斜的托底作用，人为加大了托幼机构之间的差距，造成教育资源短缺和严重浪费并存，以及两极分化①等现象。近年名园办分园、扩大所谓优质教育的做法，导致了资源过度集中，人为地制造差距，破坏了教育生态，其实是违背教育管理规律，加大了风险，分析其背后的原因还是政绩的驱动。此外，长期以来，大一统集权体制以及相应意识形态的影响，对民间办学仍有很多束缚和限制，不利于其积极性的发挥。基于我国国情和经济体制转型的需要，如何统筹调配资源，使有限的资金发挥最大效益，如何让更多机构和儿童受益，相关的政策滞后，迫切需要研究和探索。

4. 办园形式以正规化为主，托幼机构封闭办园，面向社会服务的意识不够

迄今，办园形式仍以正规的全日制为主，托幼机构关门办园，面向社会的服务意识较差。这显然与教育行政的指导调控导向有关。在一些地方，教育行政只注重对有一定规模的正规幼儿园予以关注和指导，其他则忽略不计或一刀切地称之为“黑园”。在观念上存在着就教育谈教育的倾向，强调学前教育机构的正规化、标准化，以单一正规化的标准衡量全部的学前教育机构，而不顾各地发展不平衡的实际条件，以及社会对于学前教育多样化的需求，导致教育与社会脱节，学前教育的社会服务功能未能得到有效发挥。

我国的学前教育机构首先是在城市发展起来的，这一现实有着历史必然性。然而，长此以往，也导致了对学前教育的发展限于以城市为本位和中心

① 2015 年 10 月发布的世界银行对中国幼儿教育调研报告。

的管理观念。这种狭隘的教育发展思路，以及相应的以正规化作为参照的管理策略，既不符合世界学前教育的发展趋势，也与我国经济体制转型的新形势相背离，在一定程度上制约了学前教育事业的发展，对于我国今后农村学前教育的大发展是不利的，迫切需要改变。

体制方面存在的问题，在相当程度上是源于对有关学前教育性质、功能的认识方面还存在偏差，把学前教育更多地等同于一般学校教育，强调其教育性，而对其特有的社会福利性、公益服务性、保育性等广泛综合的功能认识不足。加之长期以来受苏联影响，学前教育基于国家包办和划一、统一的思路。近年来，条块分割、各自为政愈益严重，过于强调正规化，重视垂直的专业化管理，各职能部门缺乏协调，无法整合行政资源来实施综合管理。因而需要对学前教育进行正确定位，在明确其独特性质和功能的基础上，探索学前教育体制改革的思路和适宜的途径。

（二）深化学前教育体制改革的要点

学前教育行政体制改革是一个历史范畴，是动态的、不断深化和逐步完善的过程。一方面，要把学前教育体制改革纳入社会改革和教育整体改革之中，予以综合考虑；另一方面，还要根据学前教育的特点以及面临的特殊问题，积极实践、努力探索适宜的途径；再有，联系世界学前教育改革的动向和发展趋势，有助于澄清并明了我国学前教育的发展以及管理体制改革的大致方向。

正如中共中央《关于教育体制改革的决定》所指出的，体制改革的最终目的是要多出人才、出好人才，要实现每个儿童受教育的权利、儿童发展权利这一国家目标，就需要通过建立有效合理的学前教育管理体系和运行机制，创造有利于学前教育发展的环境条件。

深化学前教育体制改革，需要在对学前教育性质与社会功能加深认识的同时，关注如下问题。

1. 政府简政放权，转变职能，理顺关系，提高效率

教育行政体制改革应该建立起中央、地方、学校、社会和谐统一的关

系，即“中央统一领导、地方分级管理、学校自主办学、社会参与管理”这样一种良性机制。改革是一个系统工程，体制改革中，政府必须首先简政放权、转变职能和理顺关系。

（1）中央和地方关系上，坚持基础教育管理地方化，简政放权。

（2）明确政府和教育行政部门对学前教育管理的权责关系，注重发挥政府对教育行政部门以及各有关职能部门比如民政、妇联与卫计、计划、财政等部门的统筹协调功能。教育行政部门作为主管教育的职能部门，应当主动与有关部门联系，强化社会协调功能，使各职能部门对学前教育既有分工又密切联系、协调配合，形成合力。

（3）各级教育行政部门进一步理顺关系。一方面要注重发挥上级即地方政府和教育行政部门的宏观指导和统筹协调的作用，同时又要加强基层教育行政对辖区内的学前教育机构及设施的管理。教育行政部门要作为统一的整体发挥作用，以政策、法规、信息等手段加强对各类型托幼机构的调控服务和教育视导督导，管理方式由直接的行政管理向间接管理转化。

（4）改善政府及其教育行政部门同教育机构也即托幼园所的关系，下放办学自主权，增强园所办学的动力和活力，并建立和完善相应的法规政策，依法行政和加强服务。在经济体制转型的背景下，政府及相关职能部门要明确角色定位，依法行政，加强社会管理和公共服务职能，认真贯彻中央政策法规，健全配套规范和措施，规范和限制政府行为。这其中，改变以往习惯性的行政指令工作方式，增强服务意识是非常关键的。

2. 深化办园体制改革，鼓励多元投资，研究扶持政策

幼儿园办园体制是指国家规范办园行为的体系和制度，涉及办园批准权限、办园规划、办园主体和办园经费等，解决谁投资、谁办园、谁管理的问题。我国学前教育以往主要是在城市发展，以国有资金为主要经费来源。但我国还有占人口大多数的农村地区，学前教育事业要有较大的发展，就要把发展重点转向广大农村，特别是中西部地区，仅仅限于国家投资的单一办学形式，由各级政府、各单位部门包揽各种资源是不现实、也是不适宜的。当

今向市场经济转型的新形势下，作为社会公益性、公共福利性和服务性的学前教育，要走向社会，纳入社会服务体系，必须拓宽自我发展的空间和渠道。政府对学前教育负责，并不意味着包办教育，更重要的是要确立正确的事业发展的方针政策，建立并完善相应的制度法规，为学前教育的发展创造适宜的环境与条件。我国学前教育事业的发展方针是："动员社会各方面力量，多渠道、多形式发展幼儿教育事业。"贯彻落实这一方针，必须深化办学体制改革，鼓励多元投资并研究制度化的财政扶持办法。

（1）继续坚持"谁办园谁出钱，谁受益谁负担"的原则，建立财政支持、举办者投资、幼儿家长缴费、社会捐资、幼儿园自筹等多元投资机制。鼓励多种办学形式，广泛吸收社会资金，发展学前教育事业。特别是要将发展各种形式的民办园作为学前教育事业的重要组成部分，而不是仅限于作补充。要在深入探索、实践的基础上，建立相关的扶持政策，并提供服务。

（2）推动社会力量特别是企事业单位办园的转型，改革学前教育的财政投资体制，实现社会、个人、国家分担教育的投资机制。

（3）研究新形势下的新问题，为事业的发展特别是各种新的办园类型，比如民办园、转制园、非正规学前教育机构包括未经审批的托幼园所等，出台适宜的制度规范，给予相应的支持。在有关产权、收费、园所法人地位等方面，进一步理顺职责权限，引导办园方向。

（4）要建立向弱势人群倾斜的政策措施，包括最基本的办园标准而非高标准①，让弱势幼儿包括农村幼儿、低收入家庭和城市外来务工人员子女享有接受学前教育的机会。

概言之，政府的管理主要不是直接办教育，更不能想当然地以统一的标准，简单化地管理一切托幼园所，而是体现在创设鼓励和扶持各种社会力量办学的社会环境，特别是为自下而上的发展学前教育提供政策支持。目前迫切需要在相关政策、制度上有所创新和突破。要提供宽松的条件，提高社会各方面特别是民间力量发展学前教育的积极性。值得高兴的是，一些地方政

① 2015年10月发布的世界银行对中国幼儿教育调研报告。

府在改革学前教育制度，建立与国家政策相应的配套管理办法方面已有所行动①；有的地区对公益性办园机构通过试行购买服务，给予扶持鼓励等。关键是要实事求是地研究、分析问题，才能有相应的管理办法的创新。

3. 发展社区教育，强化社区管理功能

我国学前教育事业的管理，在相当长的时期内是所谓的条条管理，即各级教育机构主要接受上级教育行政部门的指挥，形成一种垂直型领导关系。

自1985年教育体制改革以来，中央就提出要简政放权，加强地方政府对教育的责任，即突出所谓的块块管理。进入20世纪90年代后，我国实行经济体制改革，由计划经济转入市场经济，这一社会变革不仅要求对教育的管理要理顺中央和地方的关系，还意味着教育要特别关注社会的需要，面向社会来兴办教育，并在教育事业的发展和管理上，理顺政府与社会的关系、教育与市场的关系。社会化、社区化是学前教育事业发展的趋势，因此，强化社区的功能，探索学前教育社会化、社区化的管理模式势在必行。

其实，无论是从理论上，还是从组织和环境的相互关系上，都不宜就教育谈教育，而是需要分析环境的变化，研究教育发展的途径，使教育能够很好地适应环境。从现实的需要和要求来看，特别是在经济体制转型时期，需要按照社会变化带来的新需求调整思路和形成对策。比如，20世纪90年代以来，我国实行市场经济，教育作为第三产业要注重研究社会变革带来的新情况、新问题，了解社会变化带来的新需要，主动为之服务。党的“十五大”进一步明确了企业改革的思路，要加大国有企业改革的力度，提出逐步建立现代企业制度，其中重要的一环就是分离企业的社会服务职能，托幼机构等作为后勤的一部分，逐渐从企业中分离，使学前教育走向社会。“十五大”又提出，积极推进各项配套改革，建立社会保障体系。2007年的“两会”明确了实行社会统筹和个人账户相结合的养老和医疗保障制度，完善失

① 2003年8月大连市出台了《关于加强农村非正规学前教育机构管理的意见》（大教[2003] 40号）。

业保险和社会救济制度，提供最基本的社会保障。民政部《关于民政事业九五计划和2010年远景目标纲要（草案)》中也提出，要建立社区服务中心，实现每个街道都有一个社区服务中心，基本建立起多种经济成分并存、服务门类多样、服务质量和管理水平较高、效益较好的社区服务网络。这表明，社会发展对学前教育事业提出了新的要求，也提供了有利条件。学前教育走向社会，纳入整体的社会服务保障体系，并成为社区工作的有机组成部分，是社会发展的必然。

社区和人们的生活息息相关，城市管理体制正在走向“政府—社区—居民”模式。社区既是学前教育的兴办主体，又是学前教育的直接受益者。

在市场经济体制已经确立的今天，“单位人”已经转变为“社会人”，人们对教育的需求越来越多样化。原来由国家和企事业单位举办的正规幼儿园已经不足以满足人们的教育需求，以单一模式、整齐划一地开展正规学前教育也已经不能适应社会的发展，教育权正在回归社会，“小政府，大社会”的理念正在成为教育事业发展的指导思想。社会上特别是社区中存在的大量由民间兴办的非正规学前教育机构，在满足多样化需求和适应不同人群方面有着正规幼儿园所不具备的优势，可以作为正规教育的替代或补充，二者之间也可以形成相互渗透、联系及相互促进的关系，共同推动我国学前教育事业的发展。从学前教育的对象或受益者的角度，这些多样化的办学形式也满足了他们对学前教育的选择权。社区非正规学前教育对于城市低收入人群以及十几年来日益增加的流入城市的外来务工人员的学龄前子女的教育需求提供了一种现实的解决途径。

本届政府基干科学发展观和创建和谐社会的方针，提出了“走群众路线”的发展思路，“高手在民间”，这意味着相信群众和民间自下而上的力量。1949年以来直到20世纪80年代的生育高峰，都未出现幼儿入园难的问题，正是因为遵循了群众路线。在新的发展形势下，学前教育要能够适应社会需求，让更多儿童接受应有的学前教育，在全社会共享改革成果，实现社会公平与教育公平，更是离不开这一发展思路。特别是目前实施全面二孩政策的背景下，对托幼服务又形成了新的需求。应对这一局面必须摆脱已有的思维惯性，摆脱简单化的管理方式，向历史汲取经验，相信和依靠群众，尊重基层及民间自发的创造精神。学前教育要回到人，回归常识和朴素生活，而不是自我设限，强调单一标准，要鼓励依托社区的适应多元需求、差异化的托幼形式①。

鉴于学前教育的性质与功能，发展和管理学前教育事业也是一个综合性的问题，政府的统筹协调、建立跨部门管理体制和运行机制极为重要。这也是被其他国家的学前教育管理实践所证明了的：或是以综合性政府部门实施管理，或是实行跨部门管理。学前教育涉及广泛的社会领域，类似计生、安全、志愿者等问题，并不是单一职能的教育行政部门所能够独立解决的。近年来有的地方实行跨部门管理，开创了联席会议制度的好办法②。

探索跨部门管理，社区可以发挥更大的作用。所谓“上边千条线，下边一根针”，要在属地管理上应有所作为。社区内的基层管理机构街道办和社区内的群众组织居委会，在了解社区情况和居民需求方面具有优势，比如掌握社区内人口的数量，各年龄段的幼儿数等，在了解实际情况的前提下进行规划，同时可以组织社区内各方面的力量和资源，考虑将教育的发展以及对非正规教育的管理纳入社区发展规划。又如，提供信息渠道、招募志愿者等，在供需之间搭建联系的桥梁，实现二者的结合，教育与社区发展同步。就目前的现实条件而言，教育行政部门要增强与街道和社区的联系，密切双方关系，积极探索适合社会需要的学前教育形式与适宜的管理方式，探索在市场经济条件下，在对社区非正规教育的管理上，相关职能部门与社区的相互关系和联系问题。事实上，中华人民共和国成立 60 多年来，已经积累了

---

① 张燕. 学前教育，小的是美好的——写在四环游戏小组成立 12 周年之际 [J]. 学前教育，2016 (7/8).

② 2015 年 10 月发布的世界银行对中国幼儿教育的调研报告指出，上海建立了由人口、计生、公安等部门组成的联席会议制度，研究对外来儿童的学前教育保障问题，对学前教育的规划、财政投入、项目建设等进行整体决策，创设了摇号、积分进入有余量的公办幼儿园、民办三级幼儿园等多种机制，降低外来流动儿童的入园成本。

一些成型的经验和管理办法，如发挥街道妇联的作用等。对于好的经验和办法，应当加以吸收和借鉴，保证政策的连续性，形成合力。

社区学前教育可以实现供需对接，就地取材、守望相助、就近便利地满足社区居民的需要，不仅有益于城市学前教育体制改革的探索，同时作为我国学前教育发展的重点和难点的农村，处在当前的社会背景下，发展社区教育可以从一开始就很好地借鉴以往经验，跳出教育看教育，从体制上打破条块分割的状况，充分发掘社区教育资源，更好地发挥学前教育的社会服务功能，探索一条学前教育事业发展的新思路。

总体上说，社区学前教育的发展既是世界学前教育改革和发展的趋势，同时也符合我国可持续发展的国策，有利于增强教育与社会、社区互为条件、双向互动、共建共享的关系，从根本上优化整体的社会环境。近年来，我国一些地方的社区教育实践已经有了成型的经验，积累了行之有效的方法。基于以上认识，国家教育部把发展社区教育作为今后一个阶段学前教育事业发展的重要任务之一，提出“依需要与可能，社区可举办多种形式的正规与非正规幼儿教育机构”，并逐步明确了“幼儿教育的发展方向应该是建立以社区为依托的、适应当地经济和社会发展的、正规与非正规相结合的组织形式”“积极探索以社区为依托，多种正规与非正规托幼机构及家庭教育服务设施相结合的区域性早期教育服务网络”①②。随着实践的发展与改革的深化，需要直面问题，勇于承担，主动协调，研究配套的政策措施与相应的管理办法，进一步探索学前教育社会化、社区化管理的适宜有效的模式，推动我国学前教育事业的健康发展。

---

①《国家教育委员会、国家计划委员会、民政部、建设部、国家经贸部、全国总工会、全国妇联关于企业办幼儿园的若干意见》(1995)；《中国全民教育发展国家报告》(2001).

②《全国幼儿教育事业“九五”发展目标实施意见》(1997).

思考与练习

1. 什么是行政？教育行政及其性质和特点是怎样的？

2. 学前教育行政体制的含义是什么？

3. 了解一些主要国家的学前教育发展及其管理概况，认识世界学前教育与管理的发展趋向。

4. 我国学前教育事业的发展方针是如何表述的？你对这一方针如何认识？

5. 我国学前教育管理体制是怎样的？如何理解这一管理体制？为什么要将这一管理体制和原则以法规的形式确立下来？

6. 教育部门的管理职责是什么？基层学前教育行政的职能涉及哪些方面？

7. 我国现行学前教育管理体制存在哪些问题？谈谈你对新形势下深化学前教育管理体制改革的看法。

8. 结合你对学前教育性质与社会功能的认识，谈谈发展社区学前教育和强化社区管理的必要性。

案例分析

案例 10.1 青岛“承办制”办园体制改革的启示

山东省青岛市自 1991 年开始，历时 7 年，在城市学前教育体制改革方面，闯出了一条新路子，创造了具有导向性、超前性和可行性价值的经验。他们的具体做法是：从改革企业办园体制入手，建立以“承办制”为主题的幼儿园管理体制。

（一）改革的两个阶段

1. 调研探索试验阶段（1991—1995年）

在计划经济体制下，企业办园的人、财、物等具体事务全部由企业包办。这种办园模式，导致企业在精力、财力上负担过重。市场经济的到来，特别是企业经营机制的转换，无情地冲击着企业办园。1991年，青岛有些企业在“企业不办社会”思想的指导下，力图一步到位，将幼儿园推向社会，撒手不管，致使部分企业幼儿园一度出现关、停、并、转现象，同时也波及其他类型的幼儿园，造成教育资源的浪费。

经过细致的调查研究，青岛市有关部门认识到，解决上述问题，根本的办法是适应企业改革的需要，改革企业办园体制，使企业办的幼儿园与企业分离。适时的做法就是实行企业内部自我分离式过渡性办园体制改革。

1994年8月，市政府在国棉六厂召开了青岛市企业办园管理体制改革经验交流现场会，认真总结推广了经济效益好、中、差有别的港务局、国棉六厂、一木集团公司三种类型企业办园体制改革的经验，在总结深化企业内部机制改革过程中，在幼儿园试行“承办制”办园做法的基础上，对全市企业办园提出了“企业内部自我分离式承办制”为主题的办园体制改革基本思路。经过实施，效果明显，使占青岛市市区幼儿园总数45%的企业办园呈现一派生机。

2. 初步总结经验与在市区推广阶段（1995—1998年）

企业办园体制的成功，为其他类型办园体制改革走出了一条新路。这使青岛市教委更加坚定了各类幼儿园办园体制改革逐步走“承办制”的信心与决心。于是因势利导，通过试点，在市区推行“承办制”，使市区幼儿园在主办单位拨付的工资统一“断奶”的同等条件下竞争。经过3年努力，“承办制”在实践中不断充实、扩展与完善。如市南、四方两区教育行政部门对自办的6所和4所幼儿园，在工资全额“断奶”的情况下，分别收取了75%和50%的托幼费，作为园所建设、维修、添置图书教学设备和年终奖励资金，并对教师统一调整使用，做到了宏观调控，资源共享，优势互补，自主办园。目前市区政府、企业、街道、教育行政部门、社会和群众团体、部队、学校办的247所幼儿园，70%实行了“完全承办制”，30%实行了“差额补助式承办制”。“承办制”的实施，使全市市区幼儿园呈现出一派生机。

（二）改革的主要内容

1. 明确办园模式。由原来主办单位全权负责幼儿园的人、财、物及具体事务管理的主办单位“包办制”，改为“园长承办制”。

2. 明确幼儿园的属性及资产性质。

3. 明确主办单位、园长、幼儿园三者的关系。主办单位是主办者；园长对主办单位而言，是承办者；园长对幼儿园而言，是自主办园者。

4. 明确主办单位的权利、义务。主办单位为幼儿园提供园舍、设备等基本办园条件；负责大型设备的更新与维修；帮助幼儿园消化富余人员；依据《幼儿园工作规程》对园长任职条件的规定，招聘、解聘园长；保证幼儿园教职工“三不变”，即正式职工身份不变、政策性调整工资不变、医疗保险待遇不变。

5. 明确园长的权利、义务。幼儿园实行园长负责制，园长有权带领幼儿园进入市场，面向社会、风险抵押、自主办园、独立核算、自负盈亏、自我发展、自我完善。园长要依法治园，坚持正确的办园方向，贯彻国家教育方针，保证幼儿在体、智、德、美诸方面和谐发展。园长负责筹措教职工工资、福利、奖金、园长基金及小型设备、玩教具购置资金。

青岛市以“承办制”为核心的城市办园体制改革已全面铺开，且在进一步完善。实践证明，“承办制”能有效提高幼儿园的竞争意识和竞争能力，掌握办园主动权，能促进幼儿教育事业向着健康的方向发展。

（选自《幼儿教育》1999年第1期，作者：赵德英）

分析与思考

在计划经济向市场经济转轨的过程中，企业托幼园所何去何从，已成为亟待解决的问题。青岛市“承办制”办园体制的尝试为有关教育行政部门和广大企业幼儿园提供了良好的范例。“承办制”使幼儿园无法再持“背靠大树好乘凉”的思想，而要考虑自身的发展方向。在自谋发展的过程中，幼儿园必须有主人翁意识，认真思考和探索，以保证本园的良性发展。幼儿园工作人员的积极性和工作活力就在这样的思考中不断得到提高，整个幼儿园为了自身的利益而团结起来，幼儿园的生机也被激发起来。这些都是依附于大型企业下的幼儿园所无法获得的。同时，我们也应当看到，在具体的执行过程中，“承办制”还需要各方面的支持与配合。

问题

1. 结合本案例，你认为“承办制”的实行需要哪些方面的配合与支持？承办制对企业办园有哪些比较大的冲击？从中你可以获得哪些方面的启示？

2. 根据这一案例提到的成功经验，谈谈你对幼儿园管理的责、权、利统一原则的理解。

案例10.2　转制后，如何处理与“老上级”的关系

某一级一类街道园自重新开办的三年以来，经过全园领导及教师的共同努力，在较短的时间里就从一所规模小、投入少、师资力量薄弱的无名小园，一跃成为北京市少数街道办园中的一级一类园。该园现在实行园长负责制，划属双龙路街道办事处管理，但已

自负盈亏，成为独立的办学实体。该园职工绝大多数为公职人员，仅有2名外聘教师。由于该园办园规模不大，基础较薄弱，现在仅能维持收支平衡，人员的配置也恰好符合比例，没有多余的人员编制。

上月，该园园长接到上级即双龙路街道办事处的通知，因该办事处所辖的另一所幼儿园经营不善，亏损较多，现已决定解散，原公职教师需要分配至各效益好的园，因此，该园需要接收3名教师。

该园虽然自收自支，自负盈亏，但受办事处领导，在人事上没有独立的任免权，办事处可以干预该园的人事安排。由于该园人员已满，恰好能维持收支平衡，如接受上级安排的人员，则会直接影响到该园的收支平衡乃至将来的发展。

在此问题上，园长感到进退两难。作为一个独立的经济实体，在园长负责体制下，园领导有权拒绝上级领导部门的人事安排，但是，尽管该园在形式上实现了体制的转轨，事实上仍与原来的体制有千丝万缕的关系，比如面对上级领导部门的人员安排，园长想拒绝但又不敢拒绝，于是与上级协商，希望能减少或免除额外人员的安排。

分析与思考

这个问题是现今幼儿园管理中一个十分常见的、典型的两难问题，可以说，这也是我国幼儿园体制改革中需要进一步搞清楚的问题。我们从以下几个方面去分析。

首先，我们先分析该园的办园性质及园领导的管理权限。从该园办园经费的初期来看，是由小区提供的，包括办园场所及初期投入，因而从性质上讲属国有。但随着我国学前教育体制改革，该园自1995年重新开启后，实行园长负责制，独立核算，独立经营。在成为独立经济实体的同时，对原主办单位负有一定的义务，但这些义务已不包括对园所具体事务的干预，而是幼儿园的开办必须首先面向该小区。由此我们可以看出该园长有足够的行政管理权，即有人事权。

其次，双龙路街道办事处作为该园的上级单位，对幼儿园也负有权利与义务的双重责任。即它在监督、指导幼儿园工作的同时，也要积极地为幼儿园的良好发展创造条件。办事处的这种监督、指导作用主要应表现在财政的监督权、办学指导，以及对幼儿园发展方向的指导上，而不应介入幼儿园的日常运作。当然，办事处希望由效益好的幼儿园分担停办幼儿园的损失与后果，是一种快速解决方法，却远非一种有效的或根本的解决办法。其不利影响有二：第一，这种做法直接影响了其他幼儿园的正常运作，妨害了园长工作的独立性，破坏了幼儿园的正常收支与教学，不利于幼儿园的长远发展；第二，没有从根本上解决人员过多的问题，实质是由多余的人员分吃不同家的饭，没有创造出新的价值，而仅是原来基础上的重新分配。因此，办事处的这种做法不仅是不可取的，而且是不利的。

最后，从该园实际的办学情况看，该园现在有 6 个班，幼儿人数与教师人数比例刚好达到一级一类园标准，其余人员纷纷身兼数职，以此达到收支的基本平衡。如上级再安排人员下去，势必出现不必要的人员浪费，增加园里的开支，影响整体发展。

综上，我认为幼儿园有权拒绝上级的人事安排，而街道办事处无权强行摊派。然而，还有一个很大的现实是：做了多年“婆婆”的办事处与幼儿园之间的关系在短期之内，不可能你是你、我是我的被分清楚，幼儿园对办事处还有许多的仰仗之处，因而，副园长的为难与妥协也就难免了。

问题：请谈谈你对这则案例的分析和对策。

附录

与幼儿园管理相关的法律法规

国家有关幼儿教育、幼儿园管理的政策法规是为了满足社会发展和人民群众对幼儿教育的需要，规划管理幼儿教育事业，协调幼儿教育的内部外部关系所规定的行动依据和准则。国家相关政策法规是幼儿教育机构实施的根据。幼儿园工作人员必须熟悉有关政策法规，依法治教、依法办园。这里将现行的有关幼儿教育的政策法规列出（如有必要，可以进行分类整理），以便参考。随着社会的进步和幼儿教育实践的发展，还会制定其他相关的政策和法规，幼儿园管理者和幼儿教育工作者应加以关注，并随时收集，认真研读，以提高自身政策水平并贯彻实施，实现依法办园。

一、与幼儿教育、幼儿园管理直接相关的法律法规

《中华人民共和国宪法》(2004 年 3 月 14 日)

《中华人民共和国未成年人保护法》(2006 年 12 月 29 日发布最新修订版，2007 年 6 月 1 日起施行)

《中华人民共和国教师法》(1993 年 10 月 31 日发布，1994 年 1 月 1 日起施行)

《中华人民共和国母婴保健法》(1994 年 10 月 27 日发布，1995 年 6 月 1 日起施行)

《中华人民共和国教育法》(1995 年 3 月 18 日)

《民办教育促进法》(2002 年 12 月 28 日通过，2003 年 9 月 1 日起施行)

《国家中长期教育改革和发展规划纲要（2010—2020年）》（2010年7月29日发布）

《国务院关于加强教师队伍建设的意见》（2012年8月20日发布）

《中国儿童发展纲要（2011—2020年）》（2011年7月30日发布）

《幼儿园工作规程》（教育部2016年1月5日发布，2016年3月1日起施行）

《幼儿园教育指导纲要（试行）》（教育部2001年7月2日发布）

《3—6岁儿童学习与发展指南》（教育部2012年10月9日发布）

国务院办公厅转发教育部等部门《关于改革和发展幼儿教育的指导意见》（2003年3月4日）

《国务院关于当前发展学前教育的若干意见》（2010年11月21日）

《教育部关于规范幼儿园保育教育工作　防止和纠正“小学化”现象的通知》（2011年11月28日）

《幼儿园教职工配备标准（暂行）》（2013年1月8日发布）

《幼儿园园长专业标准》（教育部2015年1月10日发布）

《教育部　中央编办　财政部　人力资源社会保障部关于加强幼儿园教师队伍建设的意见》（2012年9月20日发布）

《托儿所、幼儿园卫生保健工作规范》（卫生部2012年5月9日发布）

《关于指导推进家庭教育的五年规划（2016—2020年）》（全国妇联联合教育部、中央文明办、民政部、文化部、国家卫生和计划生育委员会、国家新闻出版广电总局、中国科协、中国关心下一代工作委员会共同印发）（2016年11月14日发布）

《教育部关于加强家庭教育工作的指导意见》（教育部2015年10月11日发布）

《托儿所、幼儿园建筑设计规范JGJ 39—2016》（住房和城乡建设部于2016年4月发布，2016年11月施行）

《幼儿园建设标准（建标175—2016）》（住房和城乡建设部、国家发展

和改革委员会 2016 年 11 月 2 日印发，2017 年 1 月 1 日起施行）

《幼儿园收费管理暂行办法》（国家发展改革委、教育部、财政部 2011 年 12 月 31 日联合发布）

《国务院办公厅转发国家教委等部门关于明确幼儿教育事业领导管理职责分工的请示的通知》（1987 年 10 月 15 日）

《国家教委关于进一步办好学前班的意见》（1986 年 6 月 10 日）

《国家教委关于改进和加强学前班管理的意见》（1991 年 6 月 17 日）

《幼儿园管理条例》（国家教委，1989 年 9 月 11 日发布）

《国家教委、国家计委、民政部、建设部、国家经贸委、全国总工会、全国妇联关于企业办幼儿园的若干意见》（1995 年 9 月 19 日）

《国家教委关于开展幼儿园园长岗位培训工作的意见》（1996 年 1 月 25 日）

《国家教委关于颁发〈全国幼儿园园长任职资格、职责和岗位要求（试行）〉的通知》（1996 年 1 月 26 日）

与幼儿园管理相关的法律法规还有《残疾人教育条例》，等等。

二、国际公约或规范

一些有关儿童教育或权利保护的国际公约或规范，也是与幼儿教育工作密切相关的，必须执行和遵守。例如，我国政府于 1992 年批准了联合国大会通过的《儿童权利公约》（1989 年 11 月 20 日），这意味着国际公约所规定的义务必须得到履行，确保儿童生存、发展和受保护的权利。幼儿园工作人员必须注意学习、领会，并形成具体的行动方案。

三、其他相关政策法规

幼儿园作为集体教养幼儿的社会公共教育机构或组织，要对幼儿的健康生活负责，还需要明了和掌握其他一些重要的政策法规，如饮食和食品安全方面的规定等。另外，作为一个社会组织，也需要掌握和认真遵守国家有关劳动用工、人员待遇及福利、基本建设、物品采买和财务管理方面的制度法规。

四、地方性法规

对地方政府及其教育行政部门颁布的地方性政策法规，幼儿园工作人员也需要学习和掌握，并且要在不违背上位法的情况下，认真遵照执行。

主要参考文献

1. 张燕. 学前教育管理学 [M]. 北京：北京师范大学出版社，1995.

2. 张燕. 幼儿园管理 [M]. 北京：北京师范大学出版社，1997.

3. 张燕，邢利娅. 幼儿园组织与管理 [M]. 北京：北京师范大学出版社，2001.

4. 丛中笑. 幼儿园管理 [M]. 北京：中国劳动社会保障出版社，1999.

5. 台湾信谊基金会儿童教育研究发展中心. 幼稚园托儿所行政管理手册 [M]. 1995.

6. 张燕，邢利娅. 幼儿园管理案例及评析 [M]. 北京：北京师范大学出版社，2002.

7. 邢利娅，张燕. 幼教管理理论与实践 [M]. 北京：北京师范大学出版社，2002.

8. 蔡春美，等. 幼教机构行政管理 [M]. 台北：心理出版社，2003.

9. 王静珠. 托幼机构行政管理与实务 [M]. 台北：华腾文化股份有限公司，2003.

10. 谷瑞勉. 幼稚园班级经营 [M]. 台北：心理出版社，2003.

11. 周新富. 幼儿班级经营 [M]. 台北：华腾文化股份有限公司，2003.

12. Dorothy June Sciarra & Anne G. Dorsey. 幼儿园的开办与管理 [M]. 张咏，等译. 北京：北京轻工业出版社，2004.

13. 菲利斯·M. 科里克. 托幼机构管理 [M]. 6 版. 韦小冰，等译. 北京：北京师范大学出版社，2007.

14. 中国学前教育研究会. 中华人民共和国幼儿教育重要文献汇编［M］. 北京：北京师范大学出版社，1999.

15. 唐淑. 学前教育史［M］. 北京：人民教育出版社，2007.